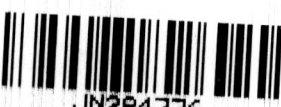

世界の建築
1000の偉業

二玄社

Author: Christopher E. M. Pearson

Design:
Baseline Co Ltd.
61A-63A Vo Van Tan Street
4th Floor
District 3, Ho Chi Minh City
Vietnam

ISBN: 978-1-84484-463-0
Printed in China

1000 Monuments of Genius

Sirrocco

目次

凡例：
キャプションは、原則として、図版no.、**建築家（事務所）名**、名称、建造年、地名（国名）の順で記し、世界遺産またはその範囲に含まれるものは、名称の後に「*」を付した。

人間の営みと建築

建築とは何か

主要な視覚芸術の中でも、建築には常に、鑑賞するのが難しいと言われる何かがある。これは、少なくとも技術的な面で、建築をデザインし理解するためには、たくさんの専門的な技能が必要であると思われているからだけではない。絵画や彫刻とは違って、建物は簡単に読み解くことができるような物語を語ることも、現実のある様相を芸術的な手段で「再現」することもない。むしろ建築の本質は、さまざまな人間の営みを庇護するための、少なくともある程度の実用性である。それと同時に、建築は私たちの日々の営みに、建物の上部構造やファサードという形でそれと判る公の存在感を与え、威厳を持たせる。多くの歴史的建造物の場合、建物の上部構造やファサードは、私たちに当惑させるほど複雑な分節による構成を提示することもある。この点で、たとえば、シャルトル大聖堂（no. 315）やジョルジュ・ポンピドー・センター（no. 716）の派手な外観は、初めてそれらの建物に出会う人を、本当に畏縮させてしまうことがあるかもしない。多くの場合、構造上の技術や材質を含めて、ある建物の建築方法は、すぐには明らかにならないかもしれないし、偶然見た人がそれを簡単に理解することはできないであろう。その様式的、歴史的、図像学的評価の基準も、はっきりせず判らないかもしれない。たとえば、19世紀の大英博物館（no. 564）の正面に並ぶ巨大なイオニア式円柱が、紀元前4世紀に建てられたプリエネのアテーナー・ポリアス神殿の円柱に基づいていることを知るべき、あるいは関心を持つべきであろうか。そのような観察が、大英博物館という後世の建造物に対するいかなる洞察を与えるというのだろうか。さらに、純粋に視覚的な観察では、とりわけ建物の本来の目的が時を経て忘れられ、あるいは変わってきた場合には、その建物の機能そのものを把握することがしばしばできないかもしれない。たとえば、ストーンヘンジ（no. 191）が何のために用いられ、バシリカや仏塔や殉教者廟の中では何が行われたのであろうか。一方、美術館で芸術作品と対峙することとは異なり、私たちが建築に出会う時は、概してそれに注意を向けていない。かつてドイツの哲学者ヴァルター・ベンヤミン（1892-1940）が述べているように、私たちは建物を単に使い、通り過ぎるだけで、それを見もしなければ、鑑賞もしていないのである。建物は目に見えないものになっている。けれども、このことが、建築の研究が初心者にも決して難しいものではないという大いなる理由を示している。建築は私たち皆が毎日利用している芸術であり、ひとりひとりが生涯経験するものである。その意味で、家から職場、ショッピングモール、博物館、ホテルへと移動している私たちは皆、専門の建築業者や建築家によって設計された三次元空間を視覚的に評価し、移動し、触れ、住むという日々の過程によって培われた建築の達人なのである。

けれども、本書に掲載している建造物の多くは、毎日のように評価されているものではない。むしろ、これらの建造物はさまざまな理由から例外的で、それゆえに「モニュメント」と呼ぶことができよう（この文脈における「モニュメント」とは、主として象徴的、あるいは記念の性質を持つ建造物——たとえば、ワシントン記念塔やロンドン大火記念塔——のみならず、本質的に建築と識別されるあらゆる建物も示す）。本書では主に、完成するまでに多くの時間と費用と労働力と工夫を必要とした建造物を採り上げる。建築史家であり理論家であったジェフリー・スコット（1884-1929）は、文明は「そのもっとも真実な姿を建築の中に残した、なぜなら、建築はもっとも無意識の記録であるから」と記しているが、建築が——世俗的、宗教的、経済的——力の指標であることは、繰り返し述べられる自明の理である。本書の定義による建築を代表するのは、格式ある大規模な建物で、見栄えのする外見であることが多く、耐久性のある素材で造られ、重要な目的に捧げられている。ギリシアの神殿、ゴシックの大聖堂、ヴェルサイユ宮殿（no. 468）やアルハンブラ宮殿（no. 49）や姫路城（no. 137）といった豪壮な館が思い浮かべられるかもしれない。このように印象的な建造物の計画と建設は、ひとりの支配者であろうと、支配階級であろうと、富と権力のかなりの集中が出現して初めて可能になることは明らかである。その結果として造られたモニュメントは、その耐久性から設計者や所有者、それを生み出した文化よりもはるかに長く残り、何十人の、またはおそらく数千人もの労働者を長期間まとめて配備し、強制的に、あるいは雇用して、あるいは（極めて稀ではあるが）奉仕者の労働力を用いた力の証拠となる。このことは、ギザの大ピラミッド（no. 4）についても、北京やドバイのもっとも新しい圧倒的な摩天楼についても同じく真実である。建築は、歴史と同じく、首尾よく権力を行使した者、戦利品を意のままにした者、商業で利益を上げた者によって創られる。その点で、これらの力の顕示としての世界の偉大なモニュメントは、専制支配の産物であることが多く、確かにそのように非難されることもあった。たとえば、ヴィクトリア朝の芸術批評家ジョン・ラスキン（1819-1900）は——萌芽期の民主主義、人間主義的な文化、そして、洗練された美的感受性のかつての象徴であった——古代ギリシア神殿に対して、抑圧的で非人間的であるとして、当時の流行に反して非難を浴びせさえした。ラスキンは、古典主義建築が（モールディングや歯飾りや柱頭のような）単調に繰り返される彫刻装飾を必要とすることにとりわけ反対した。それらの制作が、石工の役割に機械のような隷属を求めていたと思えたのであろう。今日でも、ローマのコロッセウム（no. 231）やメソアメリカの巨大なピラミッド神殿（nos. 814, 821, 823）を訪れるならば、たとえこれらの建造物を造った重労働についてではなくとも、そこで何世紀にもわたって行われた大虐殺についての不快な思いを抱くかもしれない。世界最大の聖堂、コートジボワール共和国の首都ヤムスクロにある平和の聖母聖堂（1985-1990年）は、一般に建築の第一級の傑作ではなく、この貧しい国のかつての大統領の放縦な愚行と見なされている。けれども、時には、とりわけ比較的古い文明の崇拝の対象とされた遺構の場合、それらの所有者や庇護者の疑わしい道徳については不問に付し、単に創造物の壮麗さ、神秘性、巧妙さを称賛するもっともな傾向がある。道徳的に反感をいだかせ、残虐行為を紛れもなく印象的に思い起こさせるような残存するナチスの建築でさえ、時の経過に伴って、感情を交えない学術的興味の対象となる方向へと、そして、それらの建造物の中にヨーロッパの建築がギリシア、ローマの伝統に絶えず負っていることの証左を認める実践的な建築家からのある程度の（政治的ではない）職業的称賛の対象となる方向へとある程度進んでいる。思想的に攻撃的な支配体制——例を挙げれば限りがない——だからと言って、そのまま建築に良い、あるいは悪い結果をもたらすのではなく、純粋に美的あるいは技術的観点からは、政治的問題などまったく議論の対象にすらならないであろうし、その合理的解釈によって、今日でも政治的に疑わしい庇護者のために働く現代建築家もいる。より一般的には、マルタ出身の建築家リチャード・イングランド（1937- ）が述べているように、「結局、残るのは建物である」。

おそらく、建築の「模範的」定義における比較的基本的な——従って不十分であるが——見方は、モニュメンタルな性格への建築本来の指向の中にある。しかし、耐久性のある、または贅沢なモニュメントを建てないことを、いかなる理由であれ選択した文明は、どうすべきであろうか。この定義は、多くのアメリカ先住民やオセアニアやアフリカの部族の極めて巧みであるが、しばしば小規模であるか一時的な構築物、古代ギリシアの住居、あるいは、壊れやすい素材を用いたり、地味で日常的な用途に建物を用いたりするかなり多くの伝統を除外することにはならないだろうか。このおよそ非現実的な区別の背景には、建築史家ニコラウス・ペヴズナー（1902-1983）の『ヨーロッパ建築序説』（1943年）で述べられている有名な聖堂と自転車小屋との比較がある。前者は「美的魅力」を備えた（おそらく「大建築」とさえ言ってもよい）「建築」の典型を示すのに挙げられ、後者は厳密に機能的な性格を持った単なる「建物」と見なされている。この例が暗に示しているように、この問題は同時に、建築と工学（つまり建築デザインと構造技術）との間の専門の分離によっても複雑化している。技術的な真価がいかなるものであれ、純粋に実用的な構築物を建築と認めることができるか。これらふたつの領域の特質を意識的に融合させる、または曖昧にすることに成功した現代建築によって、今日、問題は差し迫ったものでなくなったが、古代の住居、納屋、倉庫などの位置づけはまだなされていない。

これらの補足的な説明から、本書は、比較的伝統的な「建築」の定義に合致するモニュメントを選んで紹介していることが理解されよう（最近の2、3世紀における住居への理論的関心の高まりを反映して、各章の後半に含まれる住宅の数は、反対の流れを示しているかもしれない）。本書に掲載されているのは、地上に残っている歴史的建築の極めて顕著な例である。その指針は、跡形もなく消えた、または地表にかろうじて痕跡を残すだけのモニュメントを避け、損傷していても、あるいは部分的にでも、今でも見ることができ、写真によって有効に示すことができる建物を選ぶことにあった。過去100年の間に増え続けた世界人口と富が、モニュメンタルな（少なくとも大規模な）建築の数を劇的に増加させたという事実に加えて、この編集方針は、本書では1900年以降の建物の数が極めて多いのに対して、中世に先立つ構築物が比較的わずかである理由を説明することになるだろう。結果として本書では、たとえばヘレニズム建築全体を論じることはできないし——ハリカルナッソスのマウソロス霊廟やアレクサンドリアの灯台のような——その傑作の多くは、かつてそれらが存在したことを示す僅かに散在する石材と破壊された彫像のみを残して、ほぼ完全に消えてしまっている。

建築の定義は、モニュメントの分類と順序づけという問題も提起する。建築についての比較的古い文書は、古代と近代というふたつの基本的な範疇を設けることで、歴史的分類の手順を単純化する傾向にあった。それは、過去200年の史料調査によってずっと上書きされ、西洋以外の建物の伝統についての理解が進んだことによってさらに複雑になってきている。とても複雑であるが、建築の完全に世界的な編年を確立することが、今や可能である。西洋の芸術と建築を学び始めるとすぐに、歴史的建物を記述するのに数多くの専門用語——ルネサンス、ネオ・パッラーディオ様式、チュリゲレスコ（チュリゲーラ様式）、ポストモダンなど——が用いられていることを知るだろう（同様に、西洋以外の建築文化についても、日本の平安時代、中国の清王朝、イスラム諸国のウマイヤ朝など、別の一連の歴史的名称を知識として吸収する必要がある）。これらの分類用語は、本質的に歴史、地域、様式に同時に関連している。しかし、建築についての現代の文書では、このような用語の直後に但し書きが続く。つまり、どれひとつとして絶対的なものはなく、それら用語の価値は、本質的な正しさや精確さにではなく、主として利便性にある。たとえば、中世とルネサンスを年代で区分するのは、いかなる精確さでも困難であることがよく知られている。古典への傾向は中世の思想や慣行の中に遡ることができるし、中世的な建物の伝統はヨーロッパの各地で17世紀まで残った。一般にヨーロッパとアメリカ諸国で1600年代後半から1750年頃まで続いたと考えられるバロックは、その始まりと終わりがルネサンスと新古典主義時代に混然と重なっていて、実際、歴史的、文化的区分を横切る様式的傾向を定義するものとさえ考えられる。つまり、たとえば、ローマ時代後期の地方建築や江戸時代初期の日本の神社における「バロック的」傾向について語ることも実に可能なのである。従って、これらの名称を、植物の分類学のような厳密な範疇を示すものというよりも、比較的緩やかな建築上の類似性を示すものと考えるのが賢明である。

構造と建材

考古学調査によって明らかにされてきた最初期の建物は、泥、石、木、骨による比較的簡易な住みかであり、「地表そのものを人間の必要に応じて成形し、変えること」（1881年）というウィリアム・モリス（1834-1896）による建築の根本的な定義に実に相応しい。おそらく、これらの先史時代の建物の多くについてのもっとも興味深い点は、極めて多くの場合、実用的なものが副次的な役割しか果たしていないらしいことである。ラスコーやアルタミラの洞窟壁画が、基本的生存の観点からすると、直接の目的には役立たなかったように見えるのとちょうど同じく、ストーンヘンジ（no. 191）やカルナック（no. 194）の——尋常でない肉体労働を明らかに必要とした——巨石遺構は、純粋に祭祀的用途のために意図された。入念に造られた葬儀用構築物の多くも、この定義に当てはまる。アナトリアの新石器時代の都市チャタルヒュユクで発掘された建物の基礎が暗示しているように、家事の空間さえ、神聖な空間から区別できないこともしばしばある。この観察はおそらく、日々の生存に関連する行為と精神性や超自然的なものに関連する行為との推定される区別が決して明確ではないことをただ強調している。

メソポタミア文明の泥のジッグラトや宮殿は、より耐久性のある古代エジプトの石造建築の先例を示している。そして、エジプトの建築もまた、ギリシア人の石灰岩や大理石による神殿に影響を与えることになった。彼らは、「古典的」と呼ばれるようになったあの気品ある美的に洗練された建物の様式を発展させた。円柱という基本的な建物の構成単位を基礎とし、複雑で繊細に調整されたプロポーションと装飾の規範を用いた古典的な設計法は、ギリシア人によって宗教的な建物を明瞭に分節し、装飾するために初めて考案されたが、後の世代に抗い難い魅力となった。そうして、ドーリス式、イオニア式、コリント式などの古典的なオーダーは、西洋では建築上の卓越した位置を確立し、後の欧米文化によって際限なく模倣されてきた。古典建築のもともとは気まぐれな、または、古代ギリシア文化に固有の姿——自然と関連したあらゆる神々に動物の犠牲を捧げることが中心であったその宗教儀式上の必要に合わせた姿——が、疑問の余地のない権威の頑強な壁によってすぐに覆い隠されることになった原因は、もちろん、ギリシア文化の極めて多くの面を模倣し、ギリシア風の建物をも模倣したローマ人に主として帰される。その後、ローマ人の手を離れた古典的遺産は、中世を通して断続的に解釈し直され、イタリア・ルネサンスでは積極的に採り入れられ、そこから、近代社会に手渡された。こうして、ギリシア人はおよそ2500年続き、21世紀にもまだ息づいている古典建築の伝統を後世に残したのである。

組積造の原理にほぼ全面的に基づく古典建築の耐久性は、頑丈な建物を築くのに200年前までは天然素材にしか頼れなかったという事実を改めて強調することになるであろう（火山灰や生石灰といった特別な素材を予め入手し、準備し、混ぜ合わせる必要があるコンクリートは例外であるかもしれない）。使えた物質は限られ、（突き固め、水と混ぜ、乾燥させ、あるいは焼かれた）土、（基礎に用いられる）砂、石、木、そして——これらに比べれば稀にではあるが——動物の一部（骨や皮）、編むことのできるさまざまな有機物（葦、小枝、樹皮）であった。木は腐敗、火事、虫害のおそれが常にあるものの——木造建築による古代の建物は、今日ほとんど残っていない——構成要素への加工が比較的容易で比較的丈夫という利点がある。後述の通り、耐久性と高い耐圧強度のため、数千年にわたってモニュメンタルな建物に選択されてきた素材は石である（ほとんどすべての近代建設で石に取って代わったコンクリートは、より流動性があり、それゆえにより簡単に成型できる石の一形態になっているとさえ論じられるかもしれない）。組積造のもっとも伝統的な手法は、通常の耐力壁やエジプトのピラミッドに見られるような、単に煉瓦に煉瓦を積むか、石に石を積むことである。これは、重さが加わることによって基礎が壊れるまで、ある程度の高さにすることができる。しかし、この単純な技法は、建物が複数階である場合、特に下層部は開口部の小さな極めて厚い壁を必要とし、使える内部空間の余地が殆ど無いか、まったく無く、資源と労力の無駄である。従って、建築史の大半を通して追い求められた技術的な課題は次のようなものである。石の建物により大きな開口部と広い内部を与えるような構造をいかに考え出すか。石の最大の不都合は、その重さと脆さであり、崩れる危険なく、より長い距離に石を渡す手法を見出すために多くの工夫がなされてきた。おそらく木造の原型に従った初期の解決法のひとつが、古典建築の構造の基礎である楣〔まぐさ〕式構造である。内部の神室のための堅牢な壁構造と共に、ギリシア神殿はもっぱらに単純な柱梁構造に依存している。その最大の危険性は、柱間を過度に長くしようとすることにある。つまり、鉛直の支持体間にあまりにも大きな空間を残すことには、それらを跨ぐ水平部分を壊す危険がある。大きな部屋では、石の低い抗張力から、天井を支えるためには鉛直の支持体（柱）を格子状に配列するか、あるいは、より軽い木造の上部構造を採用することが必要である。もっとも、後者は火事などの危険に再び晒されることになるが。従って、なるべくなら、屋根や天井は石組みを用いて造られることになり、多様なヴォールトが発展した。持出し積みとして知られる初期の技術は、石の連続する各層をその下の層よりも若干伸ばして、次第に小さくなる天井を造るものである。その後、（ひとつひとつが台形の）迫り石〔せりいし〕による半円を利用し、頂点を要石で固定した本当のアーチが、建物に威厳を与える目的で、また、実用的な目的で、ローマ人によって数多く用いられた。空間の一方向にアーチを伸ばすと半円筒（トンネル・）ヴォールトとなり、それを360度回転すると半球ドームとなる。これらの形は、中世初期になるともっとも頻繁に用いられる丸天井工法を用意した。もっとも、それらのヴォールトはしばしば、より軽い素材（通常は煉瓦）と外壁にかかる横推力を打ち消すための重いバットレスを必要とした。石という素材を機能性の限界まで使いこなした、より大胆で効果的な形の丸天井構造を完成したのは、ゴシック時代のすぐれた職人たちであった。ゴシックの建築者たちは、横方向の安定性を与えるフライング・バットレスに加え、アーケードと交叉リブ・ヴォールトに尖頭アーチを用いて、耐力壁構造の使用を最小限にし、前例の無い高みに達する、優雅な骨格構造を実現することができたのである。

18世紀後半から現在に至る建築技術の物語は、主として、金属構造についての技術革新の物語である。産業革命による革新の結果、最初は鉄、続いて鋼が実用的な建造物に一気に用いられるようになった。内側の骨組みと外装材に鋳鉄製の部材を用いることで、倉庫、工場、商店やその他の商業施設は、早く安価に建てることができた。次第に鉄骨は、特にロンドンの新しい国会議事堂（no. 566）など、より大きな公共建築に用いられるようにもなったが、それらは、伝統的な耐力構造のような印象を与えるために、必然的に石かテラコッタの化粧張りに装われていた。こうして、建築はいかに見えるべきかという気取った考え方に応じたのである。それは、シカゴやニューヨークの初期の摩天楼にも当てはまり、これらの摩天楼の外観は、数十年間、内部の鉄骨構造を明確に表わすことはなかった。19世紀後半には、鉄製または鋼製の鉄筋の引張り強さとコンクリートの耐圧強度を最適に組み合わせた、鉄筋コンクリートを用いた最初の試みがなされた。それと同時に、このような新しい建設技術の発展が、建築の実践に悩ましい分離をもたらした。今や工学は専門的な独自の学問分野として現れつつあり、こうして技術と美学が引き離された。シャルル・ガルニエ（1825-1898）の新しい国立歌劇場（オペラ座、no. 580）とエッフェル塔（no. 602）という19世紀後半に建てられたふたつの傑出した建物の比較は、有効であろう。アカデミックな教育を受けた建築家によって設計されたオペラ座は、パリは世界の文化の中心であり、その主要なオペラハウスは、内部も外部も、もっとも壮麗で格式ある意匠と、極めて洗練され象徴に富んだ装いを具現すべきだというフランス人の信念を要約している。様式的に、オペラ座は、ルネサンスやバロックを経た2000年以上にわたるギリシア・ローマの造形言語を引用することで古典建築を総合し、それによって、ヨーロッパ文化の伝統の究極的な姿ではないとしても、累積的なものとなっている。他方、万国博覧会のための一時的な建造物として設計されたエッフェル塔には、本来、厳密に文化的というよりも、技術的、商業的な狙いがあった。つまり、前例の無い高さに到達すると共に、重量と風の抵抗を最小限にし、フランスの技術者が開発してきた鉄骨構造の新しい技術をドラマチックに実証することであった。歴史上の前例に対する敬意や一般に是認された趣味の規範は、この事業にいかなる役割も果たさなかったし、エッフェル塔が建つや否や、それは著名なフランスの芸術家や作家から揃って、粗暴なできそこないとして厳しく非難されたのである。問題は明らかなように思われた。建築とは人間を中心とする伝統の優れた意匠に関わるものであるべきか、またはそれよりも、技術を駆使した規模と経済と効率の探究であるべきなのか。

それは、芸術と建築と産業の間の和解を成立させようと試みる20世紀前半の近代運動の理論家たちに託された。結局のところ、その重要な要素は近代の絵画と彫刻であり、それらが建築家に、近代産業のフォード方式（組立てラインによる大量生産方式）とテーラリズム（科学的経営管理）の緊急性と、次第に集団化する（つまり、反個性的な）同時代の社会の姿の両方に適しているように見えた、新しい抽象的造形と空間造形の言語を提供した。これは、建築が単に安価で、機能的、便宜的、あるいは没個性的であるように考えられたと言うのではなく、むしろ、大量生産、標準化、集団化という近代主義の時代精神に調和していると見なされていた、注意深く配慮された「機械化時代の美学」を近代建築が示したと言うべきである。それと同時に、近代の建築家は、人を惹きつける美しさと独創性のある建物の上部構造と空間を形づくるための、より新しい素材——ガラス、鋼、鉄筋コンクリート——の創造的な利用に大きな影響を及ぼした。ノーマン・フォスター（1935- ）やサンティアゴ・カラトラバ（1951- ）といった現代建築家の仕事では、技術と芸術の間の線が完全に拭い去られ、与えられた建築要素が建物全体の中で技術的あるいは芸術的動機のどちらを備えているのかを問うことは、必然的に無意味になっている。確かに言えるのは、建築は、前例のない複雑さと不規則性を持つ構造形の実現を可能にしてきた工学との決定的に重要な協力関係を築き直したことである。近年、この過程は、設計にコンピュータが導入されたことで、目がくらむようなスピードにまで加速され、フランク・ゲーリー（1929- ）やダニエル・リベスキンド（1946- ）の表現主義的な奇想も、今や時間と経費の合理的な範囲の内に成し遂げることができる。

理論としての建築

建築は、建物から分類されるように、確立した民族の伝統よりも、記された理論へのその依存によっても特徴づけられるかもしれない。この観点からすると、建築史は実際の構造物の問題であると同様に、記述の問題でもある。メソポタミアの肥沃な三日月地帯における格式あるモニュメンタルな建築の出現に、最初の文字の発展が伴っていたことは偶然ではないであろうし、この意味で、建築は常に文字を持つ文化の産物である。意識して理論的な建築についての手引き書は、同時に、建築に関わる職業の向上する地位と社会的な憧れの記録でもある。このような著作は、ローマ時代より前には稀であり、この分野における最初の本当に画期的なものは、紀元前1世紀にローマの建築家マルクス・ウィトルウィウス・ポリオ（前80/70頃-前23頃）が記した理論書である。大部分が本質的に技術的で、ある部分では不正確であったり、曖昧であったり、しばしばかなり単調ではあるものの、ウィトルウィウスの『建築十書』は、古代に記された建築についての唯一遺された著作であり、そういうものとして、西洋では約2000年間、必然的に実践のための基本であり続けた。ウィトルウィウスは、建設の基礎、公共建築と宗教建築の正しい図面と比率を扱い、古典オーダーの詳細について述べている。彼の著作の構成と主題は、レオン・バッティスタ・アルベルティ（1404-1472）の『建築論』（1442-1452年）、チェザーレ・チェザリアーノ（15世紀後半-16世紀前半）（『ラテン語より俗語に翻訳されたウィトルウィウスの建築十書』1521年）、セバスティアーノ・セルリオ（1475-1554頃）（『建築と遠近法の全著作』（1537年以降）、ジャコモ・バロッツィ・ダ・ヴィニョーラ（1507-1573）の『建築の五つのオーダーの規則』（1562年）といったルネサンスの理論書の先例となった。ヨーロッパの建築理論は、この時代に、古典建築の主導権に対するいかなる真剣な挑戦を始めるよりも、それに対して洗練を加える傾向にあり、さらに、実践（現場での建設技術）と理論（古典建築の研究と実践を支える本質的に知識に基づく古典研究の議論）の乖離が進むのを感じるようになる。結局、ルネサンスの建築に関するすべての著作の中でもっとも影響力があったのは、ヴェネツィアの建築家アンドレア・パッラーディオ（アンドレア・ディ・ピエトロ・デッラ・ゴンドラ、1508-1580）によるものであった。彼の『建築四書』（1570年）には、オーダーの細部やプロポーション、ローマ建築の再現、彼自身の設計による数多くの別荘や市街建築を鮮明な木版画による挿絵で示しているという利点があった。比較的地味な住宅にローマの神殿のファサードを付けるという特徴的な手法で知られるパッラーディオは、愛好家や建築家や普通の建設者に、多くの異なる類型に最小限の費用で応用できる、古典主義の単純化されてはいるが優雅な翻案を伝えた。パッラーディオの伝統は、18世紀以降、欧米で繰り返されることになる。

啓蒙主義の時代、ヨーロッパでは新たな種類の建築理論書が現れた。それは、技術的な面が比較的少なく、本質的により理論的、あるいは純理論的であり、理にかなった新しい考え方と古典的先例への伝統的な依存との調和を図るものであった。そのもっとも有名なものは、ローギエ神父（マルク＝アントワーヌ・ローギエ、1713-1769）の『建築論』（1753年）である。彼は、もっとも古い建物の形、つまり、しばしば「掘立て小屋」と呼ばれる木の幹を用いた推測上の構造から古典建築が派生したという考えを提唱した。このまったくの推論によって、古典主義は理屈の上で本質的に固定され、それによって、ずっと続くその知的な魅力が確保された。新古典主義を信奉する他の著作者たちは、やはり、その崇高さをさらに増すためだけに作用する新しい論理に古典主義を当てはめた。これは、ヴェネツィアの建築家ジョヴァンニ・バッティスタ・ピラネージ（1720-1778）が制作した数多くの二折判の銅版画集によっても確認できる。彼はローマ建築の崇高さを、ただその巨大な大きさ、複雑さ、高い土木技術を基に証明しようとしたのである。しかし、ローマの記念碑的性格を備えた廃墟の忘れがたいほどに濃密で陰鬱な描写は、古典建築が厳密な合理主義よりも純粋に感情に訴える方に向かう可能性があることを無意識に主張し、ジョン・ソーン（1753-1837）、クロード・ニコラ・ルドゥー（1736-1806）、エティエンヌ・ルイ・ブーレー（1728-1799）、カール・フリードリヒ・シンケル（1781-1841）などの素地を準備した。

それにもかかわらず、19世紀には古典主義の独占に対する、中世建築への回帰を信条とする建築家からの新しい挑戦があった。これはしばしば、技術的な動機よりもむしろ、道徳的、宗教的原理に基づいて率先された。建築についてのいかなる専門的、あるいは技術的訓練も受けたことのないラスキンは、建築におけるもっとも重要な点はその装飾にあり、それは、いろいろな人々の自由で創造的な才能を社会に関与させることができると提唱した。彼の模範は、ヨーロッパのゴシックの聖堂であり、その中でもヴェネツィアに見られる極めて華麗で派手なゴシックであった。ラスキンの『建築の七燈』（1849年）と『ヴェネツィアの石』（1851-1853年）に述べられているように、工芸の伝統の尊さについての彼の強調は、社会主義思想家モリスが主導したアーツ・アンド・クラフツ運動に参加した多くの著者や職人をまもなく鼓舞することになる。彼らの目標は、その地方独自の時代を超えた建物の伝統を回復することにあり、それが自動的に、単純な自然素材に内在する美しさへの称賛を前面に出すことになった。この理想主義的な考え方は、遂には、自然の成長に着想を得、素材の性質と構造、そして、それらが示唆する形態に直接感応した「有機的建築」というフランク・ロイド・ライト（1867-1959）の概念の基礎として役立つことになる。また、この概念は、ある明確に識別できる地方と社会文化的環境――この場合はアメリカの資本主義、個人主義、民主主義――に根差している。同様に中世の先行例に負っているものの、やや異なった考え方を代表しているのは、フランスの建築家であり、建築修復家であるウジェーヌ・エマニュエル・ヴィオレ＝ル＝デュク（1814-1879）の数多くの著作である。彼は、ゴシック聖堂の本当の教訓は、それらの革新的な建設技術に見出すことができ、それは鋳鉄による近代建設に応用することさえ可能であるかもしれないと主張した。

しかし、建築における産業革命の本当の理論的支持者は、ようやく20世紀になってから現れることになる。ヴァルター・グロピウス（1883-1969）、ジークフリート・ギーディオン（1888-1968）、そして何よりも、スイスに生まれフランスで活躍したル・コルビュジエ（1887-1965）の著作が、モダニズムの基本的な課題――芸術、デザイン、産業、建築の調和――を提出した。工学の合理的で打算的な姿勢に加えて、近代芸術の例に倣い、ル・コルビュジエは、建築は「住宅とは何か」という建物についての根本的な問いに対する新鮮で先入観のない取り組み方を優先して、歴史に基づいたあらゆる形を避けながら、幾何学という抽象言語を利用すべきであると提案した。彼の有名な答えは、ミシンが縫うための機械であり、飛行機が飛ぶための機械であるのと同じく、住宅は本質において「住むための機械である」というものであった。それと同時に、ル・コルビュジエの言説は、しばしば予想外に理想主義的な、あるいは神秘主義的な様相を帯びることもあり、精巧に扱われた幾何学的量感の視覚効果が単に美的なものを超越し、感情や精神性の領域にさえ到達すると主張した。ル・コルビュジエの――刺激的で、魅力あり、根本的に弁証的な――思想は、数世代にわたる近代建築家に影響を与え、建築文献の中でもっとも多く参照される書籍は、今日でも彼の全集である。彼の議論の成功が生んだもしかすると予想外の副産物は、建築家が実際に何かを建てる必要なく名を揚げることができる手段としてのみならず、哲学的考察の手段としての建築理論書の復活であった。ル・コルビュジエの著作に続いて重要であったのは、おそらくアメリカ人建築家ロバート・ヴェンチューリ（1925- ）と彼の追従者たちの著作であり、建物のデザインについての彼らの皮肉に満ちた自意識の強い「複雑で矛盾した」見解は、歴史的な建物に対する学問的な精通と同時代のポップ・アートに対する理解によって特徴づけられる。これらの思想から最終的に派生したより大きな流れは、ポストモダニズムとして知られるようになり、それが建築に登場して以来、1980年代を通してあらゆる創造的な芸術と人文科学に浸透することになった。より最近の建築理論は、理解できないほど難解であることも稀ではないが、本質的にまとまりが無く、一貫した議論が少ない傾向にあり、特殊な前衛的流派や立場を確立しようという考えは、放棄されているように見える。このことは、部分的には、一般に考えられている建築における分類上の「運動」の盛衰を追うことからくる当然の疲労や、新しいデザイン・コンセプトを、さらに新しいコンセプトがそれに取って代わる前に消化する時間をほとんど与えないような電子媒体のいや増す速度にも帰すことができるかもしれない。おそらくそのために、レム・コールハース（1944- ）の著作など、現代の建築理論書は文章と共に、多くの写真やコンピュータ画像に頼りがちである。そして、このことが建築モニュメントについての定義に疑問を投げかける。極めて永続的な社会的伝統をコンピュータが非物質化するような脅威となっている時代に、建築もまた、ヴァーチャルな時代に突入しつつあるように見える。そこでは、かつて静止的であり（文字通り）具体的であった建築デザインの所産が、ディジタル情報のフローとヴァーチャル・リアリティの際限のない濫作から分かつことがまもなくできなくなるかもしれない。モニュメンタルな建築の未来に対する展望は、あらゆる境界が流動的になってきたために、五里霧中とは言わずとも、目が眩むようである。伝統的な建築は、しっかりした四方の壁が、変化し無秩序に見える世界の中での帰属意識、安定感、方向感覚を与えることで、私たちの生活に対して、おそらく私たちが認識しているよりも遥かに大きな基盤を提供してきた。過去の文明の偉大な建造物に思いを巡らし、現代建築を通して思い描かれる未来のわくわくするような、しかし、しばしば困惑するような予感について熟考する時、グロピウスの言葉を思い起こすのが賢明であるだろう。「建築に最終的なものはなく、ただ絶えることのない変化だけがある。」

アフリカと中東

モニュメンタルな建築が、木材や石といった建築資源に乏しい土地で最初に発展したということは奇妙に思えるかもしれない。しかし、紀元前4000年以降、チグリス川とユーフラテス川の間の「肥沃な三日月地帯」に存在した一連の多様で相容れない文明が、文字と人類初のモニュメンタルな建築を含む都市社会を創ることに成功した。これらのメソポタミア文明が日干し煉瓦だけを用いてそれを成し遂げたことは驚くべきで、おそらく、それは支配者による極端な社会統制を示すものである。ここに居住し、この地域を巡り数百年を超えて争った諸民族の正確な順序は、複雑な歴史の継接ぎになることが知られている。けれども、考古学によって、とりわけ建築と都市計画の形態に関して、妥当と認められる諸民族間の整合が明らかにされてきた。

チグリス川とユーフラテス川の三角州付近に、一連の都市国家を設立した古代シュメール人のモニュメンタルな建築は、およそ宗教的な性格を持っている。メソポタミアの神殿はすぐに、高い中央の部屋（セラ）と両脇の低い空間からなる標準化された配置をとるようになる。古い泥の神殿が崩れると同じ基礎の上に新しい神殿が建て替えられるため、これらの神殿は次第に高い丘の上に立つようになり、結果として、階段ピラミッド、またはジッグラトの形――聖書のバベルの塔の着想の源――となった。さらに、神聖な神域を可能な限り天に近づけるように持ち上げるジッグラトの断面図は、超自然的領域に接することが可能な垂直軸としての山の輪郭を想起させるように意図されている。アッカド王サルゴンによる紀元前2300年頃のシュメール都市国家の征服後、限定的ではあるが半円形アーチ、ヴォールト、ドームの初期の利用を認めることができる。記念建造物に最初の美的衝動が現れたこともまた、おそらく重要であろう。その単純な組積造から必然的に量感のある閉鎖的な立方体であった神殿の外観は、等間隔の柱形〔はしらがた〕や装飾的な控壁〔ひかえかべ〕を加えることによって、つまり、力強い彫塑感と、強烈な陽射しの中での光と影の規則的な模様を創り出すことによって変容した。神格化された王の支配する社会では、世俗的権力と宗教的権威との区別がほとんどなく、神殿は王宮や政庁を含んで大規模なものになった。この建築の多くは防御機能を備え、また、美的かつ実用的理由から素焼きのあるいは釉薬をかけたテラコッタでしばしば覆われていた。

ユーフラテス川河岸の都市ウルを構成している個々の住居は、内向きに収斂していて、中庭とそれを囲む小さな部屋からなっている。それは、続く数千年におよぶ中東と地中海地方の住居の基本形となっている。

紀元前9世紀から7世紀には、新アッシリア王国が、その首都ニムルド、ドゥル・シャルキン、ニネヴェに巨大な宮殿を建設した。サルゴン2世（前722-705）によって紀元前8世紀に建てられた新都ドゥル・シャルキンの要塞は、広大な王宮、中庭、神殿、ジッグラトからなっていた。アッシリア人は先のシュメール人から大きく技術的に進歩してはいないが、彼らの神殿は次第に大きく、豪勢に、色彩豊かになった。メソポタミアにおける最後のモニュメンタルな建設事業は、アッシリア帝国滅亡後、紀元前7世紀に新バビロニア王国のネブカドネザル2世（前605-562）がバビロンで行った。動物と神話上の獣をかたどる施釉煉瓦で外壁を装飾した王宮と神殿は、行列大通りに沿って配置されていた。紀元前6世紀に隣の古代イランのペルシア人は、アッシリア人が成し遂げたことに肩を並べるようになる。その典型は、自然の岩盤の上に建てられた都ペルセポリス（前6-4世紀、no. 12）の巨大な王宮である。建築と浮彫りのあらゆる要素が、支配者の栄光を称えるもので、謁見の間（アパダーナ）と近くの玉座の間は、背の高い石の円柱が格子状に数多く並ぶ多柱式〔たちゅうしき〕広間であり、中には背中合わせの雄牛の柱頭が載っている円柱もある。

シュメール文明が興隆した頃、はるか西では、上エジプトと下エジプトの権力が統合されつつあった。エジプトでは、並はずれてモニュメンタルな性格と安定感を備えた建築が現れ、ほぼ3000年間続く伝統を築いた。エジプト人は、構造的には保守的な技術を好んだが、切石で世界初の大規模な建物を造り、

◀**1.** 大スフィンクス*　前2555-2532年頃　ギザ（エジプト）

彼らに勝ることはほぼ不可能であるほどに組積造技術を高めた。それにもかかわらず、エジプトの重要な建築の大半は、はるかに質素な泥、木、パピルスによる住居の形態や建材に倣っていて、これらの古い技術の痕跡を、多くの神殿に見出すことができる。もっともモニュメンタルな建造物は、サッカラの第3王朝のジェセル王のピラミッド（前2667-2648年頃、no. 2）とギザの砂漠の縁に立つ第4王朝の大ピラミッド（前26世紀頃、no. 4）を始めとして、宗教的、葬祭的性格を持っている。中王国時代（前2040-1782年頃）にはモニュメンタルな建造物の建設は比較的少なかったが、新王国時代（前1570-1070年）初頭から、自立した神殿が再び顕著になり、標準化された形式をとって、その後そこからほとんど外れることがなかった。例えば、ルクソールでも中心軸はモニュメンタルな塔門（パイロン）、中庭、列柱室を通り、限られた上流階級を除いては立ち入ることのできない、礼拝像を納めた小さな神域へと導いている。ピラミッドのようなエジプトの墳墓は、近くの神殿と必然的に関連している。もっともよく知られている葬祭殿〔そうさいでん〕は、第18王朝のハトシェプスト女王葬祭殿（前1473-1458年頃、no. 7）であり、部分的に傾斜地に建てられ、一部は岩の断崖に掘られている。一方、崇拝のための神殿は、通常、数世紀を経て次第に形成されたが、エジプトの神々の文字通り住処〔すみか〕と見なされていたために、神聖な畏怖〔いふ〕の地であった。いずれの場合も、エジプト建築が求めたのは、宗教的神秘と畏敬の念を引き起こすことであり、内部に落とし扉や偽の部屋や廊下などを設けて盗掘を防ぐことであった。もっとも、そのような計略はほとんど効果が無く、ほぼすべてのエジプトの葬祭建築が古い時代から略奪されている。エジプト人が、内部空間を大きくする必要性をほとんど感じていなかったことは明らかであり、カルナックのアメン神殿（主に前1550年以降、no. 6）の多柱式広間のように、天井を支える太い柱を密集して立てることでしか、広い屋内空間を造ることができなかった。外壁はしばしば、力強い印象を与えるために内側にゆるやかに傾き、複雑に刻まれたヒエログリフと浅浮彫りによって広く覆われることもある。これによって、あらゆる階級の古代エジプト人の信仰と日常の生き生きとした記録が残された。数千年を通して——革新への知的好奇心の欠如ではないというならば——社会生活と宗教的信仰の根源的な安定を反映して、エジプトの建築は本質的に変わらないままであったと言っても決して過言ではないだろう。

最近まで、サハラ砂漠以南のアフリカの歴史的建造物についての研究は、主として建築史よりも人類学の領域であった。これは、アフリカ大陸の無数の民族言語グループの建物の伝統が、モニュメンタルな性格についての西洋の考えとほとんど合致していなかったためである。しかし、建築というこのかなり限定された定義でも、サハラ砂漠以南のアフリカは、幾つかの驚くべき、けれどもいまだよく知られていない建築上の傑作を生み出してきた。古代についてはガーナで、あるいはスーダンのクシュ文明によって、またはエチオピアのアクスム王国で熟練した石積みの跡を見出すことができる。中世にはイスラーム世界の広がりによって、マリのジェンネにある大モスク（no. 43）など、アフリカ東部から西部まで主要なモニュメントが建造された。アフリカ南部では、グレート・ジンバブエ遺跡（11-14世紀、no. 47）の曲線を描く石壁が、サハラ砂漠以南のアフリカにおける最大の中世都市を形成していた。ベナンのアボメイにある王宮（1625-1900）は、アフリカ西部におけるもっとも歴史的な遺跡のひとつを構成していて、ダホメ王国の首都の一部として長い年月をかけて建設された。その入念に装飾された建物は、それらを建てた人々の歴史や宗教を記録している。ユネスコのような国際機関が近年目標を立てているにも関わらず、考古学調査やその他の学術調査、また、アフリカにおける建築の偉業についての普及に関しては、やり残されていることが多いと言わざるを得ない。そして、多くの遺跡では、現在その保存が緊急の必要となっている。

再び東方に目を向ければ、アラビア半島にはイスラーム教誕生の地があり、7世紀以降、そこから中東、アジア、アフリカ、ヨーロッパへと驚くべき拡大を始めたのである。主に遊牧部族民であった初期のイスラーム教徒は、彼ら自身の建築の伝統をほとんど持たず、征服した各国でその地方の建物の形態や技術を引き継いだ。622年にメディナに建てられた預言者ムハンマド自身の邸宅が、イスラームの礼拝所、モスク（マスジド）のもっとも根本的な形となった。儀式的な洗浄のための泉を中央に備えた列柱に囲まれた広い中庭の周りに、イスラーム形式の基本的な要素を見出すことができる。つまり、それらは大きな礼拝室、ミフラーブ（マッカのカアバ神殿の方向（キブラ）を示す壁龕〔へきがん〕）、ミンバル（イマーム（指導者）が立って説教する説教壇）、洗浄のための泉亭または水盤、そしてミナレット（祈りの時間を告げるための塔）である。

イスラームの最初の世襲王朝であるウマイヤ朝（661-750）はダマスカスを都とし、キリスト教聖堂に改修されていた古代ローマのユピテル神殿を組み込んだダマスカスのウマイヤド・モスク（705-715年、no. 32）に加えて、エルサレムの岩のドーム（687-692年、no. 29）やアル＝アクサー・モスク（1035年再建、no. 39）を含む、もっとも長く残っているイスラームのモニュメントの幾つかを建設した。これらには、馬蹄形アーチや石積みの円筒ヴォールト、そして豊かな装飾への志向といったイスラーム建築の典型的な特徴が見られる。9世紀には、フスタート（カイロ）でトゥールーン朝（868-905年）がイブン＝トゥールーン・モスク（876-879年）など盛んな建設事業を行うなど、北アフリカ中でモニュメンタルなモスクが建てられた。11世紀にペルシアのセルジューク朝（1038-1308年）は、かつてのサーサーン朝（226-651年）文化に由来する巨大なイーワーンを中庭の各面に組み込むなど、モスクのデザインに幾つかの革新をもたらした。エスファハーンの極めて美しいジャーメ・モスク（金曜モスク、771年以降、no. 38）は、色彩豊かで複雑な幾何学模様のタイル装飾に対するイスラームの創造的才能を示すものである。

東方から追われたウマイヤ朝の王族のひとりアブド・アッラフマーン1世（731-788）がイベリア半島に逃れ、8世紀後半には林立するアーケードの円柱で知られるコルドバのメスキータ（大モスク、784-987年、no. 31）がキリスト教聖堂の上に建てられた。1453年に陥落した東ローマ帝国の首都コンスタンティノープル（イスタンブル）では、ハギヤ・ソフィア大聖堂（アヤソフィア、532-537年、no. 254）が新しいモスクのデザインの素晴らしい模範となり、イスタンブルの建築から学んだコジャ・ミマール・スィナン（1490頃-1588）は、極めて風格があり魅力的なモスクを建てた。世俗建築に関しては、グラナダのアルハンブラ宮殿（1370年竣工、no. 49）が、レコンキスタによるナスル朝（1232-1492年）滅亡前のイスラームの建築と趣味の高い水準を明らかにしている。少なくとも12世紀に遡る、もうひとつの重要なイスラームの建築形式は、個室に囲まれた広い中庭からなるマドラサ（学校）である。

ハッサン・ファティ（1900-1989）などによる伝統的なイスラーム建築についての近年の研究によって、換気、排熱抑制、経済性、社会への適応に関して多くの実用知識が明らかにされたが、それらはエネルギーについてますます意識せざるを得ない未来に直接的に関連している。とりわけサウジアラビアやペルシア湾の豊かな国々に認められるように、イスラーム建築は（アメリカの建築会社スキッドモア・オーウィングズ・アンド・メリル（SOM）のような）西洋の建築家たちが宗教建築を手掛けるほどまでに発展、進化し続けている。そして、近現代の美学と建設技術は、ますます大規模、快適な建物を実現するようになり、洗練されるモスクにも、自らの場所を見出してきたのである。

2

2. ジェセル王のピラミッド*　前2667-2648年頃　サッカラ（エジプト）

3

3. メンチュヘテプ2世葬祭殿*　前2061-2010年頃　デル＝エル＝バハリ（エジプト）

4

4. ギザの大ピラミッド（クフ王のピラミッド）*　前26世紀頃　ギザ（エジプト）

クフ、カフラー、メンカウラーの3人のファラオの三大ピラミッドは、それぞれナイル川河岸の神殿と繋がっていた。元の高さ146.6メートル、一辺約230メートルで、200万個以上の石材からなる総重量500万トン以上のクフ王のピラミッドは、エジプトのピラミッド中最大で、14世紀にリンカン大聖堂（no. 312）の尖塔——現存していない——が建てられるまで約4000年もの間、地上でもっとも高い建物であった。石切り場で切り出された石材は、粗加工して船で運ばれ、成形した後に作業用の傾斜路を運び上げられた。4つの面が東西南北に揃ったピラミッドは、古代エジプト人の計算能力を証明する幾何学的な正確さを示している。現在のピラミッドの外観はかなり荒廃したもので、もともとは滑らかな石灰岩の化粧板で覆われていた。クフのミイラの安置室は、大ピラミッドの中にこれまで確認されていない。

5

5. ウルのジッグラト　前2100年頃　ジーカール県ナーシリーヤ郊外（イラク）

6

6. アメン神殿*　主に前1550年以降　カルナック（エジプト）

7

7. センムト　ハトシェプスト女王葬祭殿*　前1473-1458年頃　デル＝エル＝バハリ（エジプト）

太陽神アメンに捧げられたこの壮大な葬祭殿は、エジプト新王国時代の最初の王朝、第18王朝のものであるが、中王国時代の岩に穿った墓廟の伝統を引き継いでいる。ハトシェプスト女王葬祭殿の全体的な形式は、すぐ隣にあるより古く小規模なメンチュヘテプ2世葬祭殿（no. 3）からの借用である。葬祭殿の地上に見える部分は、表に角柱が並ぶ3段のテラスからなっている。それらの背後には縦溝のある円柱があり、しばしばこれらは、後にギリシア人によって展開されるドーリア式オーダーの先駆けと解釈されている。スロープによって結ばれているテラスには、かつて水が通り、香木が植えられていた。葬祭殿は部分的に岩の断崖に掘られている。より古い時代の同じような墓廟と同様に、女王の実際の墓は、岩山の裏側、王家の谷にある。これは盗掘を防ぐために採られた手段である。この建物は、特定の設計者の名前を知ることのできる数少ない古代のモニュメントのひとつである。

8. アブ・シンベル大神殿*　前1244-1224年頃　アブ・シンベル（エジプト）

8

10

9. ルクソール神殿*　前1388-1351年頃　ルクソール（エジプト）

10. イシス神殿*　アスワン近郊フィラエ島（エジプト）
＊1980年にフィラエ島からアギルキア島（現在のフィラエ島）に移築

11. エドフ神殿（ホルス神殿）　前237-57年　エドフ（エジプト）

12

12. ペルセポリス*　前6-4世紀　ファールス州シーラーズ郊外（イラン）

13

13. バビロンのイシュタル門　前575年（ベルリンのペルガモン博物館に復元）
バビロン（イラク）

ユーフラテス川河岸の約10平方キロメートルに広がるバビロンは、新バビロニア王国（前625-539年）の首都であった。ネブカドネザル2世の治世（前605-562年）に、大規模な建築事業が行われたバビロンは、二重の城壁で囲まれ、8ヶ所にそれぞれ神の名を冠した門が造られた。門は青の地に雄牛と神話上の動物ムシュフシュの（12または13段の煉瓦で1頭を構成する）浮彫りを縦横交互に並べた彩釉焼成煉瓦で覆われている。バビロン最大のジッグラト――おそらく、バベルの塔の着想の源――は、ムシュフシュが従う最高神マルドゥクに捧げられている。バビロニアの豊穣と戦いの女神イシュタルの名を持つ門は、約800メートルの行列大通りの入り口に位置していた。バビロンは後にアケメネス朝ペルシアに征服され、洪水などによって破壊された。イシュタル門は、1899年から1917年にかけてのドイツの考古学調査によって発見され、彩釉部分はドイツに移送されて、ベルリンで元の高さ約24メートルから約15メートルに低くして復元された。イラクではサダム・フセイン政権の下で一部のレプリカが造られたが、イラク戦争で再び被害を受けた。

14

14. キュレネのギュムナシオン*　前5世紀以降
ジャバル・アクダル県シャハト近郊（リビア）

▶**15.** エル・カズネ（宝物殿）*　前60年頃　マアーン郡ペトラ（ヨルダン）

16

16. ティムガッドの古代都市*　100年頃　バトナ県（アルジェリア）

17

17. ベル神殿*　32年献堂　ヒムス県パルミラ（シリア）

18

18. バッカス神殿*　150年頃　ベアカ県バールベック（レバノン）

19

19. ユピテル神殿*　60年頃　ベアカ県バールベック（レバノン）

20

20. レプティス・マグナの古代都市*　1世紀以降　エル・マルゲップ県（リビア）

21. サブラタの円形劇場*　3世紀　エル・ヌカット・アルハムス県サブラタ（リビア）

22

22. ホスローのイーワーン　550年頃　バグダード近郊（イラク）
＊クテシフォンの宮殿の一部

23

23. メロエのピラミッド群*　前300-300年頃　シェンディ郊外（スーダン）

24

24. 聖墳墓記念聖堂（聖墳墓教会）* 325年頃起工（1048年以降再建）
エルサレム（イスラエル）

十字軍の目的地であったこの有名な聖堂は、破壊と再建を繰り返してきた。イエス・キリストの受難と復活の地に建てられたと考えられているため、聖墳墓記念聖堂はキリスト教にとって中心的な重要性を持っている。その建物内部には、イエスが磔刑に処されたゴルゴタの丘や、イエスの墓（聖墳墓）など、いくつかの聖地がある。元の形は聖墳墓を覆う大きなロトンダで、それは後にヨーロッパの聖堂に頻繁に模倣された。建物の場所は、聖地を訪れ、山のような屑の中から奇蹟によって聖十字架を発見したコンスタンティヌス1世の母、フラウィア・ユリア・ヘレナによって決定された。さまざまな時代の異なる様式の継接ぎである現在の建物は、カトリック教会、東方正教会、アルメニア使徒教会、コプト正教会、シリア正教会によって共同管理されている。また、聖堂の正門の扉は、エルサレムのイスラーム教徒のふたつの家族が管理している。

25

.ヒシャーム宮殿　724-743年頃　エリコ郊外（パレスチナ）

26

26. アムラ城*　711-715年頃　ザルカ県（ヨルダン）

7

.聖カタリナ修道院*　527-565年　シナイ山（エジプト）

▶**28.** アルゲ・バム*　5世紀以降　ケルマーン州バム郊外（イラン）

29

30

29. 岩のドーム*　687-692年　エルサレム（イスラエル）

しばしば誤ってモスクと呼ばれる、この初期のイスラームの記念堂は、ウマイヤ朝のカリフによって、ムハンマドの天界への飛行（ミイラージュ）の出発点と信じられていた岩の上に建てられた。事実、この場所は世界でもその領有がもっとも激しく争われてきた地であり、岩のドームが立つ岩の絶壁、モリア山は、アブラハムが息子イサクを犠牲に捧げようとした所と言われ、ソロモン王がエルサレム神殿を立て、ヘロデ大王が改築し、ローマ軍が破壊した地なのである。岩のドームの集中式プランは、初期のキリスト教聖堂、おそらく近くの聖墳墓記念聖堂（no. 24）のロトンダから影響を受けている。その幾何学的な八角形のプランは、高いドラムの上に載る二重殻構造の木造ドームで覆われている。モザイク装飾が豊かな岩のドーム内部には、巡礼者が回るための二重周歩廊がある。外部の多彩なタイルは、16世紀に貼り直された。金箔がまばゆいドームは、今日エルサレムの歴史的建造物となっている。

30. マスジド・ハラーム　7世以降　マッカ（メッカ、サウジアラビア）
＊中央はカアバ神殿

31. メスキータ（大モスク）*　784-987年　コルドバ（スペイン）

コルドバのメスキータは、存在するもっとも古いモスクのひとつであり、イベリア半島にイスラーム教が存在していたことを証明している。そして、それはダマスカスの本拠地から追い立てられたウマイヤ朝が、イベリア半島で建てた最初の建物のひとつである。このモスクはアブド・アッラフマーン1世（731-788）によって、784年から西ゴート王国時代のキリスト教聖堂の上に建てられ、もともとはカリフの宮殿と通路で繋がっていた。建てられた時には、世界で2番目に大きいモスクであった。中庭に面した巨大な礼拝室は、林立する円柱で支えられているが、そのさまざまな石材の多くはローマ時代の建物から運ばれた。それらが、赤いレンガと白い石による下が馬蹄形で上が半円の二重アーチを支えている。この二重アーチは高い天井を支えるための構造上の革新である。建物の他の部分は、リブ・ヴォールトとドームが組み合わされ、ペルシア建築の影響を示しているのであろう。ミフラーブが南を向くメスキータの方角は例外的である。1236年にカスティーリャ王国がコルドバを再占領すると、カトリックの聖マリア大聖堂として転用された。

31

32. ウマイヤド・モスク（大モスク）*　705-715年　ダマスカス（シリア）

32

33

33. マルウィーヤ（螺旋）ミナレット*　848-852年
サーマッラー（イラク）

▶**34.** アル＝アズハル・モスク*　970-972年　カイロ（エジプト）

▶**35.** シディ・ウクバ・モスク（大モスク）*　670年（836年再建）
ケルアン（カイラワーン、チュニジア）

▶**36.** アル＝ハーキム・モスク*　992年竣工　カイロ（エジプト）

34

35

36

37

37. クトゥビーヤ・モスク* 1120-1196 マラケシュ（モロッコ）

38. ジャーメ・モスク（金曜モスク）* 771年以降 エスファハーン
（イスファハーン、イラン）
＊中庭に面したイーワーンは1121-1220年頃

38

39. アル＝アクサー・モスク 1035年再建 エルサレム（イスラエル）

39

40

40. クラック・デ・シュヴァリエ*　1031年以降　ホムス（ヒムス）近郊（シリア）

聖地における十字軍最大の要塞クラック・デ・シュヴァリエ（騎士の砦）は、聖ヨハネ騎士団（ホスピタル騎士団）の本拠地であった。後にトーマス・エドワード・ロレンス（アラビアのロレンス、1888-1935）は、「おそらく世界でもっとも保存状態のよい、もっとも素晴らしい城だ」と述べている。巨大な外壁を備えたクラック・デ・シュヴァリエは、地中海への主要ルートを望むイスラームの砦を十字軍が攻め落とし、その上に建設されたものである。聖ヨハネ騎士団は、古い砦を拡張し、フランスの要塞の最新のアイデアを反映した。二重の厚い防御壁と7つの守備塔に囲まれた内部の建築物には、大規模な貯蔵施設、厩舎、礼拝堂、広間などがある。地下貯水槽も備えられ、おそらく5年間の包囲に耐えられた。最盛期には2000人の守備隊が駐屯し、12世紀には度重なる包囲に耐えたが、1271年にスルタン・バイバルス（-1277）によって落城し、騎士団はキプロス島を経てロードス島に本拠地を移した。建物内部には、十字軍時代の稀少なフレスコ画が残されている。現在はシリア政府が所有し、2006年にユネスコ世界遺産に登録された。

41. サラーフッディーン（サラディン）の城塞*　1183年竣工　カイロ（エジプト）

41

42. バフラ城塞*　13-14世紀　バフラ（オマーン）

42

43

44

◀43. 大モスク*　1280年頃（1907年に再建）　ジェンネ（マリ）

1280年にコイ・コウンボロ王がイスラームに改宗したジェンネは、13世紀の内にマリ帝国に併合され、その後もソンガイ帝国やモロッコなどに征服された。この巨大な複合宗教施設は、アフリカ西部へのイスラームの拡大を反映している。モスクは大部分が日干し煉瓦で建てられ、泥で覆われている。世界最大の日干し煉瓦による建物である。その丸みを帯びた外観は、人々に砂の城を思い起こさせる。このような構築物では、厚い壁が日中の内部の温度を抑え、夜には蓄積された熱を放出する。清浄と豊穣の象徴であるダチョウの卵が、塔の覆いに用いられている。礼拝室は、90本の木製円柱で支えられている。雨期の洪水を避けるため、モスクは高い土台の上に建てられている。現在の建物は1907年に再建されたものである。拡声器の設置を除く、いかなる近代化もなされていないこのモスクは、年に一度行われる化粧直しによって良好な状態に保たれている。1988年に「ジェンネの旧市街」としてユネスコの世界遺産に登録されている。

44. アレッポの城塞*　1210年頃（1507年に再建）　アレッポ（シリア）

45

45. アクスム遺跡のステレ（石柱）*　エザナ王のスレテは4世紀頃　アクスム（エチオピア）

46

46. キルワ・キシワニ島の遺跡*　13-16世紀　キルワ・キシワニ島（タンザニア）

47

47. グレート・ジンバブエ遺跡のグレート・エンクロージャー（大囲壁）*
11-14世紀　マスヴィンゴ州（ジンバブエ）

グレート・ジンバブエの神秘的な石の遺跡は、アフリカ南部でもっとも古く、もっとも印象的なモニュメントのひとつである。ジンバブエは「石の家」を意味するが、グレート・ジンバブエは数百の石造構造物を含む、大規模な遺跡である。グレート・ジンバブエは、盛期に人口35000人に達したと推定されている。これらの遺構は、直線的な部分が無いことで知られ、壁は流れるように優美な曲線を描いている。グレート・エンクロージャーの外壁は全長244メートル、高さは11メートルに達する。この遺跡を最初に発見したヨーロッパ人は、16世紀のポルトガルの商人たちであった。その後の帝国主義時代に、これらの構築物がアフリカ人によるものという考えは、人種的、政治的理由から広く否定されていたが、近年の発掘調査によって、それがこの土地固有のものであり、おそらくバントゥー語族に属する人々によって建てられたことが明らかにされてきた。グレート・ジンバブエが放棄された理由は明確ではないが、干ばつ、伝染病、交易の減少などが現在の説である。今日のジンバブエ共和国の名称は、この遺跡に由来する。

48

48. マドラサ・アル＝フィルドゥースィー　1235-36年　アレッポ（シリア）

49

49. アルハンブラ宮殿*　1370年竣工　グラナダ（スペイン）

アルハンブラ宮殿はイベリア半島南部におけるイスラーム勢力の中心であった。イベリア半島最後のイスラーム王朝ナスル朝（1232-1492年）の宮殿区域の建設は、ムハンマド2世（1234-1302）が始め、1370年にムハンマド5世（1338-1391）が完成した。アルハンブラ宮殿は数多くの広間、中庭、庭園を備えたスルタンの豪華な宮殿であると同時に、23の守備塔を備えた城塞でもある。壁面はストゥッコ、色とりどりのモザイク・タイル、大理石、浮彫りなどによって装飾されている。アルハンブラ宮殿の内部空間の多くに、凹状の曲面を層状に繰り返す建築装飾ムカルナスのヴォールトがあるが、それは構造ではなく純粋に視覚効果のためのものである。宮殿のもっとも有名な屋外空間は、優美なアーケードに囲まれたライオンの中庭である。中央の噴水とそこから伸びる4本の水路を持つ四分庭園は、天上の楽園を再現したものと言われる。レコンキスタによって1492年にグラナダが陥落した後に破壊され、建て直された部分もあるが、多くはそのまま残された。アルハンブラはアラビア語で「赤い城塞」を意味する言葉が、スペイン語で転訛したものである。

50

51

50. ベテ・ギョルギス（聖ゲオルギウス聖堂）*　13世紀前半頃
ラリベラ（エチオピア）

51. ヒュッレムシャー　ディヴリーイの大モスク*　1228-1229年
ディヴリーイ（トルコ）

52

53

52. スルタン・カラーウーン廟　1285年頃　カイロ（エジプト）

53. スルタン・ハサン・モスク*　1356-1359年　カイロ（エジプト）

54. トプカプ宮殿*　1459年起工　イスタンブル（トルコ）

1465年から1853年までオスマン帝国のスルタンが居住したこの広大な正宮殿は、金角湾を望む岬に位置する。古代ギリシアの都市ビザンティオンの跡に建てられた宮殿の造営は、メフメト2世（1432-1481）が1453年にコンスタンティノープルを征服して間もなく開始された。外界から遮断された宮殿は、独自の水源、貯水槽、厨房を備え、最盛期には4000人が居住した。宮殿のプランはおよそ長方形で、4つの主要な中庭を中心に組織されたが、頻繁な増築と改築によって、庭園が散在する約400の部屋の非対称な複合体となっている。宮殿の生活は、厳格な儀式に則って進められ、中庭での会話は禁じられていた。スルタンの居住区画ハレムには、スルタンと割礼を受ける前の皇子、母后、后、女性召使が居住していた。1922年にオスマン帝国が滅亡すると、1924年にトルコ共和国はトプカプ宮殿を博物館として一般公開した。トプカプ宮殿の名称は、岬の先端にある「大砲の門」（トルコ語で「トプカプ」）にちなんで19世紀以降につけられた。

55. トプカプ宮殿チニリ・キョシュク*　1473年　イスタンブル（トルコ）

56

56. ファジル・ゲビのファシリデス帝の城*　17-18世紀　ゴンダール（エチオピア）

57

57. バヤズィト2世モスク　1501-1506年　イスタンブル（トルコ）

58

58. アスキア・ムハンマド1世の墳墓*　1495年　ガオ（マリ）

59

59. サンコーレ・マドラサ（サンコーレ大学）*　1581年　トンブクトゥ（マリ）

60

60. コジャ・ミマール・スィナン　スレイマニエ・モスク*
1550-1557年　イスタンブル（トルコ）

金角湾を望む丘の上に建てられたこの壮麗なモスクは、墓廟、マドラサ、商館、キャラバンサライ、病院などの施設が集まった大規模なモスク複合体の一部である。多くの点で、オスマン帝国の宗教建築の典型であるスレイマニエ・モスクは、建築家スィナンの傑作のひとつである。スィナンはキリスト教徒の子として生まれたが、イスラーム教に改宗し、イェニチェリ（歩兵軍団）に入隊し工兵隊に所属、後に半世紀にわたってイスタンブルのスルタンに宮廷建築家として仕えた。スレイマニエ・モスクは、1453年のコンスタンティノープル陥落後にモスクに改修されていた近くのハギヤ・ソフィア大聖堂（アヤソフィア、no. 254）の影響を受けている。その模範に倣って、モスクの大きな礼拝堂は、巨大なドーム（直径27メートル）で覆われ、その下をふたつの半球ドームが支えている。もっとも、スィナンのプランは、先例を単純化し、合理化している。四隅には針のようなミナレットが立っている。礼拝堂の前にはアーケードに囲まれた広い中庭があり、スレイマン1世（1494-1566）と妃の墓廟は、礼拝堂の北側の墓地にある。スィナンの墓もこの墓地にある。

61. スルタン・アフメト・モスク（ブルー・モスク）*　1609-1616年
イスタンブル（トルコ）

61

62. スルタン・アシュラフ・カーンスーフ・ガウリーのキャラバンサライ（隊商宿）　1504-1505年　カイロ（エジプト）

62

63

64

3. **コジャ・ミマール・スィナン**　セリミエ・モスク　1568-1574年
エディルネ（トルコ）

64. **コジャ・ミマール・スィナン**　シェフザーデ・モスク　1545-1548年
イスタンブル（トルコ）

5. **ムスタファ・アガ&シモン・カルファ**　ヌルオスマニエ・モスク
1749-1755年　イスタンブル（トルコ）

66. イマーム・モスク（シャー・モスク）*　1611-1637年　エスファハーン
（イスファハーン、イラン）

65

66

67

67. ダール・アル・ハジャール（イマーム・ヤフヤの夏の宮殿）　1920年代　サヌア（サナア）郊外（イエメン）

68

68. ハーバート・ベイカー　ユニオン・ビルディング　1910-1913年　プレトリア（南アフリカ）

69

69. ハッサン・ファティ　新グルナ（クルナ）の住宅　1948年以降
ルクソール近郊（エジプト）

70

70. ファリード・エル＝シャフェイ　アーガー・ハーン3世墓廟　1959年
アスワン（エジプト）

71

71. アーサー・エリクソン　エティサラート・タワー（タワー1）　1992年　ドバイ（アラブ首長国連邦）

72

72. ヘニング・ラーセン　外務省　1982-1984年　リヤド（サウジアラビア）

73

73. ミシェル・パンソー　ハッサン2世モスク　1986-1993年　カサブランカ（モロッコ）

74

74. スノーヘッタ　アレクサンドリア図書館　1995-2002年　アレクサンドリア（エジプト）

エジプトと近隣のイスラーム諸国の研究者たちの知識の宝庫であるこの新しいアレクサンドリア図書館は、古代に失われた有名なアレクサンドリア図書館を想起させることが意図されている。1974年にアレクサンドリア大学は、かつて古代の図書館が立っていた場所の近くに図書館を建てる決定をした。エジプト大統領ホスニー・ムバーラク（1928- ）が先頭に立ち、ユネスコが支援する国際的なプロジェクトが始まり、1988年に新しい図書館の設計コンペティションが行われた。1400件の応募から選ばれたのは、ノルウェーの設計事務所スノーヘッタである。主要な建物のプランは直径160メートルの円形で、11階建の円柱が地中海に向かって斜めに切られている。閲覧室は、床面から高さ32メートルのガラス・パネルの天井から採光される。壁はアスワンで採掘された花崗岩で、120の言語の文字が刻まれている。図書館は800万冊の書架を備えるが、蔵書は主として外国からの寄贈に頼っている。一方で、新しいアレクサンドリア図書館は、インターネット・アーカイヴの唯一の外部バックアップを保管している。

75

76

75. モシェ・サフディ　ヤド・ヴァシェム・ホロコースト博物館　1997-2005年
エルサレム（イスラエル）

76. ツヴィ・ヘッカー　スパイラル・アパートメント・ハウス　1984-1990年
ラマト・ガン（イスラエル）

77

77. ピーター・バーバー　ヴィラ・アンバー　1992年　ダンマーム（サウジアラビア）

78

79

80

78. フォスター・アンド・パートナーズ（ノーマン・フォスター）＆ビューロー・ハッポルド　アル・ファイサリヤ・タワー　1997-2000年　リヤド（サウジアラビア）

79. エラーブ・ベケット　キングダム・センター　1999-2002年　リヤド（サウジアラビア）

80. カルロス・オット　エミレーツ・ドバイ国立銀行　1996-1998年　ドバイ（アラブ首長国連邦）

81

81. エイドリアン・スミス（スキッドモア・オーウィングズ・アンド・メリル（SOM））　ブルジュ・ハリファ（ブルジュ・ドバイ）　2004-2009年　ドバイ（アラブ首長国連邦）

完成前からすでに世界でもっとも高い建物であったブルジュ・ドバイは、2006年からアメリカの設計事務所スキッドモア・オーウィングズ・アンド・メリルで働くエイドリアン・スミスによって設計された。尖塔を含む高さ828メートル、軒高636メートル、168階建てである。ブルジュ・ドバイは2010年1月のオープンと共に、名称をブルジュ・ハリファに変更した。オフィスと高級マンションとホテルを含むこの超高層建築物は、小さいが裕福な首長国に観光客と投資家を誘致することを目的とした「ダウンタウン・ブルジュ・ハリファ」と呼ばれる地区に立つ。この建物は、中央のコアとそれを取り巻きながら螺旋状にセットバックする3つの要素からなっている。この点は、同じ設計事務所が設計したシカゴのウィリス・タワー（旧シアーズ・タワー、no. 959）の9本の四角柱を組み合わせた形や、フランク・ロイド・ライト（1867-1959）による1950年代の「マイル・ハイ・タワー」構想と全体的に似ている。三花弁形のプランは、イスラーム建築に見られる植物模様に由来すると言われている。建物の下部は、耐圧耐熱の特殊な鉄筋コンクリート構造で、建設中、そのコンクリートは硬化させるために氷と混ぜて夜に打設された。40億ドルを超えるブルジュ・ドバイの建築経費と工法は議論の的であった。

▶**82. トム・ライト**　ブルジュ・アル・アラブ　1994-1999年　ドバイ（アラブ首長国連邦）

アジアとオセアニア

インドと東南アジア

紀元前3300年頃まで遡るハラッパーや、紀元前2600年頃まで遡るモヘンジョ＝ダロ（no. 85）といった先史時代の都市を形成したインダス文明については少ししか知られていない。東西南北に揃って区画されたこれらの集落の進歩性――段になった高台の上の要塞、家庭用の上水道、排水溝、儀式用の大きな沐浴場――は、当時のシュメールの都市の設備に匹敵するが、奇妙なことに、大きな王墓はない。全体として、インド亜大陸の建築の伝統――と実際に残っているモニュメント――は、本質的に宗教的なものであり、大規模な複合寺院施設に集約される。建築様式は、崇拝する宗教を決定した支配政権によって異なるが、インダス文明の後は4つの主な時期に分けられる。そのもっとも古いインド亜大陸の文化は、後の身分制社会の礎を築いたインド・アーリア人によるもので、紀元前1500年頃から1200年頃まで続いた。紀元前3世紀には、偉大な支配者アショーカ王（前304-232頃）がペルシアから熟練した職人を連れてきて、その石彫技術を模倣した。この時期には、紀元前5世紀に起こった仏教の最初のモニュメントが造られた。重要な仏教のストゥーパ――仏舎利をおさめた墳丘、周囲に欄楯〔らんじゅん〕を設け東西南北の入り口に塔門（トーラナ）が立つ――やストゥーパを祀る寺院（チャイティヤ）、僧院（ヴィハーラ）はインド南部に見られ、アジャンター石窟（no. 87）など、天然の洞窟を利用したり、岩山の山腹を掘ったりすることもしばしばであった。玄武岩の断崖に34の仏教、ヒンドゥー教、ジャイナ教の石窟寺院や僧院や神殿が並ぶエローラ石窟の中でも、カイラーサナータ寺院（750年以降、no. 92）は岩に穿たれた巨大で複雑な建築である。それは縦に天然の岩を掘り下げ、極めて装飾的な壁面彫刻を備えた複数階の建物のような一個の構築物を彫り出している。

7世紀以降、ラージプートの諸王朝が、独立したモニュメンタルな寺院を建設し、その多くは現在も残っている。地方によって異なるものの、ヒンドゥー教寺院――実際には神々を祀る神殿――は、一般的に基壇の上に建てられ、しばしば高塔（シカラ）や重層ピラミッド型の屋根を載せた祠堂〔しどう〕、または繞道〔にょうどう〕を含む本殿、列柱のある広間（マンダパ）を含む複合施設の形をとる。それらは無数のとても豊かで圧倒的な具象彫刻によって装飾されていることで知られる。時にはエロティックな姿も描かれているが、それは性行為が人間と神の領域が合一した忘我の状態を再現するというタントラに関係している――例えば、カジュラーホーのカンダーリヤ・マハーデーヴァ寺院（1050年頃、no. 109）は、そのような彫刻でふんだんに装飾されている。高い基壇の上に建てられたこの寺院の特徴は、山になぞらえて配置された複数の高塔である。特にそれらの上層は密集した装飾浮彫りで覆われ、美的な精緻さを極めている。

インド亜大陸における建築の第2の主な時期は、12世紀から18世紀にかけてであるが、それはアフガニスタンからイスラーム諸勢力が進出し、デリーを新しい首都にしたことで始まった。政治的混乱の一方で、この時代は――とりわけ16世紀にムガル帝国が現れると――モニュメンタルな建築が急激に発展した。イスラーム教徒は、広い礼拝室とミナレットを備えたモスクなど、幾つかの新しい建物の形式を中東からインドに持ち込んだ。その結果、インドのモスクは、ペルシアからの強い影響を示すが、その石積みと装飾の石彫は、次第に著しく洗練されていく。この傾向を代表するのは、実際にはモスクではないが、アーグラの有名な墓廟タージ・マハル（1632-1653年、no. 147）である。それと同時に、イスラーム教徒はあらゆるヒンドゥー寺院を改修するか破壊する活動を長期にわたって徹底した。そのため、インド北部では辺境を除いて、そのような構造物がほとんど残っていない。インド亜大陸における建築の第3、第4の主な時期は、追って述べるように、英国のインド統治（1858-1947）と共に始まり、西洋の様式と形式がインド亜大陸に広く導入された。

さらに東では、ヒンドゥー教と仏教が、ビルマ、インドシア半島、インドネシアを含む東南アジアに到達し、前例の無い形と規模で驚くべき寺院複合体を造った。例えば、インドネシア

◀**83.** 万里の長城*　前221-1600年頃（中国）

のチャンディ・ボロブドゥール（780-830年頃、no. 104）は、世界最大の仏教寺院である。その広大で左右対称のプランは東西南北に揃い、その立面は、仏教巡拝者の悟りへの段階を象徴的に表す一連の段になっている。もうひとつの大規模な寺院、カンボジアのアンコール・ワット（12世紀前半、no. 111）にもまた、壇や回廊や柱廊や塔が一見して果てしなく連続して現れ、クメール文明の成果を代表的するものである。

中国

中国文明は、紀元数千年以上前——長江では1万年以上前——に長江や黄河流域で起こった。モニュメンタルな建築物は、紀元前221年に中国を初めて統一した秦王朝時代（前778-206年）に初めて現れた。この時代の最大の建築遺産が、北の国境を守る万里の長城（no. 83）であることは言うまでもない。その後の中国の都市は、世界でもっとも発展した都市に数えられるが、明王朝時代（1368-1644年）以前に遡る建築物は僅かしか残っていない。これは、礎石の上に立つ建物の多くが、松材や杉材で建設され、朽ちてしまったことによる。石造ヴォールトは、一般に埋葬用構築物か、後には、都市の城壁や門口に限定されていた。仏塔はしばしばその例外であった。例えば、唐王朝時代の7世紀に大慈恩寺の一部として建立された大雁塔（no. 94）は、最初練り土で造られ化粧石で覆われていたが、後に煉瓦（磚〔せん〕）で建て直された。

それにもかかわらず、中国の進んだ木造建築は、アジア中で大きな影響力を持ち、その伝統は数百年にわたってほとんど不変であった。木造の単純な楣〔まぐさ〕式構造は、中国では早くも先史時代から見られ、長い間、堅牢な壁ではなく柱が建物の基本的な構成要素であり続けた。けれども、中国中央部では木材が不足していたため、初期の木造構築物には比較的細い柱が用いられ、柱間は広く、壁材は軽い。中国の実用的な構築物——住居、城塞、その他の軍用の構築物——の多くが、練り土か煉瓦で造られる一方、木材は主に格式ある建物に用いられた。骨組構造による木造建築の柱間の繰り返しは、必然的に単純な構成単位からなる格子状となるが、宋王朝時代（960-1279年）の李誡（1065-1110）による建築技法書『營造法式』（1103年出版）では、帝室の建築のために標準となる比率が体系化された。瓦、広い軒、複雑な持送り構造を備えた中国寺院に特徴的な曲線的な屋根には、大工の技量と装飾的意識が集中している。その特徴的な例が、北京の天壇祈年殿（1751年（1906年再建）、no. 131）であろう。その円形プランの木造建築は、大理石の高い基壇の上に立っている。中国の宮殿は一般的に平屋で、寺院と同様に独立していることは稀で、建物と中庭の大規模な複合体に組み込まれている。これについては、大理石の欄干で繋がった一連の広間と中庭からなる15世紀の北京の紫禁城（故宮、no. 128）を見なければならない。この宮殿は、およそ5世紀にわたって中国皇帝の居城であった。そのプランは広い濠と高い壁に囲まれた広大な矩形で、厳密に左右対称である。無数の建物の中には、中国の宮殿建築のもっとも優れた作例があり、現在、古い木造建築物の集合体としては世界最大である。そのほぼ中央に位置する太和殿は、宮廷の重要な式典を行ったもっとも主要な建物で、現存する中国最大の木造建築物でもある。

中国の仏教寺院は、漢王朝（前202-後8年、25-220年）の宮殿の例に従う傾向にあったが、インドを起源とする新しい建築形式、仏塔も導入している。大規模な岩窟寺院も、インドの前例に倣っている。現存する最古の中国寺院は6世紀に遡るが、木材と煉瓦（磚）による仏塔は——すでに述べた通り——唐王朝時代のものである。正方形か八角形の基部を持つ仏塔は、装飾的な持送りや屋根の部分で次第に小さくなる層を縦に重ねた形である。この種の精緻で色鮮やかな仏塔は、19世紀まで継続的に建てられた。

日本と朝鮮半島

古代日本のモニュメントである古墳の中でも、堺市にある壮大な大仙陵古墳（仁徳天皇陵、5世紀）は、墳丘の全長486メートル、幅305メートル、高さ35メートルで、プランは一方が円形、他方が台形の前方後円墳である。三重の濠に囲まれ、その内側の面積は約46.5万平方メートルで世界最大の墓域面積を持つとされる。日本の最古の建築モニュメントの幾つかは、伊勢神宮（no. 89）や出雲大社など、荘厳な神道の神社である。6世紀に中国の建築技術、とりわけ木造建築の知識が、仏教の伝来と共に朝鮮半島と日本に伝えられた。古都奈良にある初期の寺院の多くは、その中国の影響を反映し、法隆寺の伽藍（no. 93）は現存する最古のものである。794年に都となった京都には、天皇や貴族の寄進によって数多くの寺院が建立された。同様に印象的であるのは、16世紀の動乱の時代に発展した、日本の城郭建築の伝統である。大阪や姫路などでは、石垣の上に築かれた複数層の破風を備えた望楼型の高い天守が、その周囲を見下ろしていた。

近現代

帝国主義と産業化が同時に始まったことで、アジアとオーストラリアの建築は劇的に変わり、多くの場合、西洋の様式と技術がもともとの伝統にとって代わった。1858年から1947年までのイギリスのインド統治下では、聖堂や鉄道や駅、そして、マドラスやカルカッタなどの植民地行政官の庁舎や邸宅にヨーロッパの伝統が持ち込まれた。この帝国主義の装置を理解するには、植民地時代の終わりにハーバート・ベイカー（1862-1946）とエドウィン・ラッチェンス（1869-1944）が、ムガル朝の伝統を取り込み、古典様式で設計したニューデリーのモニュメンタルな政府の建物を見れば十分である。インド亜大陸における建築のさらに新しい時代は、インド、パキスタン、バングラデシュの独立と共に始まった。それらの国々は、西洋モダニズムの技術的、美的革新と、人口過剰や貧困といった急を要する社会の現実の両方を甘受しようという試みの場となった。インドやパキスタンは、独立後も西洋を志向する傾向があり、それは、1950年代にパンジャーブ州の新しい州都チャンディーガル（no. 165）の設計を任されたスイス生まれのフランスの建築家ル・コルビュジエ（1887-1965）と1960年代にバングラデシュの首都ダッカの政府建築（no. 166）を設計したアメリカの建築家ルイス・カーン（1901-1974）に代表される。チャールズ・コレア（1930- ）やバルクリシュナ・ヴィタルダス・ドーシ（1927- ）といったインドの建築家は、彼らが学んだ欧米の建築家からの影響を明らかに受けているものの、近年、祖国インドに相応しい、新しい手法と伝統的な地方の特色との両方を反映した「ハイブリッド・モダニズム」を生み出してきた。

18世紀前半にイエズス会の布教を通してイタリア・バロックが僅かに流入したことを例外として、中国は20世紀前半まで、外国の建築の流行に対して閉ざされたままであった。日本における状況と対照的に、その後の西洋とアジアの要素が混在する建物が建てられた時期にモダニズムの原則は黙認されたが、近年、中国市場が西側に一部開放され、北京や他の経済特区では高層建築の急激な発展が見られる。

19世紀半ばに開国した日本は、次第に現代建築の最前線に地位を得るようになった。20世紀の日本の建築家の旗手、丹下健三（1913-2005）は、広島平和記念資料館（1955年竣工）で一躍知られるようになった。丹下に大きな影響を与えたのは、ル・コルビュジエである——丹下を指導した前川國男（1905-1986）はパリのル・コルビュジエの事務所で働いていた。また、安藤忠雄（1941- ）を含む、その後の多くの日本の建築家も、ル・コルビュジエの影響を受けている。打ち放しのコンクリートで大胆で印象的な形態を造るル・コルビュジエのブルータリズム的手法を追い求めた日本は、優雅で巧みなコンクリート建設の世界水準を更新し続けた。20世紀末には未来志向をさらに強めて、複雑で表現豊かな形態を生み出す一種のモダニズムの「バロック」に至った建築家もいる。

現代アジアの建築の最新のモニュメントの典型は、李祖原建築事務所による国際金融センター、台北101（1999-2004年、no. 190）によって代表される。この超高層建築物は、西洋の技術やモダニズム美学と、アジアの経済力や伝統的図像との融合を体現している。風による振動を緩和するためのTMD（チューンド・マス・ダンパー）として92階から88階の吹き抜けに吊り下がる巨大な鋼鉄の振り子などを含む革新的な工学技術によって、台北101は地震や台風にも耐えられるような極めて安定した構造になっている。それと同時に、24階から27階にかけて設置された中華圏の貨幣を模したオブジェや、27階から90階にかけて8階ずつ8つの節——8は中華圏で縁起の良い数である——が縦に連なった仏塔を暗示する外観など、宇宙論的、数秘学的象徴が人目を引く。

オーストラリアとオセアニア

数千年にわたって、オーストラリアと南洋諸島の先住民族は、その場所の生態系に適した建物の悠久の伝統を展開してきたが、それは、西洋人が考える正式の建築のあるべき姿とは合致していなかった。初期の西洋の植民地開拓者たちは、先住民族文化の産物をほとんど無視した。オーストラリアで最初のモニュメンタルな西洋風建築は19世紀前半のもので、格式ある優雅さが求められる場合には、イギリスのジョージ王朝時代（1714-1830）の古典主義の後期様式が採用された。しかし、多くの建物は当然のことながら実用的で、ゴールド・ラッシュが生み出した富によって活気づけられたオーストラリアの都市では、バルコニーに用いられるような装飾用の鉄製部材が上流階級の邸宅建築の特徴であったが、まもなく、同時代のイギリスの流行と模範に基づいた盛期ヴィクトリア朝様式の印象的な建築を造るようになる。外国からの影響は、20世紀の大半を通して、新しい首都キャンベラ——一時期フランク・ロイド・ライト（1867-1959）の建築事務所に所属していたウォルター・バーリー・グリフィン（1876-1937）が計画——でも、有名なシドニー・オペラハウス（no. 163）——デンマークの建築家ヨーン・ウッツォン（1918-2008）の設計で、1966年に辞任したウッツォンを引き継いだ建築家チームによって1973年に完成——でも、決定的であり続けた。オーストラリアの建築家の中では、ハリー・サイドラー（1923-2006、ウィーン生まれ、1948年にアメリカから移住）が際立つ存在である。グレン・マーカット（1936-、ロンドン生まれ）の建物が、近年、場と風土に対して敏感であるという点で、世界の建築関係者の間で関心を呼んでいる。

▶**84.** マハーボーディ（大菩提寺）* 5-6世紀（1880年代修復）
ブッダガヤ（インド）

84

85

85. モヘンジョ＝ダロ*　前2600-1500年頃　シンド州モヘンジョ＝ダロ（パキスタン）

86

86. サーンチー第3ストゥーパ*　1世紀　マディヤ・プラデーシュ州サーンチー（インド）

仏教のストゥーパの形は、巡礼の対象であった聖人の墓を覆うドーム状の墳丘から進化した。その形式は、仏教に改宗した最初の古代インドの支配者、マウリア朝第3代王アショーカ（前268-232頃）によって標準化された。サーンチーはアショーカの治世にヒマラヤ地方に伝道僧を送り出した大規模な仏教伽藍であったと考えられる。基壇部の直径約15メートルの第3ストゥーパは、有名な第1ストゥーパ（サーンチーの塔、前3世紀-後1世紀初頭）を模して縮小したものである。第1ストゥーパは、ほぼ完全な形で現存する最大規模の古代仏塔で、基壇部の直径36.6メートル、高さは16.4メートルあり、その頂上には菩提樹を象徴する三重の傘竿が立つ。ストゥーパは基壇の上と外周の二重の欄楯〔らんじゅん〕に囲まれている。基壇には正面南側の階段から上り、その欄楯の内側は、僧侶が右繞する繞道〔にょうどう〕である。外周の欄楯の東西南北には、仏教図像の浮彫りで覆われたモニュメンタルな塔門が立っている。これに対して、第3ストゥーパの傘竿は一重で、外周の欄楯は失われ、塔門も南側にしか現存しない。

87

87. アジャンター石窟* 前2世紀以降 マハーラーシュトラ州（インド）

88

88. カールラー石窟チャイティヤ窟（主窟） 前1世紀 マハーラーシュトラ州カールラー（インド）

89

89. 伊勢神宮　前1世紀末頃（20年毎に立て替え）　伊勢（日本）

ふたつの正宮、天照大御神を祀る内宮（皇大神宮）と豊受大御神を祀る外宮（豊受大神宮）を始め、広い意味では合計125の社宮からなる伊勢神宮は、日本の神道の至貴至高の社である。20年毎の式年遷宮では、内宮と外宮の正殿を始め、14の別宮や他の65棟の殿舎なども建て替えられる。これは、萱葺〔かやぶき〕屋根の掘立柱建物で造られている耐用年数の短い正殿などを、完全で清浄な状態に維持するためと言われる。その際、新しい社殿は古い社殿のすぐ隣に建てられ、多くの儀式を経て御神体が旧殿から新殿に移されて旧殿は取り壊される。現在もそれらの建物は、7世紀以前に遡る建物の形態と建築技術を伝え、屋根の両端で切妻を延長した千木〔ちぎ〕、棟の上に並ぶ鰹木〔かつおぎ〕など、古代の木造建築の特徴を留めている。実際、それは高床式の穀倉から発展したと考えられている。

90

90. ミーソン聖域*　7世紀末-13世紀末　クアンナム省ズイスエン県（ヴェトナム）

91

91. 雲崗石窟* 5世紀後半 大同（中国）

92

92. エローラ石窟カイラーサナータ寺院（第16窟）* 750年頃以降 マハーラーシュトラ州アウランガーバード郊外（インド）

93

94

93. 法隆寺西院伽藍*　7世紀後半-8世紀初頭　奈良県斑鳩（日本）

法隆寺は、日本で現存する最古の仏教寺院で、世界でもっとも古い木造建築である。法隆寺の創建は、日本に仏教が伝来した7世紀初頭まで遡り、西院伽藍の前に若草伽藍が存在していたことが知られている。西院伽藍は7世紀後半の再建である。南正面には中門、向かって右に金堂、左に五重塔、奥に大講堂と建物の位置と大きさは左右非対称で動的な構成となっているが、本質的には規則的な伽藍配置である。中門、金堂、五重塔の反り返った軒や曲線を多用した組物（軒の出を支える部材）などには、隋や朝鮮半島三国時代の建物からの影響が見られる。西院伽藍を囲む回廊は、かつて大講堂の前で閉じていた。大講堂は平安時代の移築である。また、回廊の左奥には奈良時代の経蔵、右奥には平安時代の鐘楼がある。

94. 大慈恩寺大雁塔　652年以降　西安（中国）

中国の仏塔の起源は、インドのストゥーパである。中国で現存するその最古の構築物のひとつ、大雁塔は玄奘三蔵（602-664）の申し出によって、唐の高宗（628-683）の治世に、かつて皇太子であった高宗（李治）が建立した大慈恩寺に建てられた。玄奘がインドから持ち帰った経典や仏像を納めるためのものである。練り土で造られた最初の塔は、5層で高さ約54メートルであった。704年に再建された2番目の煉瓦造りの塔（磚塔）は10層で、1556年の大地震で被災した後に、現在の7層に改築された。高さ64メートルの塔は、明王朝時代と1964年に全面的に修復されている。簡素な角型の外観をした大雁塔のファサードの単調さは、各層の間の装飾帯に加えて、浅い付柱や小さな開口部という建築表現で和らげられている。長安城内の大薦福寺には景龍中（707-710年）に建立された磚塔、小雁塔がある。

▶**95.** パンチャ・ラタ（五つの石彫寺院）*　7世紀後半
タミル・ナードゥ州マハーバリプラム（インド）

96

96. 龍門石窟*　494年以降　洛陽郊外（中国）

97

97. エレファンタ石窟*　9世紀以降　エレファンタ島（インド）

98. 東大寺大仏殿*　1691年竣工　奈良（日本）

99. 大キズカラ*　7世紀頃　メルヴ（トルクメニスタン）

100

100. 造塔洞五層塼塔　750年　安東郊外（韓国）

101

101. 仏宮寺応県木塔　1056年起工　朔州（中国）

102

102. ソーマプラ・マハーヴィハーラ*　8世紀後半-9世紀　ナオガオン県パハールプル（バングラデシュ）

103

103. バガンの寺院遺跡　11-13世紀　バガン（ミャンマー）

104

105

104. チャンディ・ボロブドゥール*　780-830年頃　中部ジャワ州マグラン県（インドネシア）
＊写真は円形壇上の仏塔群

交易を通してインドから東南アジアへ仏教が伝播したことを示すボロブドゥールの壮大な遺跡は、中部ジャワを支配していたシャイレーンドラ朝が建立した世界最大の仏教寺院と言われている。1辺約120メートルの基壇はほぼ正方形で、東西南北を向き、プランは左右対称である。各辺の中央には階段がある。自然の丘の上に盛土をして、そこに石材を高さ31.5メートルまで積み上げている。基壇と下部5層は方形、上部3層は円形で、最上段の中央には直径約16メートルのストゥーパが設置されている。これらの段は、無知から悟りの境地へと進む仏教巡拝者の悟りへの段階を象徴的に表している。かつて巡拝者は、まず、下部4層の回廊を数キロメートル右回りに歩いた（右繞）。回廊の壁には仏陀の教えを描く膨大な浮彫りが施されている。上部3層の円壇には、鐘形の目透かし格子の小さなストゥーパが72基あり、そのひとつひとつに結跏趺坐〔けっかふざ〕する仏陀の像が納められている。イスラーム化が進み、ボロブドゥールは長い間打ち捨てられた状態にあったが、1972年以降、ユネスコの援助で公園として整備された。

105. 云岩寺塔（虎丘塔）　959または961年　蘇州（中国）

106

106. チャンディ・プランバナン*　850年頃　ジョグジャカルタ特別州スレマン県（インドネシア）

107

108

107. イスマーイール廟*　892-907年　ブハラ（ウズベキスタン）

108. ブリハディーシュワラ寺院*　1002-1010年　タンジャーヴール（インド）

109

109. カンダーリヤ・マハーデーヴァ寺院*　1050年頃　マディヤ・プラデーシュ州カジュラーホー（インド）

110

110. リンガラージャ寺院　11世紀　オリッサ州ブヴァネーシュヴァル（インド）

111

111. アンコール・ワット*　12世紀前半　シェムリアップ州（カンボジア）

現存する最大の宗教モニュメントであるアンコール・ワットは、民族の誇りであり、1863年以来カンボジア国旗にも描かれている。山のように積み上げられたこの石造寺院は、もともとヒンドゥー教の神ヴィシュヌに捧げられたもので、そのプランと構成は、時代をさかのぼるチャンディ・ボロブドゥール（no. 104）と比較される。アンコール・ワットは、クメール王朝のスーリヤヴァルマン2世（在位1113-1150頃）によって着手され、後に王はここに埋葬された。クメール王朝の神殿として完成されたが、結局、仏教寺院に改修された。ボロブドゥールと同様、アンコール・ワットも空間的というよりも彫刻的である。かつて中央祠堂を目指す熱心な巡拝者は、三重の回廊を数キロメートル歩いた。1431年にアンコールが攻撃されると、アンコール・ワットは僧侶を残して放棄された。1860年にフランス人博物学者アンリ・ムーオ（1826-1861）がアンコール・ワットを見出し、その存在を広く世界に知らせるまで、訪れる西洋人もほとんどいなかった。その規模と壮大さに驚いたムーオは、アンコール・ワットをソロモンの神殿に比肩し、古代ギリシア・ローマ文明によって残されたいかなる遺跡よりも立派であると記した。アンコール・ワットは、20世紀に整備され、部分的に修復された。

▶**113.** 平等院鳳凰堂*　1053年竣工　宇治（日本）

日本のこのモニュメンタルな仏教建築は、京都の南、宇治にあり、もともとは源融（822-895）が営んだ別荘が、998年に摂政藤原道長（966-1028）の別荘、宇治殿となり、その子、関白藤原頼道（992-1074）が1052年に寺院に改めたものである。平等院の伽藍で唯一現存する阿弥陀堂（現在の鳳凰堂）は、その翌年に建立された鳳凰堂のプランは左右対称で、定朝作の丈六阿弥陀如来坐像を安置する高さ12.7メートルの入母屋造りの中堂、左右の翼廊、中堂背後の尾廊からなる。浄土式庭園の阿字池の中島に東向きに立つ鳳凰堂中堂正面の扉を開けると、柱間の格子の丸窓を通して、西方極楽浄土の教主とされる阿弥陀如来の面相を対岸から拝むことができる。周囲の扉や壁にはもともと極彩色の絵が描かれ、長押〔なげし〕の上の壁面ではほぼ丸彫りの供養菩薩が舞うなど、中堂内は極楽浄土の再現であった。
※写真は中堂

112

112. アーナンダ寺院　1091-1105年　バガン（ミャンマー）

114

117

115

116

114. 北寺塔　1131-1162年　蘇州（中国）

115. クトゥブ・ミナール*　1200年頃（1386年改修）　デリー（インド）

116. 東大寺南大門*　1199年再建　奈良（日本）

この壮大な木造の門は、東大寺境内への入口である。古都奈良でもっとも重要な仏教寺院である東大寺は、鎮護国家のために8世紀に聖武天皇が建立した。東大寺の主要な建築物は金堂（大仏殿）で、世界最大の木造建築と言われ、像高14.7メートルの本尊、蘆舎那仏像を安置する。南大門の屋根の構造は、柱を貫通する貫と呼ばれる水平方向の材を多用する大仏様（天竺様）の典型で、同時代の中国宋王朝の建築技法を反映している。下の屋根を支えているのは8層の挿し肘木〔さしひじき〕で、上の屋根は7層の挿し肘木である。これらの肘木は直接、柱に穴をあけて挿しこまれている。南大門は天井を張っていないため、屋根の全構造材を下から見ることができる。

117. ニーシャープールのアリ・イブン・イブラヒム　ジャムのミナレット*　1190年代　ゴール州（アフガニスタン）

118

118. ケシャヴァ寺院　1268年頃　カルナータカ州ソームナートプル（インド）

119

119. ワット・チャイワッタナラーム*　1630年　アユタヤ県（タイ）

120

120. スワヤンブナート仏塔* 1372年頃改修 カトマンズ郊外（ネパール）

121

121. 平遥の古代都市*　14世紀以降　晋中（中国）

122

122. スコータイ歴史公園（スコータイ旧市街）*　13-14世紀　スコータイ（タイ）

123

123. 麗江の旧市街*　13世紀以降　麗江（中国）

124

124. 鹿苑寺（金閣寺）*　1397年（1952-1955年再建）　京都（日本）

125

125. バゲルハットのイスラーム都市遺跡*　15世紀以降
バゲルハット郊外（バングラデシュ）

126

126. 西安大清真寺　8世紀（14世紀に改築）　西安（中国）

127

127. 宗廟（チョンミョ）正殿*　1394-1395年（1608年再建）　ソウル（韓国）

128

128. 紫禁城（故宮）*　1406-1420年　北京（中国）

129

130

129. 昌徳宮（チャンドックン）*　1405-1412年（1616年再建）　ソウル（韓国）

130. 臨清閣（イムチョンガク）君子亭　1515年　安東（韓国）

131

131. 天壇祈年殿* 1751年（1906年再建） 北京（中国）

天壇は、明王朝と清王朝の皇帝が天祭を執り行った総面積270万平方メートルに及ぶ中国最大の祭祀建造物群であり、1420年に明の永楽帝（1360-1424）が建立したとされる。清の乾隆年間（1736-1795）に大規模な拡張工事がなされた。冬至に天上の帝を祀った3段の円形露台、圜丘〔えんきゅう〕の他、祈年殿、皇穹宇、斎宮などの建築群からなる。南の圜丘から皇穹宇、北の祈年殿の間は、幅30メートル、高さ4メートルの塼積みの土手道が結ぶ。正月上辛の日に五穀豊穣を祈願した祈年殿は3段の基壇の上に立つ直径32メートル、高さ38メートルの円形木造建築で瑠璃瓦葺きの三重屋根を持つ。祈年殿は28本の柱に支えられ、内側の柱は4本で四季を表し、外側に並ぶ二重の柱は12本ずつあり、12ヵ月と十二支を象徴している。皇穹宇は皇天上帝の位牌を安置する単層の円形建築で、直径63mメートルの塀で囲まれている。斎宮は皇帝が天祭の前に沐戒する建物である。

132

132. アーグラ城塞* 1565-1573年 アーグラ（インド）
＊写真はハース・マハル（寝殿）

133

133. イサ・カーン墓廟 1547-1548年頃 デリー（インド）

134

134. ラホール城*　1566年再建　ラホール（パキスタン）

135

135. ミーリ・アラブのマドラサ*　1535年頃　ブハラ（ウズベキスタン）

136

136. ジャーミ・マスジド（金曜モスク）*　1571-1574年頃
ウッタル・プラデーシュ州ファテープル・シークリー（インド）

137

137. 姫路城（白鷺城）*　1346年以降　姫路（日本）

多くの点でヨーロッパの城郭とは異なる日本の城の中でも、姫路城はもっとも美しく、日本の近世城郭を代表する遺構である。赤松貞範（1306-1374）が建てた最初の建造物は、1346年に遡ると伝えられる。その後、1601年から8年がかりで池田輝政（1565-1613）が大規模な改修を行った。姫山と鷺山に築かれた姫路城は、その周りに発展した姫路市街を見下ろす平山城である。最初の天守も姫山の頂上、現在の大天守の位置に3重で建てられた。現在の天守は池田輝政によって建てられ、5重6階、天守台中に1階の大天守と、小天守3基で構成された連立式天守である。壁面全体が白漆喰総塗籠の大壁造で、防火性と美観を兼ね備えている。

138

138. パンチ・マハル*　1570-1585年頃　ウッタル・プラデーシュ州
ファテープル・シークリー（インド）

139

139. ハリマンディル・サーヒブ（黄金寺院）　1588-1604年
パンジャーブ州アムリトサル（インド）

140

140. チャール・ミナール　1591年　アーンドラ・プラデーシュ州ハイデラバード（インド）

141

141. 桂離宮　17世紀　京都（日本）

桂の地は、観月の名所と知られ、古くから貴族の別荘地であった。桂離宮は八条宮家の別荘として造営され、書院、茶屋、庭園で構成されている。書院は古書院、中書院、新御殿の3つの部分からなり、いずれも入母屋造〔いりもやづくり〕、柿葺〔こけらぶき〕で、装飾を排した簡素な建築美で知られる。古書院の縁側からは、竹簀子〔たけすのこ〕の月見台が延びている。桂川の水を引いた池を中心とした回遊式庭園は、日本庭園として最高の名園とされる。庭園には松琴亭〔しょうきんてい〕、賞花亭〔しょうかてい〕、笑意軒〔しょういけん〕、月波楼〔げっぱろう〕の4つの茶屋と持仏堂の園林堂〔おんりんどう〕が配されている。

42

142. ポタラ宮殿*　1645-1649年（1690-1694年増築）　ラサ（中国）

ラサ郊外の丘マルポリの上に建てられた総高117メートルのこの巨大な宮殿は、1959年のチベット動乱によってチベット政府（ガンデンポタン）がインドに脱出するまで歴代ダライ・ラマの居城であった。ダライ・ラマ5世ロサン・ギャツォ（1617-1682）によって着工されたポタラ宮は、政庁として機能した。要塞のような印象深い外見をした13階建の宮殿は、平均の厚さ3メートルの石の斜壁による高い基部の上に立っている。耐震性を高めるために基礎には銅が流し込まれている。金色の屋根と赤い外壁の中央部分は紅宮として知られ、祈りと修養の宗教的領域である。ポタラ宮殿の建築面世紀は13000平方メートルに及び、無数の霊塔や仏像を納める装飾豊かな部屋が2000あると言われる。その名称は、観音菩薩の浄土である補陀落〔ふだらく〕、サンクスリット語でポータラカに由来している。現在は博物館となっていて、1994年にユネスコ世界遺産に登録された。

143

143. ゴール・グンバズ（ムハンマド・アーディル・シャー墓廟） 1659年竣工 カルナータカ州ビジャープル（インド）

144

144. 赤い城* 1639-1948年 デリー（インド）

145

145. シール・ダール・マドラサ*　1616-1636年　サマルカンド（ウズベキスタン）

146

146. ジャハーンギール廟　1637年　ラホール郊外（パキスタン）
＊写真は正面玄関アーチ

147

147. タージ・マハル*　1632-1653年
ウッタル・プラデーシュ州アーグラ（インド）

インドのモニュメントの中でももっとも有名なタージ・マハルは、外見がモスクに似ているものの、実際にはムガル帝国第5代皇帝シャー・ジャハーン（1592-1666）の愛妃ムムターズ・マハル（1595-1631）の墓廟として建てられた。シャー・ジャハーンは晩年、息子アウラングゼーブ（1618-1707）によってアーグラ城内に幽閉されたが、死後ムムターズ・マハルに並んで葬られた。タージ・マハルはペルシア人建築家によって設計されたと考えられ、インドのみならずバグダードやサマルカンドなどからも工人が呼び寄せられたという。中央に四分庭園のある南北約560メートル、東西約300メートルの広大な庭園墓廟であり、門や付属のモスクは赤色砂岩が用いられているのに対して、墓廟本体は白大理石で覆われている。その基壇は一辺約95メートル、高さ7メートルで、四隅に高さ42メートルのミナレットが立つ。墓廟のドームの高さは58メートルである。中央の墓室にはセノタフ（空の棺）が置かれ、実際の棺は基壇内部に安置されている。壁面は、花模様や抽象模様や文字の浮彫りやさまざまな色の大理石や貴石を用いた象嵌で豊かに装飾されている。

148

148. ラプラン寺　1709年　甘南チベット族自治州夏河県（中国）

149. ジャンタル・マンタル　1727-1734年　ラージャスターン州ジャイプル（インド）

大きな幾何学形態の驚くべき集合からなるジャンタル・マンタル（計算器）は、天文台としての役割を持っていた。天文学者として有名なムガル帝国のジャイプル藩王（マハーラージャー）ジャイ・シン2世（1688-1743）によって建てられた西中央インドにある5つの天文台のひとつである。他の4つはデリー、ウジャイン、ヴァーラーナシー、マトゥラー（現存していない）に建てられた。天文台の石造の装置はユニークな形態で、特殊な機能があった。イスラーム天文学の原理によって造られたこれらは、建設当時、世界で最先端の天文観測機器であった。巨大な三角形の指時針を備えた大きな日時計は、日の長さを秒単位まで測り、また、太陽やほかの天体の位置を図示できるようになっていた。ジャンタル・マンタルは、同時に建設が始まった新しい都市ジャイプルの一部であった。近代の造形作品を想わせる天文台の形態は、20世紀のル・コルビュジエによるチャンディーガルの政府の建物に影響を与えたようである。

150

150. バードシャーヒ・モスク（金曜モスク）*　1671-1673年　ラホール（パキスタン）

151

152

151. 頤和園〔いわえん〕* 1750年以降 北京（中国）

152. バタック人の住居 1800年頃以降 スマトラ島トバ湖（インドネシア）

153

153. 華城（ファソン）* 1794-1796年 京畿道水原（韓国）

154

154. フレデリック・ウィリアム・スティーヴンス　チャトラパティ・シヴァージー・ターミナス駅（ヴィクトリア・ターミナス駅）*
1889-1897年　ムンバイ（インド）

155. 華僑会館*　1818年　ホイアン（ヴェトナム）

155

156. ラル・チャンド・ウスタード　ハワー・マハル（風の宮殿）
1799年竣工　ラージャスターン州ジャイプル（インド）

156

157

157. アーサー・ベニソン・ハバック　クアラルンプール駅　1910年再建
クアラルンプール（マレーシア）

158. フランク・ロイド・ライト　帝国ホテル
1923年竣工（1968年解体、1985年一部移築再建）　東京（日本）

フランク・ロイド・ライトの日本における傑作で世界最高の格式を誇った帝国ホテルは、その断片しか残っていない。日本滞在中に、ライトは1890年に竣工した木骨煉瓦造の建物に代わる左右対称の壮大な鉄筋コンクリートおよび煉瓦コンクリート造のホテルを設計し、施工の総指揮を執っていた。新しいホテルのプランは、縦軸となる中央玄関ロビーと中庭の空間と、それらを挟む平行するふたつの長い客室棟からなっていた。中央玄関前の大きな池は、防火水槽としての役割も備えていた。水平要素の層の重なりとジグザグ装飾を並べるこのホテルのユニークで、やや突飛な建築様式は、アジアの過去の建築ではなく、ライトの——広くは認められていない——コロンブスが発見する前のアメリカ、マヤ文明の建築への関心によるものである。帝国ホテルは、耐震性を考えた連結構造と柔らかい下層土の上に浮くように設計された広く浅い基礎のおかげで、1923年のマグニチュード7.9の関東大震災にも耐えたことで知られる。1968年に解体されたが、中央玄関と池の部分は犬山市の博物館明治村に移築され、現在も見ることができる。

158

159. エドウィン・ラッチェンス　インド大統領官邸（旧インド総督府）
1912-1931年　ニューデリー（インド）

159

160

160. ヤン・レッツェル　広島平和記念碑（広島県産業奨励館、原爆ドーム）*　1915年竣工　広島（日本）

161

161. ハリー・サイドラー　ローズ・サイドラー邸　1948-1950年　シドニー郊外（オーストラリア）

162

162. ル・コルビュジエ　ショーダン邸　1956年　グジャラート州アフマダーバード（インド）

163

163. ヨーン・ウッツォン　シドニー・オペラハウス　1959-1973年　シドニー（オーストラリア）

164

165

165. ル・コルビュジエ　議事堂　1951-1964年
チャンディーガル（インド）

パンジャーブ州の州都チャンディーガルは、アジアで最初に計画された近代都市である。インド初代首相ジャワハルラール・ネルー（1889-1964）は、この新しい都市に強い関心を持っていた。なぜなら、それは帝国主義の過去の足枷から解き放たれた新しいインドを象徴するであろうと思われたからである。それにもかかわらず、西洋の都市計画家たちが新しい都市を計画し、その政府の建物を設計するために招かれた。このプロジェクトを采配したのは、スイス生まれのフランス人建築家ル・コルビュジエであった。1930年に彼が発表した「輝く都市」の理論モデルに基づく都市計画の典型的に近代的な手法を明示するチャンディーガルは、碁盤目のプランの上に配置され、それぞれ仕事、生活、余暇にゾーニングされたエリアを伴う46の区域（セクター）に分割された。ル・コルビュジエはまた、高等裁判所、総合庁舎、議事堂などの設計も手掛けた。広い平原にゆとりを持って配置され、打ち放しの鉄筋コンクリートで現地の職人が建てたこれらの建物は、遠くのヒマラヤ山脈を背景に力強い彫刻的な存在として見える。政府の建物のユニークな特徴の多くは、さまざまな遮光装置、ウィンドキャッチャー、大量の冷却水によってパッシヴ温度制御を行うという要求から導き出されたものである。ル・コルビュジエ個人のトレードマークであった「オープンハンド」は、今ではこの都市のシンボルであり、市内のいたる所に見ることができる。

164. 丹下健三　国立屋内総合競技場（代々木体育館）
1963-1964年　東京（日本）

166. ルイス・カーン　国会議事堂　1961-1982年　ダッカ（バングラデシュ）

もともと美術学校の古典主義伝統の中で教育を受けたカーンは、もっとも独創的な近代建築の予見者として現れる前は、長い間フィラデルフィアで都市計画に取り組んでいた。カーンは、その建物の規模と目を欺くような単純さから、ブルータリズムの建築家と見なされることもあるが、彼の目的は、実際には、同時代の技術とモダニズムの抽象と伝統的なモニュメンタル志向を和解させることにある。この困難な仕事に彼が成功したことは、バングラデシュの首都の政府の建物にもっとも良く現れている。ル・コルビュジエのチャンディーガルの前例（no. 165）に従って、カーンの壮大な国会議事堂は、巨大な規模で彫刻的な形態を用いている。要塞のような外見をした議事堂の丸みを帯びた量塊は、鉄筋コンリートを差し挟んだ煉瓦の耐力壁によって建てられている。大きな幾何学形の開口部があるそれらの壁は、内側の第二の形態を覆う外殻となっている。これは、気候上の理由と共に過去の大規模な遺跡との繋がりを暗示するために採用された設計戦略である。建設が本格的に始まったのはカーンが亡くなる前年、1973年になってからで、公式に落成したのは1982年である。

167. 人民大会堂　1958-1959年　北京（中国）

166

167

168

169

170

168. 丹下健三　静岡新聞・静岡放送東京支社　1967年竣工　東京（日本）

169. 黒川紀章　中銀カプセルタワービル　1970-1972年　東京（日本）

170. ノーマン・フォスター　香港上海銀行香港本店ビルディング　1983-1985年　香港（中国）

それまでに建てられた1平方メートル当たり一番高価な建物と当時噂された香港上海銀行の47階建て香港本店は、1935年に建設された前の建物——かつてアジアでもっとも高く、もっとも洗練された建物——の跡地に建てられた。フォスターは建築と工学をほとんど区別していない。世界中から組立て部材を調達し、建物の技術的な仕様の精確さは、航空機製造のそれに近い。橋梁設計の影響を受けた彼は、この超高層建築物を5つの水平区画に分け、それぞれが「コート・ハンガー」トラスから吊られ、層をなしている。主要な支柱は、荒天での最大限の安定性を得るように四隅に配置されている。そのため、鉄筋コンクリートのコアを必要とせず、各フロアのプランは完全に自由である。一方で、フォスターは人間に優しい空間を創ることにも配慮している。日光は、コンピュータ制御で太陽の運行を追う鏡によって、エントランスの10階までの吹き抜けに導かれる。エスカレータなどの配置は、地元の風水師が指南した。

171

171. ルイス・カーン　インド経営大学　1962-1974年　アフマダーバード（インド）

▶**172. イオ・ミン・ペイ**　中国銀行タワー　1985-1990年　香港（中国）

HILTON

173

173. 安藤忠雄　六甲の集合住宅Ⅰ　1983年竣工　神戸（日本）

かつてはボクサーだったこともある安藤は、簡潔、本物、本質を強調する近代建築への直接、直裁的な解決法を用いた。急な斜面に建てられたこの集合住宅は、全戸に遮るもののない視界を与えている。各戸は屋外の階段の縦の要素とテラスによって結ばれている。安藤の手掛けた建物の多くと同様、打ち放しコンクリートが用いられ、美しく仕上げられている。意図的に質素な結果は、簡潔なものに対する日本人の伝統的な称賛を反映している。安藤の妥協のない幾何学は、実と虚、光と影の相互作用を外観に明瞭にしているが、それはさらに、芸術と自然とは視覚上分けて並置されるべきであるという彼の信念も示している。安藤のコンクリート建造物の大規模で物質的な性格は、住人に必要とされるプライバシー、住まい、生活基盤の感覚を与える。この点で、近代生活の不定、混沌、皮相に対する強い抵抗力を与えることが意図されている。より大規模な六甲の集合住宅IIとIIIが、それぞれ1985年と1993年に加えられている。

174

174. ジェフリー・バワ　スリランカ国会議事堂　1979-1982年　スリ・ジャヤワルダナプラ・コッテ（スリランカ）

175

175. ファリボルズ・サーバ　バハーイー礼拝堂（ロータス・テンプル）　1986年竣工　ニューデリー（インド）

176

176. フィリップ・コックス・リチャードソン・アンド・テイラー　オーストラリア国立海事博物館　1986-1988年　シドニー（オーストラリア）

177

178

177. アルド・ロッシ　ホテル・イル・パラッツォ
1987-1989年　福岡（日本）

178. ラファエル・ヴィニオリ　東京国際フォーラム
1989-1996年　東京（日本）

179

180

180. **ケン・ヤン（楊経文）** メナラ・メシニアガ 1991-1993年 スバン・ジャヤ（マレーシア）

◀179. **レンゾ・ピアノ・ビルディング・ワークショップ・ジャパン（レンゾ・ピアノ＋岡部憲明）** 関西国際空港旅客ターミナルビル 1987-1994年 大阪（日本）

長さ1.7キロメートル、関西国際空港旅客ターミナルビルは、世界最長の空港ターミナルである。これが大阪湾の海底から30メートル盛り上げた長さ4キロメートルの世界最大の人工島──ふたつの人口島が埋め立てられた陸地で架橋されている──に建てられている。100万本の支柱と69の巨大なコンクリート・ケーソンによって堅固な基礎が造られ、約4万8千のコンクリート・ブロックを沈めて、荒波に対する防壁としている。人工島は海岸から沖合5キロメートルにあり、1本の連絡橋で結ばれている。ターミナルの屋根は、巨大な翼のような形で、一方の内壁のダクトから屋根の曲面に沿って空気を吹き出し、もう一方の内壁のダクトで吸引することで、換気が図られている。人工島と建物の重量によって島はゆっくりと沈下するが、建物の沈下量が違う場合（不同沈下）に対しては、1本1本の柱を油圧ジャッキで持ち上げ、鉄板のプレートを挟んで調整する。また、エキスパンション・ジョイントの採用によって、1995年の阪神・淡路大地震の被害も少なかった。

181

181. **クリスチャン・ド・ポルザンパルク** ネクサスワールド・クリスチャン・ド・ポルザンパルク棟 1989-1991年 福岡（日本）

182

182. **丹下健三・都市・建築設計研究所** FCGビル（フジテレビ本社ビル） 1996年竣工 東京（日本）

183

183. **ノーマン・フォスター** 香港国際空港（チェクラップコク国際空港） 1992-1998年 香港（中国）

185

185. バイクドゥーサン・アーキテクツ＆エンジニアズ　リュギョン（柳京）ホテル　1987-1992年　2008年建設再開
平壌（北朝鮮）

186

186. レンゾ・ピアノ　ジャン＝マリー・ティバウー文化センター　1991-1998年　ヌメア（フランス領ニューカレドニア）

◀184. シーザー・ペリ＆アソシエーツ　ペトロナス・ツインタワー
1992-1998年　クアラルンプール（マレーシア）

マレーシアの国立石油会社ペトロナスの88階建てのオフィス・タワーは、1998年から台北101（no.190）に抜かれる2003年まで世界一の高さを誇っていた。古い競技場の跡に建てられたツインタワーは、高さ約452メートルでシカゴのウィリス・タワー（旧シアーズ・タワー、no. 959）より若干高い。深さ約200メートルにも及ぶ巨大な基礎は、タワーの骨格に使われた超高強度鉄筋コンクリートの重量を支えるために必要であった。ふたつのタワーは地上170メートルのスカイ・ブリッジで41階と42階で繋がっている。このユニークな特徴は、緊急時の避難路を確保するという安全策としても意図されている。それぞれのタワーのおよそ円形のプランは、複数の突出部によって湾曲している。イスラームのシンボル、円の周りに45度回転したふたつの正方形からなるルブ・エル・ヒズブ（八芒星）を参照している。タワーの低層階はショッピング・モールやコンサート・ホール（デワン・フィルハーモニー・ペトロナス）などになっている。アルゼンチン系アメリカ人建築家シーザー・ペリは、ロンドンのドックランズにあるイギリスで一番高い建物ワン・カナダ・スクエア（1988-1991）など、世界でももっとも壮大な超高層建築物の幾つかを設計している。

187

188

187. デントン・コーカー・マーシャル（ジョン・デントン＆ビル・コーカー＆バリー・マーシャル） シープ・ファーム・ハウス　1999年竣工
ヴィクトリア州カイントン（オーストラリア）

188. ポール・アンドリュー　上海オリエンタル・アート・センター（上海東方芸術中心）　2000-2004年　上海（中国）

189

189. 安藤忠雄　ベネッセハウス本館・ミュージアム棟（直島コンテンポラリーアートミュージアム）　1992年竣工　直島（日本）

▶190. 李祖原建築事務所　台北101　1999-2004年　台北（台湾）

ヨーロッパ

異なる時代のさまざまな場所で歴史の記述が始まったために、ヨーロッパにおける先史時代建築の精確な編年は不可能である。けれども、多くの地方の埋葬や祭祀用の構築物、特にイングランド（no. 191参照）や北フランス（no. 194参照）の巨石サークルやマルタの驚くべき埋葬建造物（no. 193参照）の間に、形や機能上の類似性を見つけることができる。ヨーロッパにおける最初期の居住可能でモニュメンタルな建築のいくつかは、エーゲ海、とりわけクレタ島に現れた。城塞化されていない巨大なクノッソス宮殿（no. 192）は紀元前1700年頃から建てられ、中央広場の周りにひしめく数多くの貯蔵空間と居室からなっていた。水道と排水路を備えた宮殿の部屋には、鮮やかな色のフレスコが描かれていた。クノッソス宮殿の多くの空間の正確な用途は知られていないが、その迷宮のように複雑で非対称の配置から、後にミノタウロスの伝説が生まれたのであろう。一部3階建ての宮殿には、上に向かって太くなる木製の柱が用いられていたことが明らかになっている。古代クレタの宮殿は、19世紀になってようやく、アーサー・エヴァンズ（1851-1941）によって発見、発掘され、部分的に復元された。

青銅器時代エーゲ文明のもうひとりの偉大な考古学者ハインリヒ・シュリーマン（1822-1890）は、1870年代にクレタ島より北の地で驚くべき発見をした。伝説の都市トロイアとミュケナイ（ミケーネ）（no. 197）の発掘である。紀元前14世紀に栄え、より軍事的な性格の強いミュケナイ文明は、ティリュンス（ティリンス）やミュケナイのような丘の上に要塞化された、同時に洗練された政庁でもあった宮殿の建設に集中している。王宮はメガロンという前室と主室からなる建物で、それは後にギリシア神殿の神室（ナオス）の原形となった。これらの城塞は、粗面仕上げの石積みの巨大な城壁によって防御されていたが、個々の石材が大きいことから、この組積法は「キュクロープス式（巨石式）」と呼ばれている。これらの城塞に付随していたのは、蜂の巣型墳墓としても知られる特有の形式のドーム型墳墓（トロス）である。地面に切り開かれ、石で覆われた長い羨道〔せんどう〕によって導かれる穹窿墓〔きゅうりゅうぼ〕は、切石を積上げた持送り積みの単純な手法を用いて、玄室の控えの間の上に驚くほど高い尖頭ドームを築いている。

エジプト人の手本に倣って、ギリシア人は石造のモニュメンタルな宗教建築を発展させ、それは今日に至る西洋建築の先例となった。初期のギリシア神殿は木材と日干し煉瓦による構造であったらしいことが発掘によって確認されている。それらは時を経て、より耐久性のある石造建築に建て替えられた。しかし、これは、初め木造建築に用いられた構造的、装飾的形態が石灰岩に再現され、古典建築の根本言語であるギリシア式オーダーの発展が促されたことを示している。円柱と柱頭とエンタブラチュアという基本原則は、古代エジプトから引き継いだようであるが、ギリシア人は自らの神殿の根本的な要素を一度決定すると、もっとも美しいと感じられる形態とプロポーションの完璧で模範となる組合せに到達するまで、長きにわたる試行と洗練に取りかかった。オーダーの中でももっとも簡素で男性的なドーリス式オーダーの装飾は最小限に留められていたが、そのプロポーションは数世紀を経て完成度を高め、アテネのパルテノン神殿（no. 208）の偉業で頂点に達した。ドーリス式オーダーとほぼ同時に発展したのが、比較的女性的なイオニア式オーダーであり、よりほっそりしたプロポーションと柱頭の渦巻き模様が特徴である。後期ギリシア建築に稀に用いられたコリント式オーダーは、様式化されたアカンサスの葉で柱頭が覆われ、より複雑、華やかである。いずれにせよ、ギリシア人は単純な楣式構造に頼っており、彼らの主要な成果は技術的革

◀**191.** ストーンヘンジ*　前2900-1400年頃　ウィルトシア州（イギリス）

この有名な環状列石は、元来の、またその後の目的が明らかにはされていないものの、2千年以上にわたって儀式の中心であり、継続的に再建されていた。ストーンヘンジは供犠〔くぎ〕の場、天文台、暦、高い格式の墓地、あるいは病院であったかもしれないとさえ、しばしば示唆されてきた。その原形は、土塁を備えた円形の溝と単純な丸太組み構造からなっていた。けれども、ストーンヘンジがもっともよく知られているのは、環状に並ぶ大雑把に整形された巨石群で、上には楣石〔まぐさいし〕を載せている。これらは紀元前2900年から1400年のある時期に立てられたらしい。楣石は石柱の上に、単純な枘〔ほぞ〕と枘穴によって組まれている。中央の巨石はある種の祭壇と考えられている。ストーンヘンジの重要性の一端は、天文観測や暦に関するものであり、例えば夏至といった特定の太陽の動きに従って配置されているようである。つまり、先史時代の人々にとって、この遺跡は祭祀にも農業にも役立っていたであろう。巨石の中には50トンにも達するものもある。ストーンヘンジは1986年にユネスコ世界遺産に登録された。

新よりも極度の美的洗練にあると言えるだろう。ギリシアのもうひとつの重要な建築形式は、野外劇場である。驚くほど良好に保たれているエピダウロスの劇場（no. 212）は、自然の凹地に造られ14000人の観客席が設けられた。同心円を描いて並ぶその石造の観客席は、合唱隊のための平土間（オルケストラ）、背景建築（スケーネ）、俳優のための高い舞台（プロスケニオン）を囲んでいた。

イタリア半島で紀元前6世紀に最盛期を迎えたエトルリア文明は、後のローマ建築の多くの礎を築いた。エトルリア人は、ペルージャやヴォルテッラのように、よく計画され、整備され、防御された都市国家を設計する技をすでに発展させていた。彼らの装飾的関心は墳墓に向けられた。それらには、当時の住居の内部を石で模したものが造られ、壁には家庭用品の彫刻が備えられることもあった。エトルリア12都市連盟の中心であったタルキニアの墓地には約6000基の墓があり、その多くには日常生活を鮮やかに描いたフレスコ壁画がある（no. 201参照）。

覇権を握り、後に帝国を築くローマ人は、暗い神室の前の奥行きある列柱廊を特徴とするエトルリアの神殿を模範とした。この地方特有の影響は、ほどなくローマ人のギリシア的なものに対する愛好の陰に隠される。アレクサンダー大王によって築かれた大帝国が、すでにヘレニズム様式建築を東地中海沿岸中に広めていて、その後、ドーリス式、イオニア式、コリント式という3つのギリシア式オーダーが一緒くたにイタリア半島に導入された。たとえローマ人が建築様式に関してとりわけ独創的ではなく、多くがギリシアの形式の遥かに手の込んだ仰々しい翻案に向かっていたとしても、彼らの工学的技量は確かに傑出していて、その後数世紀にわたって比肩するものはなかった。半円アーチを多用することによって驚異的な長さの水道橋を建設することが可能になり、石造のヴォールトによって浴場や市場といった大規模な建物に耐久性と耐火性を持たせることができた。ローマ人は、アーチの利用から半円筒ヴォールトとドームをまもなく生み出し、モニュメンタルな建築に、それまで思いもよらない広々とした内部空間を実現した。これについて、ギリシア建築は本質的に彫刻的（外的）であるのに対して、ローマ建築は空間的（内的）であるとしばしば言われている。石や煉瓦積みを駆使したことに加え、コンクリート技術の習熟によって、例えば、ローマのパンテオン（no. 239）のコッファー（格子状構造）を施したドームや公共建築の広大なヴォールト空間など、極めて大規模な建設を迅速に行うことが可能となった。パンテオンが代表する円形神殿に加えて、ローマ人は巨大な人口を抱えるようになった帝国の市民行政に関連して、さまざまな新しい建築形式を発展させた。それらには、宗教や市民生活のための多目的広場（フォルム）、行政や司法の集会所（バシリカ）、運動競技や闘技を観覧するための円形劇場、複数階の集合住宅（インスラエ）、公衆浴場（テルマエ）、凱旋門などがある。装飾への志向から、ローマ人はコンクリート壁をストゥッコやトラバーチンや多色の石による化粧仕上げで装うことを好んだ。同様に、彼らの邸宅の床はしばしばモザイクで覆われ、壁にはフレスコ画が描かれた。頻繁に用いられたギリシア式オーダーは、構造材よりも装飾的な付加物——半円柱や柱形〔はしらがた〕——としての性格を持つようになった。

ローマ帝国崩壊後の混沌とした時代には、多くの建築や工学の技術が実質的に失われたが、それにも関わらず、石造ヴォールトの忘れられた技を取り戻そうという、ゆっくりではあるが確かな努力が認められる。この石造ヴォールトは、主として当時のもっともモニュメンタルな建造物である大規模な聖堂や修道院、宗教的性格を備えた関連施設に応用された。コンスタンティヌス1世（272-337）が築いたようなキリスト教国における初期の聖堂は、公認されたキリスト教の必要にもっとも適した古代ローマのバシリカの建築形式を利用している。その必要とは、信徒たちが集まる大きな空間と巡礼や参拝者のための堂内を巡る通路の用意、アプスという神聖な場所を頂点として段階的に神聖さを増すように軸に沿って配列された空間のヒエラルキーであり、アプスにはキリスト教の秘儀と聖餐式の中心としての祭壇が置かれた。ローマの旧サン・ピエトロ大聖堂のバシリカ（330-390年頃）は、前庭（アトリウム）、拝廊（ナルテックス）、左右2列ずつの側廊（アイル）、袖廊（トランセプト）、そして、正面奥にアプスを備え、エルサレムの聖墳墓記念聖堂（聖墳墓教会、325年頃起工（1048年以降再建）、no. 24）と同様に聖堂の重要な基本形を確立した。通常、殉教者廟に用いられた集中式聖堂もまた、古代ローマの先例から形式と構造の多くを引き出している。ローマのサンタ・コンスタンツァ聖堂（337-354年、no. 247）はその典型である。

コンスタンティノープルを首都とした東ローマ帝国から生まれたビザンティン帝国の伝統は、ドームの持つ神聖な象徴的意味を強調するものであった。板石（スキンチ）やペンデンティヴを用い、正方形の基部の上に丸いドームを架ける方法について、さまざまな試行がなされた。その最良の成果は、イスタンブル（コンスタンティノープル）のハギア・ソフィア大聖堂（アヤソフィア、532-537年、no. 254）であり、そのプランはバシリカ式と集中式の両方の性格を組み合わせ、その中心はパンテオン（118-128年、no. 239）以降最大となる巨大なドームである。それを支えるために、外部には重い控壁（バットレス）を必要とし、部分的には半円ドームの礼拝堂がその役目を果たしている。一方、内部の視覚効果はこの世のものとは思えないほど軽やかで、同時代の年代記作者によると、明かり窓の上にそびえる浅いドームが重さを感じさせず、まるで天から吊られているようであった。この本質的に構造に反するような見かけは、壁面を覆う光り輝く金色のモザイクを細部まで照らす太陽光線によってさらに強調されていた。ラヴェンナにある同時代のバシリカ式聖堂サン・タポリナレ・イン・クラッセ（532-549年）もまた、ユスティニアヌス1世（483-565）の庇護の下で建てられたが、簡素な外部に凝った内部というビザンティン時代の趣味の典型である。身廊（ネーヴ）のアーケードは、古代ギリシア・ローマの影響を受けた大理石の円柱によって支えられ、半円ドームによって覆われた巨大なアプスでは、鮮やかなモザイクが輝いている。このように印象的でドラマチックな視覚効果は、今日でもギリシアやロシアなどの正教会の集中式聖堂にビザンティンの伝統の典型として残っている。

西ヨーロッパが暗黒時代——かつて知的な暗黒、停滞の時代と考えられていた中世——に入ると、多くの古典の知識が失われるか忘れ去られた。北方の部族文化は、集会場や同様の建造物のための大規模な木造建築の伝統を発展させ、それは産業革命の到来まで存続することになる。組積造技術の回復は、9世紀初頭にフランク王カール大帝（シャルルマーニュ、742-814）の下でひとつの頂点を迎え、彼のアーヘンの宮廷は、ビザンティン文化というフィルターを通して伝えられた古代ローマ帝国の先例を意図的に模倣していた。ドームで覆われた集中式のアーヘンの宮廷礼拝堂（no. 255）は、ラヴェンナのサン・ヴィターレ聖堂（no. 253）から着想を得ていて、その大理石の円柱、モザイク、ブロンズ製の建具類はイタリアからもたらされた。カロリング朝とザクセン朝の比較的大規模な聖堂は、その後の中世を通して聖堂の標準的な形となったバシリカ式プランを採用している。1000年以降、モニュメンタルな聖堂建築がヨーロッパ大陸中で劇的に増えた。古代ローマの組積造技術（とりわけ半円アーチ）の影響を受けた、いわゆるロマネスク時代（1000-1200年頃）の建築家にとっての主要な問題は、より簡便ではあるものの燃え易い木ではなく、石で大きな空間に屋根を架けることであった。そのひとつの革新が、ダラム大聖堂（1093-1133年頃、no. 284）やカンのサン＝テティエンヌ聖堂（1063年竣工、no. 295）などの交差リブ・ヴォールトという形になって現れ、その他の試みには、半円筒ヴォールトや連続するドームで覆われた身廊があった。サンティアゴ・デ・コンポステーラへの巡礼路に沿って建てられた新しい聖堂は、二重側廊とアプスの周囲に周歩廊（アンビュラトリー）を備え、人々が簡単に聖堂の内陣、祭壇の背後、さまざまな礼拝堂、聖遺物、霊廟を一周できるようにすることで、絶えることなく訪れる巡礼者たちに便宜を図った。石造ヴォールトの重量を支えるロマネスク時代の壁は重厚で、開口部は小さいままであった。そのため、ロマネスク建築の顕著な外見は、要塞のように閉ざされた姿で、それが装飾アーケードや修道院の回廊（クロイスター）や入口にしばしば用いられた半円アーチによって和らげられている。同様に重々しく地味な建築技術と厳格な外観は、この時代の、特にイングランドとフランス、そして、聖地の十字軍居留地における多くの城塞の特徴にもなっている。

12世紀になると、例えば、ヴェネツィアを通してヨーロッパ各都市と近東との貿易量が増えた。この新しい繁栄は、宗教建築と世俗的建築の両方に具体的な表現となって現れた。パリと北フランスの近隣都市では、聖堂や大聖堂が、かつてない高さと開放感と壮麗さを帯びるようになった。このことは（おそらく十字軍の間に目撃したイスラム建築から借用した）尖頭アーチ、リブ・ヴォールト、フライング・バットレスなど、いわゆるゴシック建築様式の構造上の革新によって可能になった。パリ近郊のサン＝ドニ大聖堂（1137-1144年頃、no. 302）の周歩廊に初めて、しかし控えめに現れたゴシック様式とは、壁やヴォールトに最小限の石積みの充填しか必要としない、たとえ冒険的な空間に見えるとしても、構造的には確固とした骨組構造である。今や壁面全体を占めるようになった窓の開口部には、しばしば巨大なステンドグラスが嵌め込まれ、それが聖堂内部にこの世のものとは思えぬ色彩のスペクトルを溢れさせた。単純な幾何学と試行錯誤――災難に終わることも稀ではなかった――によってゴシック時代の石工の棟梁は、高さと複雑さを増しながら一連のモニュメンタルな聖堂を建てることに成功した。つまり、ラン（1160-1215年頃、no. 305）、パリのノートルダム（1163-1345年、no. 306）、シャルトル（1194-1220年、no. 315）、ランス（1211年起工、no. 327）、アミアン（1220年起工、no. 328）、ボーヴェ（1247年起工、no. 329）の大聖堂を通して、ひとつの道筋を辿ることができる。これらの構造について考えることも重要であるが、同時に、ゴシックは強い象徴性を持った表現手段として読み取るべきであり、建物のひとつひとつの要素が、聖堂は天のエルサレムを手本にしているというとても重要な考え方に寄与している。高く昇る柱や窓や塔の垂直線は明確に天を指す一方、扉口は、彫刻によるキリスト教図像、特に「最後の審判」の極めて複雑な群像表現を人々に示す場であった。遍歴する石工の棟梁を雇ったことから、ゴシック様式はヨーロッパ大陸のあらゆる地域にすぐに伝えられたが、イギリス、イタリア、スペイン、東欧では、著しく特異な地方様式に発展した。ゴシック様式は約3世紀にわたって強い影響を持ち続けたが、その後期の建物は技術革新を目指すものではなくなり、フランスのフランボワイヤン式やレイヨナン式にせよ、イギリスの文飾式〔ぶんしょくしき〕や垂直式にせよ、むしろ凝った装飾への志向が進んだ。この時期には世俗の建物もまた、建築的に大掛かりで華麗なものが多くなった。イーペルやブリュージュといった北ヨーロッパの都市の大きな市庁舎や職業組合会館は、新しい富の源を公然と示し、ブールジュのジャック・クール邸（1443-1451年、no. 376）やヴェネツィアの大運河に面した大邸宅は宮廷の新しい優雅さを表している。

文学における古典の遺産に再び注意を向けた人文主義者の導きに従って、イタリア・ルネサンスの建築家たちは、建築における古典的伝統を再確立することを懸命に試みた。15世紀前半までに、フィリッポ・ブルネッレスキ（1377-1446）のような建築家が、古代の建築家の用いた比率や細部や構造技術を確認しようとして、半ば埋もれたローマ建築の廃墟を訪れた。多くの場合、ローマの廃墟はほとんどの装飾的な化粧張りを失っていて、見かけ上それが、ルネサンスの建築家たちに単純な幾何学形と調和のとれた比率の優越と美を暗示することになった。ブルネッレスキ、レオン・バッティスタ・アルベルティ（1404-1472）、ドナート・ブラマンテ（1444-1514）、ミケロッツォ・ディ・バルトロメオ（1396-1472）、アントニオ・ダ・サンガッロ・イル・ジョバネ（1484-1546）の手がけた聖堂と宮殿では、力強い――次第に彫刻的性格を強める――古典主義が現れ始め、それがイタリア中で従来のゴシックの伝統に徐々にとって代わることになる。円柱、柱頭、半円アーチ、エンタブラチュアのモールディングのような、よく知られた古典的なモチーフが再び現れたことに加えて、この新しいと同時に古い建築の要点は、その幾何学的明快さと――基本単位による――加法的な性質にある。それは、コラ・ダ・カプラローラ（ -1518）によるトーディのサンタ・マリア・デッラ・コンソラツィオーネ聖堂（1508-1607年、no. 402）が実証しているように、レオナルド・ダ・ヴィンチ（1452-1519）や他の建築家が、円形プランまたは集中式聖堂に魅せられていたということに見て取れるし、フィレンツェのブルネッレスキによるサン・ロレンツォ聖堂（1419-1459年頃、no. 369）の身廊やアルベルティによるパラッツォ・ルチェッライ（1446-1451年、no. 382）のファサードなどの繰り返される柱間にも認められる。盛期ルネサンスの頂点はおそらく、幾何学的に完璧な集中式建造物としてブラマンテが前例のない巨大な規模で計画したサン・ピエトロ大聖堂（no. 401）の再建である。16世紀半ばにミケランジェロ・ブオナローティ（1475-1564）が部分的に建設した交差部とドームは、古典的意匠に対する創造的で力強い取り組みを示しているが、その一方で、17世紀ヨーロッパのバロックのモニュメントの基調を定めるものでもあった。

一般的にバロック建築は、装飾の派手さ、彫刻的立体感、曲線的な動勢、高まるクライマックス、光と影を用いた演劇的な錯覚、印象的な規模といった特徴を示すものと定義される。おそらくもっとも重要であるのは、宗教的なものであれ世俗的なものであれ、バロックが主義思想を宣伝する言語を構成し、その中で、聖堂や宮殿を訪れる人々に、支配階級の正当性と威厳を納得させるために大げさな身振りによる感情的な効果を利用したことである。バロックの衝撃はもちろん、サン・ピエトロ大聖堂が教皇の権威を最大限に誇示するローマから流れ出したものである。17世紀を通して、ジャン・ロレンツォ・ベルニーニ（1598-1680）やフランチェスコ・ボッロミーニ（1599-1667）が手掛けた小さな規模の聖堂では、複雑で変わった幾何学形が平面と立面で試みられた。それは、方向を決められた光による注意深い演出との組合せによって、敬虔な参拝者に驚異と精神的高揚の効果を与えるように計算されていた。

18世紀になると、このような臆面もない演劇的効果が、南ドイツのカトリック圏の聖堂で極限にまで達する。その一例が、アザム兄弟によるミュンヘンのザンクト・ヨハン・ネポムク聖堂（アザム聖堂、1733-1746年、no. 515）である。けれども、こういった傾向はフランスではたいてい拒絶されていた。素晴らしく彫刻的なファサードと高く聳える金色のドームを備えたジュール・アルドゥアン＝マンサール（1646-1708）によるオテル・デ・ザンヴァリッドのサン＝ルイ聖堂（1677-1708年、no. 476）は、確かにサン・ピエトロ大聖堂やローマのバロック聖堂と多くの共通点を持っているが、絶え間ない動きよりもむしろ、均整のとれた壮麗さを示している。そして、パリ近郊のルイ14世（1638-1715）の広大な宮廷、ヴェルサイユ宮殿（no. 468）は、主としてその前例のない規模と豪華さからバロックであると考えられるが、しかし、その果てしなく感じられるファサードを綿密に観察すると、その分節は保守的かつ完璧な職人の技によるもので、フランスの形式を重んずる伝統の中で教条的な古典主義が次第に形成されつつあったことを示している。

クリストファー・レン（1632-1723）、ジョン・ヴァンブラ（1664-1726）、ニコラス・ホークスムア（1661-1736）によるモニュメンタルな性格をもった革新的な様式の聖堂と宮殿によって代表されるイギリスのバロックは、ヨーロッパ大陸のバロック建築とはやや異なる展開を見せ、しばしばオランダの建物の比較的地味な伝統によって抑制されている。他方、東欧ではバロックの美学が全面的に受け入れられ、18世紀ロシアでは、イタリアから招いた建築家を帝室が庇護したことから、華やかな後期バロックが繁栄した。女帝エリザヴェータ（1709-1762）のために建てられたバルトロメオ・フランチェスコ・ラストレッリ（1700-1771）によるサンクト・ペテルブルクのスモーリヌィ修道院聖堂（1748-1764年、no. 519）は、細長いタマネギ形ドームを頂く角張ったふたつの塔を備えた目の眩むような垂直のファサードとなっている。

バロックの短い終章は、主に室内装飾の様式であるロココである。ルイ15世統治下のフランスのサロンで発展し、後にドイツの宮廷にもたらされたロココは、優雅で軽快な装飾効果を得るために、バロックの力強い曲線を縮小し、軽くして、重ね合わせた。それらの曲線は、ほとんど抑えることのできない混沌とした植物的生長を表すために、古典的オーダーに対する失われることのないいかなる敬意をもしばしば凌駕した。その無頓着で気まぐれな雰囲気の中で、ロココは気の利いた会話、華麗な衣装、当時の宮廷の策謀に申し分のない舞台背景を提供したのである。しかし、まさにその性質が、まもなく次の世代の建築家たちから、頽廃的、放蕩的として非難されることになる。

18世紀半ばには、紀元後79年のヴェスヴィオ火山噴火で埋もれた古代都市ポンペイ（nos. 232, 233）とヘルクラネウムが発見され、建築における真の古典主義の探求に新たな弾みがついた。今やそれらを訪れる人々が実際の古代ローマの都市の道を歩き、古代の住宅、商店、公共建築の内部を調べることが可能になったため、建築を支援する貴族たちは、形式と様式について新しい考古学的正確さを求め始めた。それは、かつてのルネサンス時代には、さほど熱心には求められなかったものである。実際、新古典主義は、先のバロックとロココが象徴する趣味に認められる堕落を意識的に非難することから始まった。新古典主義は、不規則な曲線と装飾の誇張の代わりに、単純な直線による幾何学形を提示し、また、それは啓蒙主義の不可欠な一部として、信仰の法悦と感傷的な演劇性の代わりに、人間が生まれながらに持つ理性を表す落ち着いた厳粛さを重視した。住宅建築の分野では、ロバート・アダム（1728-1792）のようなデザイナーが、古代ローマのモチーフを用いて豪華な古典主義の内装を生み出し、それは、教育と社会的地位を通して古代ローマの美徳を継承する者と自認していた顧客たちを満足させた。庁舎や銀行、さらに聖堂といった大規模な公共建築に対しても、新古典主義は永遠の雰囲気を加え、他の様式では実現できなかった品位をヨーロッパの諸都市に与えた。

1800年までに新古典主義の主張は絶対的な支配力を持ったように思われた。しかし、古典的体系の固定された確実性に対して、変化を求める新たな動きがすでに現れ始めていた。一般的に、この新しいロマン主義の風潮は、感情と感覚への回帰を提案することで、新古典主義の抑制に反抗した。これは数多くの建築に現れた。一方で、クロード・ニコラ・ルドゥー（1736-1806）やエティエンヌ＝ルイ・ブレ（1728-1799）のようなフランスの建築家は、新古典主義の単純な形態を、さらに単純化、巨大化して、誇大妄想的極限にまで押し進めた結果、畏敬の念――「崇高」という美の範疇の現れ――を呼び覚ますことを意図した重々しく憂鬱な建築に到達した。この「崇高」の概念は、当時の理論家が嵐や滝や山岳風景といった自然現象を叙述するのに、より頻繁に引合いに出している。

他方で、今やそれまで中傷されてきた中世ヨーロッパの遺産に真剣な目を向け始める建築家も現れ、ゴシックの聖堂や修道院の特徴を同時代の住宅や聖堂や公共建築に用いるという視点から、それらを本格的に研究した。こうして登場したネオ・ゴシック様式が制度的に受け入れられたことをもっともよく象徴しているのは、ロンドンの新しいウェストミンスター宮殿（国会議事堂、1840-1860年再建、no. 566）の建設であり、チャールズ・バリー（1795-1860）による規則正しい巨大な古典的ファサードは、ゴシックの様式と原理を当時正確に理解していたヨーロッパでも稀有な建築家のひとり、オーガスタス・ウェルビー・ノースモア・ピュージン（1812-1852）がデザインした十分に中世らしい装飾によって覆われた。ゴシック様式がイギリスで広く受け入れられるようにピュージンが盛んに活動したのは、主として信仰上の衝動に突き動かされたからであるが、結果として、同じような考えを持った改革者たちに影響を与えた。様式の選択はまもなく、19世紀における美学よりも、むしろ道徳上の議論の性質を帯びていったように見えるし、また実際、この時期は全体として「様式の争い」によって特徴づけられる。

ところで、ヨーロッパの植民地の急激な拡大が、ヨーロッパの伝統を超えたあらゆる様式の可能性に旅行者や建築家の目を開き、いわゆる「異国風の」様式での実験があちらこちらで始まった。摂政の宮（後のジョージ4世、1762-1830）の海辺の別荘、イスラームとインドと中国のモチーフが奇妙に混じったブライトンのロイヤル・パヴィリオン（1815-1822年、no. 556）は、この流行の典型である。おそらく、様式の問題における相対性という新しい考え方が、建築の言説に入り込んだことが重要であったのと同時に、今や建築家が、どの様式が最良であるかのみならず、どうして受け入れられてきた歴史的様式――とりわけ古典主義――が現行の建築を独占するべきなのかを自問することが避けられなくなった。この問題をさらに突き詰め、19世紀にとっての同時代的様式がいかなるものであるかを考える建築家も現れ、「近代」建築の探求が始まったのである。

産業革命が起きると、まもなく様式の問題は技術の問題と融合した。建築家たちは建材と構造の新しい進歩――つまり、金属製建築部材の導入――を建築目的に有効に利用する方法についての容易でない研究に取り組んだ。急進的であるが通俗的に成功した例は、1851年のロンドン万国博覧会の会場となった鉄とガラスと木の壮大な建造物、水晶宮であり、それは議論を呼んだ。ジョーゼフ・パクストン（1801-1865）の透明で巨大な温室は、訪れた人々を興奮させたが、認識できる様式や分節や装飾や形態の痕跡をいたずらに見出して建築について語る人々を混乱させもした。この建築の系統の欠如は、水晶宮を「建築」として受け入れることの重大な障害となった。建築思想の重要な一派、つまり、アーツ・アンド・クラフツ運動のメンバーは当時、あからさまに機械的な建築に人間的価値を再び導入する手段として、伝統的手工芸の復興を推進し始めていた。その主導者はジョン・ラスキン（1819-1900）とウィリアム・モリス（1834-1896）で、理想化された中世に戻る道を感覚的に、しかし具体的に遡及することは、ヨーロッパの建築のある領域――住宅――では、20世紀になっても長く強い影響力を持ち続けた。

ヴィクトリア朝の建築家たちの技術革新に対する慎重な取り組みは、新しい素材を古い形に応用したことに見られる。たとえば、ルネサンスの円柱やゴシックのアーチが鋳鉄で再現されることも稀ではなかった。アンリ・ラブルースト（1801-1875）によるサント＝ジュヌヴィエーヴ図書館（1843-1850年、no. 571）やトーマス・ニューエンハム・ディーン（1828-1899）とベンジャミン・ウッドワード（1816-1861）によるオックスフォード大学自然史博物館（1855-1860年、no. 581）の内装は、この典型である。しかし、進歩的な考えを持つ人々にとって、この折衷主義は無神経さを表すようになり、形態と技術の両面で新しい解決方法に至るさらに徹底した努力が、近代的運動の核となった。ヴィクトール・オルタ（1861-1947）とエクトール・ギマール（1867-1942）が先頭に立った1890年代のアール・ヌーヴォーは、歴史と無関係な植物の葉や巻きひげの形を錬鉄や他の素材で再現することで、初期のひとつの答えを示した。

けれども、ヴァルター・グロピウス（1883-1969）やル・コルビュジエ（1887-1965）や1920年代の他の建築家たちの仕事に明らかな新しい様式は、表面装飾や美の問題よりも、根本的に新しい設計方法であり、近代建築の出発点として——懐古趣味や誇示ではなく——機能と用途と経済性の問題を提起することを意図していた。これらの考え方は、ロシア構成主義の特徴であり、構成主義者たちは、近代建築の抽象形態を新たな段階の人間社会や政治の組織化の先触れと位置づけていた。産業が発達した時代に相応しい新しい「機械美」の印としてのコンクリートや鉄や鋼やガラスといった素材は、今や住宅や格式ある公共建築に一気に使われ始めた。それと同時に、抽象芸術の影響の下、建築の造形言語ももっとも基本的な幾何学立体へと徹底的に単純化され、それは、不連続の窓の開口部や傾斜屋根といった造作が一般に時代遅れと見なされるほどであった。その代わりに、一切の装飾と色彩を剥いだ広く平らな表面が、多くの近代建築に、たとえ硬直していても、すっきりとした外見を与えた。屋根は平らになり、窓は長い水平の帯にまとめられた。空間構成もまた、より自由に非対称となり、古典的伝統にしばしば見られるような序列的秩序をファサードに無理強いするよりも、異なる機能の空間を効果的に収めるべく順応するようになった。それが結晶化したのは、ルートヴィヒ・ミース・ファン・デル・ローエ（1886-1969）が全体計画を立てたシュトゥットガルトにおけるヴァイセンホーフの住宅建築展（1927年、no. 655参照）である。そこでは、ヨーロッパ中の数多くの進歩的な建築家の間で当時流行していた美的手段が、驚くほどに画一的であることが明らかとなった。

しかし、結局、モダニズムは自らを抜き差しならぬ状況に追い込んだ。建築の表現手段を最小限——ガラスの箱——にまで切り詰めたモダニズムは、主観性や表現性や形態の実験が、多くの場合、モダニズムの方程式からかけ離れていて、その結果、根本的に新しい建築の未来を想像することが困難であるという事実に直面せざるを得なかった。第二次世界大戦後、保守的になったモダニズムに対して、ル・コルビュジエによるマルセイユのユニテ・ダビタシオン（1945-1952年、no. 685）やロンシャンのノートルダム＝デュ＝オー礼拝堂（1950-1955年、no. 688）を始めとして、より彫刻的で表現に富んだ形態による反動が起きる。それと同時に、モダニズムにおけるスカンディナヴィアでの成果にますます注意が向けられるようになり、フィンランドの建築家アルヴァ・アールト（1898-1976）の建築は、人間性、温もり、形態の多様性を示している。

その名称が暗示している通り、モダニズムは、過去の遺産を同時代の文化的条件とは無関係のものとして拒否する、ある種の文化的「忘却」に明らかに基づいている。戦後のヨーロッパでは、この思想が、主として科学と通商に基づき、1940年代の忌まわしいイデオロギーによる支配体制と大量破壊に毒されていない、ひとつの進歩的な文化の一致を創り上げるという、その時代に相応しい政治目標に寄与した。たとえば、ユネスコ本部（1953- 1958年、no. 694）は、パリのまだ幾分か疑わしげな環境の中に、明らかにモダニズムの「清浄な」線を導入している。その政治的に中立な建物の様式は、戦後ヨーロッパの中心思想としての国際協調主義、技術的合理主義、楽観的な再構築について物語っている。この頃、ジオ・ポンティ（1891-1979）とピエール・ルイージ・ネルヴィ（1891-1979）によるミラノのピレリ・タワー（1956-1958年、no. 696）やアルネ・ヤコブセン（1902-1971）によるコペンハーゲンのSASロイヤル・ホテル（1959-1960年）など、ヨーロッパの都市で最初の高層ビルが立ち始め、他にはない都会風の洗練された表現が成し遂げられた。

しかし、1970年代以降、ヨーロッパの建築家たちは、本格的な復興ではないにせよ、過去との新たな関係を結ぶ必要性を認識するようになった。カルロ・スカルパ（1906-1978）やアルド・ロッシ（1931-1997）によって代表されるイタリアでは、抽象化されてはいるものの古典のモチーフと形式を神秘的に再創造する試みが再び示された。その傾向は、建築部門が正式に設けられた1980年のヴェネツィア・ビエンナーレにおける「過去の存在」と題された建築展に要約されているように見える。ここには、数多くの著名な建築家が建物のファサードのデザインを展示し、その多くが古典的モチーフを創造的に利用していた。この頃、イギリスでは、歴史的建築のポストモダン的復興が、レオン・クリエ（1946-）やクインラン・テリー（1937-）といった建築家たちによって一段と進められた。彼らはチャールズ皇太子（1948-）の支援を得て、大規模な古典復興ではないとしても、伝統的な建築素材と建設法を復活させる運動を起こした。

けれども、ヨーロッパの建築家の大部分は、抽象的な形態、前例のない形式、最新の建設技術を認めるモダニズム様式で仕事を続けている。リチャード・ロジャース（1933-）、レンゾ・ピアノ（1937-）、ノーマン・フォスター（1935-）、サンティアゴ・カラトラバ（1951-）、ジャン・ヌーヴェル（1945-）、レム・コールハース（1944-）など、近年もっとも成功したヨーロッパの建築家たちは、戦後のモダニズムの教訓の多くを取り込んでいて、最近の仕事はますます大規模に、潜在的に非人間的な規模にさえなっているが、このことはおそらく人口増加の避けられない結果であり、本質的に巨大な複合機能建築である公共建築や商業施設内の膨大かつ機動性の高い人々の動きに合理的に適応するために必要なのである。

192

192. クノッソス宮殿　前1700-1400年頃　クレタ島（ギリシア）

かつてミノア文明の中心であったこの壮大な建物群は、大きな長方形の中央広場を中心とした厳密さのない集合的なプランを特徴としている。この複雑さが、後のミノタウロスや迷宮の神話を生むことになったのであろう。宮殿は、1900年からアーサー・エヴァンズ（1851-1941）によって発掘され、部分的に復元されたが、彼の仕事はやや空想的と批判されてきた。礎石しか残っていないため、上部構造の形態と配置――木骨と荒石積みからなると思われる――は仮説に過ぎない。それらの上層階は、大きな柱頭から下に向かって細くなる独特な形の木製の円柱によって支えられていた。発見されたのは伝説のミノス王の宮殿であるというエヴァンスの仮説は概ね否定され、近年の考古学によると、この建物群はその歴史の多くを通して、祭祀あるいは宗教的機能を備えていたことが示唆されている。城壁には囲まれていなかったようである。かつてクノッソス宮殿の傍にあったはずの都市は、いまだに発掘されていない。

193

193. タルシーン神殿*　前3000-2500年頃　タルシーン（マルタ）

194

194. カルナック列石　前3000-2000年頃　カルナック（フランス）

195. ニューグレンジ羨道墳*　前3000-2500年頃　ミース州（アイルランド）

195

196

196. 獅子門*　前1350年頃　ミケーネ（ギリシア）

197

197. ミュケナイの城塞*　前1800-1700年頃城壁起工　ミケーネ（ギリシア）

198. アトレウスの宝庫*　前14世紀頃　ミケーネ（ギリシア）

198

200

201

200. エトルリア人の墳墓*　前9-3世紀頃　チェルヴェテリ（イタリア）

201. エトルリア人の墳墓*　前700年頃　タルキニア（イタリア）

202

9

◀199. ヘラ神殿*　前640年頃　オリュンピア（ギリシア）

202. ケレス神殿（アテーナー神殿）*　前500年頃　パエストゥム（イタリア）

203-204

203 & 204. ヘラ神殿（バシリカ）*　前550年頃／ネプトゥヌス神殿*　前450年頃　パエストゥム（イタリア）

もっとも簡素な古典オーダーであるドーリア式オーダーは、初期の木造建築の祖形に直接由来し、その特徴の多く、例えば、エンタブラチュアのトリグリフとメトープは、木造建築を石で表現したものである。パエストゥムは南イタリアの主要な古代ギリシア・ローマ時代の都市で、3つのドーリア式神殿が残っている。ヘラ神殿（しばしば誤って「バシリカ」と呼ばれる）は、現存するドーリア式オーダーのもっとも初期の例のひとつである。ネプトゥヌス神殿は、カンパニアの古代ギリシア植民地にある極めて保存状態のよいドーリア式神殿のひとつであり、矩形のプランの周囲に沿って同一の円柱を巡らす周柱式ギリシア神殿の標準形である。考古学の調査からは、この神殿はヘラとゼウスに合わせて捧げられた可能性が示唆されており、海神ポセイドン、あるいはネプトゥヌスとの関連付けは18世紀の誤りである。巨大な古代ギリシアの祭壇の遺構は、今でも東側に見られる。パエストゥムでは、ドーリア式オーダーが洗練されていく過程を見ることができるが、これらは、その地方様式であることを忘れてはならない。

205

205. アテナイ人の宝庫*　前490年　デルフォイ（ギリシア）

206

206. ゼウス神殿（オリンピイオン）　前6世紀起工　アテネ（ギリシア）

▶**207. ムネシクレス**　エレクテイオン*　前421-407年　アテネ（ギリシア）

208

209

209. ヘーパイストス神殿（テーセイオン）　前449-415年　アテネ（ギリシア）

208. イクティノス＆カリクラテス　パルテノン神殿*　前448-432年　アテネ（ギリシア）

ドーリア式オーダーの理想形であり、おそらくギリシア神殿の最高傑作であるパルテノン神殿は、西洋の伝統の中でも重要な建物のひとつと見なされてきた。パルテノン神殿は、アクロポリス（「上の都市」という意味）の上に立っているが、アクロポリスはアテネ中心にある三方が絶壁となった岩の台地で、本来は防御的な機能を持ち、かつては王宮の所在地、その後アテナイの主要な神域となった。この神域には、プロピュライア、アテーナー・ニーケー神殿、エレクテイオンもある。パルテノン神殿はドーリス式円柱を正面に8本備えた周柱式の荘厳な神殿である。円柱は中央が微妙に膨らむエンタシスを示し、見かけは直線的な建物の形に生命感と快活さを与えている。神殿は、フェイディアス（前488-431頃）が作ったアテーナー女神の巨大な崇拝像を納めるために建てられた。他のギリシア神殿と同様に、パルテノン神殿の内部はとても暗かったであろうし、それがこのアテナイの守護女神の文字通りの住まいの神秘と畏怖をいや増したであろう。パルテノン神殿は、17世紀に火薬庫であった時に砲弾の直撃を受けるまでは、素晴らしい状態で残っていた。19世紀初頭、彫像と浮彫りの大部分は、第7代エルギン伯爵（1766-1841）によってロンドンに運ばれ、今日でも大英博物館で見ることができる。

210

211

210. アテーナー・プロナイア神域のトロス*　前380-360年
デルフォイ（ギリシア）

211. アポロン神殿　前4世紀後半　ディディム（トルコ）

212. エピダウロスの劇場*　前4世紀後半　エピダウロス（ギリシア）

212

13

213. カリクラテス アテーナー・ニーケー神殿* 前427-424年 アテネ（ギリシア）

214. アポロン神殿* 前4世紀 デルフォイ（ギリシア）

14

215. リュシクラテスの合唱記念碑 前335または334年 アテネ（ギリシア）

この小さな記念碑は、ギリシア建築における華麗なコリント式オーダーの稀な例である。とりわけ珍しいのは、建物内部にではなく、外壁にコリント式オーダーが用いられている点である。高い基壇の上に載った細い円筒形という構成のこの記念碑には、内部空間が無い。その目的もまたやや変わっていて、ディオニュソス祭で紀元前335年または334年にリュシクラテスという市民が支援した少年合唱が優勝したことを記念している。記念碑の丸い壁を特徴づけているのは、6つのコリント式の付柱（半円柱）で、ヘレニズムやローマ建築で一般的になるさまざまなオーダーの純粋に装飾的な利用を予期させる。これらの付柱は、ディオニュソスと海賊にまつわる神話上の物語を描いた浅浮彫りのレリーフを支えている。この記念碑の小ささは、後の新古典主義に建築にとっての重要性にそぐわない感じであるが、1762年にジェームズ・スチュアート（1713-1788）とニコラス・レヴェット（1720-1804）が出版した『アテネの古代遺跡とその他のギリシアのモニュメント』に掲載された綿密に計測された図面によって、リュシクラテスの合唱記念碑は、当時の建築家が丸い塔や同じような特徴を備えた形態を表現するのに参照された。

215

216

217

216. オランジュのローマ劇場*　前1世紀　オランジュ（フランス）

217. フォルトゥーナ・ヴィリリ神殿（ポルトゥナス神殿）　前2世紀後半　ローマ（イタリア）

218

218. アッタロスのストア　前159-132年（1952-1956年復元）　アテネ（ギリシア）

▶**219.** ペルガモンの大祭壇*　前165-150年頃　国立ペルガモン美術館　ベルリン（ドイツ）

220

221

220. マルツィア門　前3世紀　ペルージャ（イタリア）

221. 風の塔（キュロスのアンドロニコスの時計塔）　前50年頃　アテネ（ギリシア）

222

222. フォロ・ロマーノ*　前1世紀以降　ローマ（イタリア）

223

223. ガイウス・ケスティウスのピラミッド　前18-12年　ローマ（イタリア）

224

224. 平和の祭壇　前13-9年　ローマ（イタリア）

225

225. ポン・デュ・ガール*　前19年頃起工　ガール県（フランス）

ローマ人の工学技術の才能は、何よりも配管工事と水力学に現れている。水道橋の建設には半円アーチが応用されている。水道橋の傾斜は、水が重力だけで長い距離を絶え間なく流れるように精妙に調整されている。50キロメートル以上にわたる、このとりわけ優美で保存状態のよい水道橋は、新鮮な水を現在のユゼスの水源からローマ帝国の植民地ネマウスス（現在のニーム）とその近隣の集落に届けた。水は最上部の覆いのある水路を流れる。ガルドン（ガール）川を渡るところで、水道橋は高さ49メートルの3層のアーチ橋になり、その最下層のアーケードは馬車や歩行者の交通に利用できた。この橋の部分の全長は275メートルである。建設には石灰岩の大きなブロックが用いられ、モルタル無しで積み上げられている。建設中にアーチの枠として用いられた木材を支えるための突き出した石を今でも見ることができる。

226

226. メゾン・カレ　前20-19頃　ニーム（フランス）

ローマや国外の植民地における現在は失われてしまった数多くの神殿と比べれば小さいものの、南仏ニームのいわゆるメゾン・カレ（四角い家）は、ローマ神殿の中でも最も保存状態のよいもののひとつである。ギリシア人によって建てられた前時代の宗教建築とは対照的に、ローマ神殿は一般的に、中庭やフォーラムといった都市の大きな関係の中の軸線上に位置し、高い基壇の上に建てられ、正面階段を備えている。柱廊が入口となっている一方、神殿を囲む列柱の残りは、ケラ（内陣）の外壁に付けられた構造には関係のない半円柱となっている。その美しく彫られた柱頭はコリント式オーダーのものである。この建物は後にアメリカ合衆国のヴァージニア州会議事堂（no. 841）のモデルとなった。それは、トーマス・ジェファソン（1743-1826）が、アメリカの新しい共和制を公共建築によって体現するのに、その建物が様式的にも象徴的にも理想的であると考えたからである。より近年には、イギリスの建築家ノーマン・フォスター（1935- ）が、メゾン・カレのプロポーションを、近くに建てたカレ・ダール図書館（no. 761）に用いているが、それはより大規模ではあるものの古代神殿の形式を控え目に再現しているように見える。

227. アルルの円形闘技場*　90年頃以降　アルル（フランス）

228

228. ニームの円形劇場　50年頃以降　ニーム（フランス）

229. オランジュの凱旋門*　21年以降　オランジュ（フランス）

230

230. ティトゥス凱旋門*　81年　ローマ（イタリア）

232

233

234

◀**231.** コロッセウム（フラウィウス闘技場）*　72-80年　ローマ（イタリア）

ローマ時代の闘技場の中でも最大であるこの楕円形のコロッセウムは、ウェスパシアヌス帝によって着工され、ドミティアヌス帝によって完成された。ここには5万人もの人々が、剣闘士の暴力的な試合や野獣と囚人による残酷な見世物を観るために集った。80年のこけら落としの試合は100日間にも及んだ。ギリシアの劇場とは対照的に、ローマの劇場は通常、自立構造である。建設には組積造とコンクリートが用いられ、白いトラバーチン（石灰華）を外装材とする。観客席はヴォールト天井の廊下ヴォミトリウムから効率良く出入りすることができ、群衆を制御するローマ人の才能を示している。ルネサンスの建築家にとって、コロッセウムは複数のオーダー（下からドーリス式、イオニア式、2種類のコリント式）をアーケードの外観に装飾的に応用した模範であった。コロッセウムの最上層に沿って、石材に枘穴〔ほぞあな〕の跡を見ることができるが、それはかつて木製の柱を固定するのに使われていた。それらの柱には巨大な布の天幕が掛けられ、観客の日除けや雨除けとなった。「コロッセウム」という呼称は、かつて近くに立っていたネロ帝の巨像に明らかに由来している。

232. ポンペイ市街*　79年埋没（18世紀以降発掘）　ポンペイ（イタリア）

233. 秘儀荘*　62年頃再建　ポンペイ（イタリア）

234. セウェルス＆ケレル　ドムス・アウレア（ネロの黄金宮）　64-68年　ローマ（イタリア）

▶**235.** セゴビアの水道橋*　100年頃　セゴビア（スペイン）

236

237

236. セルシウス図書館　120年頃　エフェソス（トルコ）

237. トラヤヌスの記念柱*　113年
ローマ（イタリア）

238

238. ダマスカスのアポロドロス　トラヤヌスの市場*　100-114年頃　ローマ（イタリア）

39

239. パンテオン*　118-128年　ローマ（イタリア）

ローマ神殿の中でも極めて印象的でよく保存されているパンテオンは、西洋の伝統において最も大きな影響を与えた建物であると言えるであろう。（その建築デザインを手掛けたとされることもある）ハドリアヌス帝の治世に建設されたパンテオンは、すべての神々の礼拝所であった。その円形プランの内陣を覆う半球ドームは、古代で最大のものである。ドーム内側のコッファー（格子状構造）は、装飾的であるとともに、ドームの総重量を減らす役目を果たし機能的でもある。また、頂上の開口部オクルス（ラテン語で「目」の意味）によって、採光と換気が図られている。神殿の厚い壁には、強度を増すための一連のアーチとヴォールトが組み込まれ、それは建物外観に見ることができる。近年の調査によって、パンテオンの建物の基礎が明らかにされたが、それは、もともとの計画よりもポルティコ（柱廊玄関）が低いことを示唆している。これは、各々の円柱がひとつの石材から切り出されたためである。このことは、手前のポルティコによって下部が隠された、奥のポルティコの第二のペディメント（三角形の切妻壁）の奇妙さも説明する。パンテオンは後に数多く模倣され、古典主義様式によるいかなるドーム建築も、パンテオンに何らかを負っている。

240

241

240. ヴィッラ・アドリアーナ（ハドリアヌス別荘）*　118-134年　ティヴォリ（イタリア）

241. カラカラ浴場*　212-216年　ローマ（イタリア）

242. サンタンジェロ城（ハドリアヌス霊廟）*　135-139年　ローマ（イタリア）

242

243

243. コンスタンティヌスの凱旋門*　312-315年　ローマ（イタリア）

ローマ人が考え出した自立したアーチは、重要な戦いの勝利を記念するためのものである。内部空間を持たない凱旋門は、実際に建物というよりも、むしろ彫刻的な記念碑であり、従って、両正面の円柱（というよりも、半円柱）が構造上の機能をまったく備えていないことも驚きではない。このとりわけ印象的な後期のローマの凱旋門は、コロッセウムの隣に立っている。エンタブラチュアのトリグリフの前に立つ人物像が縛られた捕虜たちを表す一方、皇帝とその軍団の活躍がメトープの浮彫りによって物語られている。これらには、円形のパネルなど、市内のより古いモニュメントから移したものもある。ローマ帝国末期、コンスタンティヌスの凱旋門が建てられた時に新しく制作された彫刻の様式には、自然主義の後退と、中世芸術の様式化の前触れが認められる。後の歴史上の支配体制——例えば、ナポレオンとヒトラーの政権——は、ローマ帝国の先例を想起させる凱旋門の表象を復活させたが、その建築上の重要性は、使いやすいモチーフという点にある。ルネサンス以降、3連アーチの開口部、付柱、エンタブラチュアという形式は、教会建築から住居まで、多くのさまざまな建物のファサードに応用された。

244

244. ディオクレティアヌスの宮殿*　295-305年頃　スプリト（クロアチア）

245

246

245. 聖ペテロと聖マルケリヌスの地下墓地　3世紀後半-4世紀前半　ローマ（イタリア）

246. マクセンティウスとコンスタンティヌスのバシリカ*　308-312年　ローマ（イタリア）

247

247. サンタ・コンスタンツァ聖堂　337-354年頃　ローマ（イタリア）

古代後期建築の傑作であるこの聖堂は、多くの点で中世の建物を予見させる。ドームで覆われた円形プランのサンタ・コンスタンツァ聖堂は、もともとコンスタンティヌス大帝の治世にその娘コンスタンティナの霊廟として建てられた。コンスタンティナが聖人として崇拝されるようになると、この建物はキリスト教の礼拝の場となった。豪華な内部とは対照的に、外部はアーチを用いた簡素な煉瓦積みである。ドームによって、建物中央の直径11メートルの円形空間に注意が向けられる。12の高窓から光が入るその空間には、もともと石棺が安置されていた。緑と赤の大理石による対のコリント式円柱の上にレンガ積みアーチが架けられ、それが背の高いドラムを支え、その上にドームが載っている。また、その柱列が周歩廊を規定している（外部の周歩廊は失われている）。この周歩廊は、高い身廊の脇に配置される低い側廊（つまり、周歩廊）という点で、ローマ時代のバリシカの構成に似ていると指摘されている。周歩廊のヴォールト天井は、手の込んだ大理石のモザイクで覆われ、生まれつつあるビザンチン様式の美学を予示している。有名なブドウ収穫の場面は、バッコスの神話と初期キリスト教の図像を思い起こさせる。

248

248. 聖ペテロ大聖堂*　315年頃（11世紀に再建）
トリーア（ドイツ）

249

249. サンタ・マリア・マッジョーレ大聖堂*　432-440年（13世紀以降にも増改築）　ローマ（イタリア）

250

250. ネオン洗礼堂（大聖堂付属洗礼堂）*　4世紀末-5世紀末　ラヴェンナ（イタリア）

251

251. アポロ神殿* 前6世紀 シラクサ（イタリア）

252

253

252. ガッラ・プラキディア廟堂* 425-426年頃 ラヴェンナ（イタリア）

253. サン・ヴィターレ聖堂* 527-547年頃 ラヴェンナ（イタリア）

254

254. トラレスのアンテミウス＆ミレトスのイシドロス　ハギア・ソフィア大聖堂（アヤソフィア）*　532-537年　イスタンブル（トルコ）

255

255. アーヘン大聖堂宮廷礼拝堂*　792-805年頃　アーヘン（ドイツ）

フランク王カール大帝（742-814）は、暗黒時代のひとつの光であり、古典古代文化の復興を促し、戦争によって破壊されていた宗教施設を再建した。西ローマ皇帝と称したカール大帝は、ローマの支配者たちの宮廷を自分のそれの模範とした。同様に、彼の宮殿のプランはローマのラテラノ宮に基づいている。数世紀にわたる衰退の後にドラマチックに蘇ったモニュメンタルな組積造技術を代表するこの礼拝堂は、16角形の集中式建築である。ラヴェンナのサン・ヴィターレ聖堂（no. 253）を参照したこの建物は、メッツの司教オットーが設計した。もともと礼拝堂の前の屋外には、2階のバルコニーからカール大帝の声を聞くために集まる群衆のために列柱を備えた前庭があった。礼拝堂は、長い歩廊によってバシリカ式の玉座の間に通じていた。礼拝堂の内部は高く、重々しい雰囲気である。8つの巨大な柱が2層の縞模様のアーチを支えている。礼拝堂の石材は、近くのローマ時代の建物から移されたらしい。一方、上層の大理石の円柱は、ラヴェンナから運ばれた。本来のカロリング朝の建物は、後により高いドームで覆われ、大きなゴシックの聖歌隊席の背後に隠されている。

256

256. 聖ドムニウス大聖堂*　650年頃　スプリト（クロアチア）

257

257. 聖ドナトゥス聖堂　9世紀　ザダル（クロアチア）

258

258. ロルシュ修道院楼門「王の門」* 9世紀 ロルシュ（ドイツ）

259

259. サン＝ジル大修道院聖堂* 9世紀半ば以降 サン＝ジル＝デュ＝ガール（フランス）

60

260. コルヴェイ修道院西側双塔 873-885年 コルヴェイ（ドイツ）

261

261. ザンクト・ツィリアクス聖堂 961年起工 ゲルンローデ（ドイツ）

262

262. アトス山の修道院群*　10世紀後半以降　アトス山（ギリシア）
＊写真はシモノペトラ修道院

263

263. サン＝フィリベール修道院聖堂　950-1120年頃　トゥルニュ（フランス）

264

264. ホシオス・ルカス修道院*　11世紀前半以降　スティリス近郊（ギリシア）

265

265. マインツ大聖堂　975年起工　マインツ（ドイツ）

266

266. クリュニー修道院　11世紀以降（修道院の創建は909年、1790年にほぼ破壊）　クリュニー（フランス）
＊写真は旧修道院聖堂南翼廊

267

267. ザンクト・ミヒャエル聖堂*　1001-1031年　ヒルデスハイム（ドイツ）

オットー時代（936-1002）後期に遡るこの荘厳な聖堂は、それに先行し、古代ローマの先例に多くを負っているカロリング朝建築の伝統を不朽のものにしている。この両端が相似した——それぞれの端部にひとつずつ、ふたつの翼廊、ふたつの聖歌隊席、側廊から通じるふたつのアプスを持つ——バシリカという形は、実際にローマ時代の世俗の形式をあからさまに想起させる。それぞれの交差部の上には四角い塔が立っている。主祭壇は東端にあり、皇帝と廷臣たちが使った一段高いテラス——ローマ時代の慣習のもうひとつの名残——が西側のアプスに見られるはずである。内部では、アーケードの縞模様の半円アーチが、2本の円柱と1本の角柱が交互に繰り返される列柱の上に載り、その他の点ではむしろ簡素な身廊の立面に複雑なリズムを与えている。美しい彫刻が施された円柱の柱頭は、イタリアの模範に基づいている。天井はヴォールトではなく、平らな木製で、華やかに彩色されている。アーヘンのカール大帝の宮殿のように、正方形を構成単位として設計されたザンクト・ミヒャエル聖堂のプランは、司教ベルンヴァルトが案出したものらしい。当初の状態を厳密に反映した現在の外観は、20世紀の修復活動の成果である。

268

268. モン＝サン＝ミシェル修道院*　11世紀以降　ル・モン＝サン＝ミシェル（フランス）

▶**269.** シュパイアー大聖堂*　1030年以降　シュパイアー（ドイツ）

270

270. サント＝フォア大修道院聖堂*　12世紀初頭-1130年頃
コンク（フランス）

小規模ではあるが重要なこのロマネスク芸術の傑作は、山間の谷にある中世の趣を残す小さな村にある。暖か味のある地元の石灰岩で建てられたコンクの修道院聖堂は、スペイン北部のサンティアゴ・デ・コンポステーラに向かう多くの人々が旅をした中世の巡礼路上にある。正面入口の上には、有名な「最後の晩餐」のテュンパヌム彫刻があり、キリストが正しい者と邪な者との選別を厳しく統括している。修道院付属の建物として、サント・フォア聖堂は絶え間ない巡礼者たちを受け入れただけでなく、1日7回の聖務日課（規定時間に一定の形式で捧げる祈り）に参加しなければならない修道院に共住する修道士たちのものでもあった。そのために聖堂は、訪問者が建物の内部の境界線の周囲を自由に行き来できるように設計された。つまり、側廊が身廊と翼廊に沿って続き、交差部の背後で放射状に礼拝堂が配置された弧を描く周歩廊に繋がっている。内部は暗く、窮屈で、高い柱に載った小さな半円アーチが特徴的である。交差部上にはスキンチ（板石）に載った八角形プランの頂塔があり、傘の内側にやや似ている。聖フォアは、4世紀に殉教した若い娘で、彼女の聖遺物——人間の姿を模った驚くべき金の聖遺物容器に納められて、今でもこの聖堂に安置されている——が、巡礼者たちを強く惹きつけた。

271

271. サン＝マルタン・デュ・カニグー修道院　10世紀末-1026年頃　カストイユ（フランス）

272

272. ボヤナ聖堂*　10世紀後半-11世紀初頭（東翼）　13世紀（中央棟）　19世紀（西翼）　ソフィア郊外（ブルガリア）
＊写真は東翼（右）の一部と中央棟

273

273. 聖ソフィア大聖堂*　1037または1011年起工　キーウ（キエフ、ウクライナ）

274

274. 聖ソフィア大聖堂*　1045-1050年　ノヴゴロト（ロシア）

▶**275.** サン・マルコ大聖堂*　1063-1094年頃　ヴェネツィア（イタリア）

276

277

276. サン・ミニアート・アル・モンテ聖堂　1013-1063年　フィレンツェ（イタリア）

277. サンタ・マリア・アッスンタ大聖堂　1160-1198年　スポレート（イタリア）

278

278. ミラーコリ広場*　11世紀以降　ピサ（イタリア）

この地方の伝統を反映して、ピサ大聖堂付属の洗礼堂と鐘楼（斜塔）は、大聖堂から独立して立っている。しかし、それら3つの建物に一貫した建築的な扱い——列柱とアーケードを備えた美しい白い大理石で仕上げられた廊下を特徴とする——は、このキリスト教の複合建築に、独自の印象的な統一感を与えている。バシリカ式プランに基づく巨大な大聖堂は1068年に着工され、翼廊と二重側廊を備えている。交差部は小さな楕円ドームで覆われている。内部の身廊は、白と黒のドラマチックな縞模様が強い印象を与える。天井は石のヴォールトではなく、木造のトラス（三角形を単位とした構造骨組）による。高さ55メートルの有名な斜塔は、1173年に着工された。残念ながら、柔らかい地盤に十分な基礎工事がなされず、3階が完成した時には、すでに塔が傾き始めていた。数世紀にわたって斜塔を安定化させる試みがなされたが、いまだ垂直から5.5度傾き、その最上部は、現在、基礎から5.2メートル突出している。

279

279. 大ベルナルド＆ロベルトゥス・ガルペリヌス＆エステバン＆小ベルナルド　サンティアゴ・デ・コンポステーラ大聖堂*　1075年起工　サンティアゴ・デ・コンポステーラ（スペイン）
＊写真は**フェルナンド・デ・カサス・イ・ノボア**による西正面（1738-1750年）

280

280. サン＝セルナン聖堂*　1080-1180年頃　トゥールーズ（フランス）

281

281. サンタンブロージョ聖堂　379-1099年　ミラノ（イタリア）

282

283

282. 円塔　11世紀頃　ウィックロー県グレンダーロッホ（アイルランド）

283. ロンドン塔ホワイト・タワー*　1078年　ロンドン（イギリス）

284

285

284. ダラム大聖堂*　1093-1133年頃　ダラム（イギリス）

285. マリア・ラーハ修道院　1093年-13世紀　アンデルナッハ近郊（ドイツ）

286

286. カルカソンヌの城塞都市*　12世紀（19世紀に**ウジェーヌ・エマニュエル・ヴィオレ=ル=デュック**が修復）　カルカソンヌ（フランス）

287

288

287. ヴォルムス大聖堂　主要部分は1110-1181年　ヴォルムス（ドイツ）

288. サン＝サヴァン＝シュル＝ガルタンプ修道院付属聖堂*　1040-1090年　ヴィエンヌ県サン＝サヴァン（フランス）

289

290

289. ランフランコ　モデナ大聖堂*　1099-1184年頃　モデナ（イタリア）

290. ロスキレ大聖堂*　12-13世紀　ロスキレ（デンマーク）

291

291. パルマ大聖堂　1059-1178年／鐘塔　1284-1294年／**ベネデット・アンテラーミ**　洗礼堂　1196-1270年　パルマ（イタリア）

292

292. サン＝フロン大聖堂*　1120年以降（19世紀に修復）　ペリグー（フランス）

293

293. ジョン・ド・サイス　ピーターバラ大聖堂　1118-1237年　ピーターバラ（イギリス）

294

294. サン＝ピエール修道院*　11-15世紀　モワサック（フランス）

295

295. サン＝テティエンヌ聖堂　1063年竣工　カン（フランス）

296

296. サント＝マリー＝マドレーヌ大聖堂*　1096-1132年　ヴェズレー（フランス）

297

297. サン＝ラザール大聖堂　1120-1146年　オータン（フランス）

298

298. フォントネー修道院*　1120-1150年頃　モンバール（フランス）
＊写真は修道院の鍛冶場

299

299. ダルメニー聖堂　1140年　ダルメニー（イギリス）

▶300. ボルグンドの木造聖堂　1125-1250年頃　ボルグンド（ノルウェー）

302

303

303. サンス大聖堂　1140年-16世紀前半　サンス（フランス）

◀**301.** ヘディンガム城　1140年以降　エセックス（イギリス）

中世を特徴づける絶え間ない戦争から、武器と攻城技術の継続的な改良に耐えられる新しい種類の要塞が必要とされた。ヘディンガム城は、石造の高い天守を備えた中世ノルマン様式のモット・アンド・ベイリー式城郭（溝と柵で囲まれたモット（小さな円錐形の丘、築山）とそれより低く広いベイリー（曲輪）と呼ばれる区画からなる城郭）の素晴しい例である。同時期に建てられたロチェスター城との多くの共通点を持つ。1066年にヘディンガムの地がオーブリー・ド・ヴィア（ -1112頃）に与えられると、ド・ヴィア家はその地方を一望できる戦略上重要な丘の頂上に城を築き始めた。本来の他の建物はすべて失われてしまったが、地下1階地上4階建、高さ35メートルの石造の天守は、とてもよく保存されている。もともと木造であった各階の床は、再建されている。フリント（燧石）の荒石とモルタルで建てられたヘディンガム城の壁は、珍しいことに、ノーサンプトンシアから運ばれた平らな切石で覆われている。もっとも印象的な内部空間は、2階から3階に中央部が吹き抜けになったグレート・ホールで、ノルマン様式の巨大なアーチを特徴とし、大型の暖炉を備えている。城は現在もド・ヴィア家の子孫によって所有されている。

302. サン＝ドニ大聖堂　1137-1144年頃　パリ（フランス）

もともとは、3世紀に殉教したとされるパリの初代司教、聖ドニを記念して建てられたこの聖堂は、フランス王家の墓所となった。今日、サン＝ドニ大聖堂は、むしろゴシック建築誕生の場所として知られている。修道院長シュジュール（1081頃-1151）は、カロリング朝のバシリカに1137年から大改修を行い、最初に重厚な西正面を造った。新しい聖堂のプランは、二重周歩廊に囲まれた大きな半円形の内陣と、短く幅の広い翼廊を持つ緻密な構成になっている。二重周歩廊は五角形や台形などさまざまな平面に分割され、それぞれ尖頭アーチを用いたリブ・ヴォールト構造で覆われている。精神的帰依を目覚めさせる上での視覚的壮麗さが果たす役割について記した初期の教会文書と、ソロモンの神殿の描写に触発され、シュジュールは周歩廊の7つの礼拝堂を、それぞれふたつの大きなステンドグラスの窓で飾った。彼はそれらの色彩豊かな光の神秘性に魂を変容させる力があると見なし、その後に続くゴシック革命の美的基礎を築いた。今や冴えないパリの郊外にあるサン＝ドニ大聖堂は、西正面の一方に塔を備えるだけで、外見も印象的ではない。

304

304. ノルマン二宮殿パラティーナ礼拝堂（宮廷附属礼拝堂）
1132-1140年　パレルモ（イタリア）

305

305. ラン大聖堂　1160-1215年頃　ラン（フランス）

▶**306.** ノートルダム大聖堂*　1163-1345年　パリ（フランス）

307

307. ラッツェブルク大聖堂　1160-1220年　ラッツェブルク（ドイツ）

308

308. ギョーム・ド・サンス＆ヘンリー・イェーヴェル　カンタベリー大聖堂*　1174-1503年　カンタベリー（イギリス）

309

309.ダンクヴァルデローデ城　1160-1175頃　ブラウンシュヴァイク（ドイツ）

310

310. 聖母マリア聖堂　1170年以降　カロンボー（デンマーク）

311

312

311. サンタ・マリア・ラ・ブランカ聖堂（旧イブン・シュシャン・シナゴーグ）*　1180年　トレド（スペイン）

312. リンカン大聖堂　1185-1311年　リンカン（イギリス）

▶315. シャルトル大聖堂*　1194-1220年　シャルトル（フランス）

シャルトル大聖堂は盛期ゴシック期の最初の傑作である。現在の建物は、巡礼の拠点であった古い建物の大部分が1134年の大火で焼け落ちた後に建てられた。大聖堂が保管するもっとも神聖な聖遺物である聖母マリアの聖衣の一部が、この惨事の中、奇跡的に無傷であったことから、大聖堂はさらに大規模に再建されることになった。その結果建てられたのが、荘厳なファサードを備えた翼廊を持つバシリカ式聖堂である。これらのファサードには扉口があり、また、中世建築の中でも図像的にもっとも豊かな彫刻群がある。重要なことに、シャルトル大聖堂では、尖頭アーチ、リブ・ヴォールト、フライング・バットレスというゴシック建築の三大特徴が見られ、前例のない明るい骨格構造が創り出されている。身廊のアーケードは高く広くなり、ステンドグラスが壁に取って代わり、柱の基部から高さ36メートル以上にそびえるリブ・ヴォールトまで明瞭な垂直線を追うことができる。フランスの大聖堂では例外的に、中世のステンドグラスの多くが残っている。西正面のふたつの塔の違いは、異なる時代に建てられたためであり、より華麗な北塔は1515年頃に完成された。

▶316. アルノルフォ・ディ・カンビオ＆フィリッポ・ブルネッレスキなど　サンタ・マリア・デル・フィオーレ大聖堂*　1296年起工（**ブルネッレスキ**　ドーム　1420-1434）　フィレンツェ（イタリア）

313

314

313. ウェルズ大聖堂　1176-1490年　ウェルズ（イギリス）

314. ソールズベリー大聖堂　1220-1265年　ソールズベリー（イギリス）

315

316

317

318

317. サン・フランチェスコ聖堂*　下の聖堂1230年竣工／上の聖堂1253年竣工　アッシジ（イタリア）

318. シュトラールズント市庁舎*　13世紀　シュトラールズント（ドイツ）

319

320

319. ブールジュ大聖堂（サン＝テティエンヌ大聖堂）*　1195-1255年　ブールジュ（フランス）

320. 聖ニコラス聖堂*　1230-1275年頃　タリン（エストニア）

321

322

321. サン・ジミニャーノの歴史地区*　13-14世紀　サン・ジミニャーノ（イタリア）

322. タリンの歴史地区*　13世紀　タリン（エストニア）

323

323. マルボルク城*　1274年以降　マルボルク（ポーランド）

324

324. リラ修道院*　14-15世紀　リラ（ブルガリア）

325

32

325. リンブルク大聖堂　1200-1235年頃　リンブルク（ドイツ）

326. カステル・デル・モンテ*　1240年頃　プッリャ州アンドリア（イタリア）

327

327. ノートルダム大聖堂*　1211年起工　ランス（フランス）

328

328. ロベール・ド・リュザルシュ　アミアン大聖堂　1220年起工　アミアン（フランス）

329

329. サン＝ピエール大聖堂　1247年起工　ボーヴェ（フランス）

330

330. サント＝シャペル　1239-1248年　パリ（フランス）

331

332

331. レオン大聖堂*　1205-1301年　レオン（スペイン）

332. シュテファン大聖堂*　1137-1147年（南塔、1359年竣工）
ウィーン（オーストリア）

333

333. サンティ・ジョヴァンニ・エ・パオロ聖堂　1333-1430年
ヴェネツィア（イタリア）

▶**334.** ウェストミンスター寺院（ウェストミンスター聖ペテロ共住聖職者団聖堂）*
1245年起工　ロンドン（イギリス）

335

336

335. スタロノヴァー・シナゴーグ（新旧シナゴーグ）*
1270年竣工　プラハ（チェコ）

336. アルビ大聖堂（サント＝セシル大聖堂）1282-1480年　アルビ（フランス）

337

337. サン＝トゥルバン聖堂　1262年起工　トロア（フランス）

338

338. エクセター大聖堂（聖ペトロ大聖堂） 1112-1400年頃　エクセター（イギリス）

339

339. ハーレフ城*　1283-1289年　グウィネズ州ハーレフ（イギリス）

340

340. カーナヴォン城*　1283-1327年　グウィネズ州カーナヴォン（イギリス）

341

341.ブルッヘの鐘楼*　1240年頃（八角形の上層部、1483-1487年）　ブルッヘ（ベルギー）

342

342. アルノルフォ・ディ・カンビオ　ヴェッキオ宮殿*　1299-1314年　フィレンツェ（イタリア）

343

343. ジョヴァンニ・ピサーノ＆カマイーノ・ディ・クレシャンティーノなど　シエーナ大聖堂*　1284年起工　シエーナ（イタリア）

344

344. フラ・ベヴィニャーテ・ディ・ペルージャ＆ロレンツォ・マイターニ＆アンドレア・ピサーノなど　オルヴィエト大聖堂　1290年起工　オルヴィエト（イタリア）

345

345. プッブリコ宮殿（市庁舎）*　1297年起工　シエーナ（イタリア）

この建物が建てられた騒乱の時代を反映して、中世シエーナの市庁舎であるプッブリコ宮殿の外観は、威嚇するように要塞化されている。シエーナのような中世の都市国家は、近隣の有力国家からの攻撃を受ける可能性があっただけでなく、しばしば内部のクーデターも経験していた。プッブリコ宮殿は上から見ると、扇形の広場の起点となっているが、そこではパーリオという有名な騎馬競技が毎年行われる。シエーナの法律によって、周囲の建物は宮殿を補完するように建てられることになっていた。こうして、ある都市空間を遠近法的に扱うという点で、ヨーロッパ史上最初の例のひとつが生み出された。不安を感じさせるほど細いレンガ造りの鐘楼――イタリアでもっとも高い鐘楼のひとつである――は、近づく軍隊を見つけるためにあり、また、シエーナの誇りの象徴ともなった。宮殿のファサードは、窓の尖頭アーチに認められるように、細部はゴシック様式である。また、上辺の縁にある狭間は機能的ではなく象徴的である。議会室には、善政と悪政の結果を象徴する有名なフレスコ群がある。それらは、中世シエーナのあらゆる社会階級における日常生活の鮮やかな印象を伝えている。

346

347

346. ケルン大聖堂（ザンクト・ペーター・ウント・マリア大聖堂）*
1248-1880年　ケルン（ドイツ）

347. 全能者ハリストス聖堂*　13世紀　ネセバル（ブルガリア）

348

348. アーケシュフース城　1299年　オスロ（ノルウェー）

349

349. フィリッポ・カレンダリオ　ドゥカーレ宮殿*　1309-1424年　ヴェネツィア（イタリア）

ヴェネツィア共和国の貿易による富は、ヨーロッパと東方諸国とを仲介する役割によるものであった。この都市の主要な建物のひとつであり、海路を経て到着する者が目にするのが、選出された統治者であるヴェネツィア総督の公邸であった荘厳な水辺の宮殿である。この建物は、共和国の政庁でもあった。要塞化された前の建物を建て替えたこの宮殿は、1309年に着工され、フィリッポ・カレンダリオ（1315以前-1355）が設計したと言われるが、15世紀にジョヴァンニ（1380頃-1442）とバルトロメオ（1400頃-1464以降）のボン親子によって大規模な増築がなされた。建物は大きな中庭を囲んでいる。宮殿のふたつの主要なファサード——アドリア海を望むファサードとサン・マルコ広場に面したファサード——は、もしヴェネツィアの人々の色彩と装飾に対する趣味がなければ、バランスを欠いていたであろう。ゴシック様式の要素が装飾的に用いられている。2層のアーケードがファサードの下部に躍動感を与え、上層はオジーアーチ（凸状の曲線と凹状の曲線の組み合わせによるアーチ）に四つ葉の透かし彫りのある円の連なりが特徴的である。さらにその上の壁面のピンクと白の幾何学模様が、宮殿の外観にさらなる華やかさを与えている。ヴェネツィアの人々は、その装飾的なゴシック様式を教会建築よりもむしろ世俗の建物に用いた。そのために——ヴィクトリア朝の芸術評論家ジョン・ラスキン（1819-1909）によって、かくも称揚されたために——この様式は、19世紀イギリスの公共施設や商業施設に頻繁に模倣されたのである。

350

350. ベレンゲル・デ・モンタギュー　ラ・セウ（パルマ・デ・マリョルカ大聖堂）　1229-1601年　パルマ・デ・マリョルカ（スペイン）

352

352. デチャニ修道院*　1327-1335年　デチャニ（セルビア）

353

353. アラスのマチア＆ペーター・パルラー　カルルシュテイン城　1348-1365年　カルルシュテイン（チェコ）

354

◀**351. ウォルジンガムのアラン**　イーリー大聖堂頂塔　1322-1328 年（大聖堂 1083-1375年）　イーリー（イギリス）

354. タッデオ・ガッディ　ヴェッキオ橋*　1345年　フィレンツェ（イタリア）

356

◀**355.** アヴィニョン大聖堂（ノートルダム・デ・ドン大聖堂）＆教皇宮殿*
大聖堂は12世紀、宮殿は1335-1364年　アヴィニョン（フランス）

356. カステルヴェッキオ*　1354-1376年
ヴェローナ（イタリア）

357

357. バッチョ・ポンテッリ　ロヴェレスカ要塞　1480年着工　セニガッリア（イタリア）

358

359

358. **ペーター・パルラー**　ハイリッヒ・クロイツ聖堂（聖十字架聖堂）　1330年頃起工　シュヴェービッシュ・グミュント（ドイツ）

359. **ヨハン・パルラー＆マチェイ・レイセク＆ベネディクト・レイトなど**　聖バルバラ聖堂*　1388年起工　クトナー・ホラ（チェコ）

360

361

360. ダヴァンツァーティ宮殿　14世紀後半　フィレンツェ（イタリア）

361. ミラノ大聖堂　1386-1965年　ミラノ（イタリア）

362

363

362. スチェヴィツァ修道院　1582-1605年頃　スチャヴァ県（ルーマニア）

363. リトル・モートン・ホール　15-16世紀　チェシア州コングルトン（イギリス）
＊写真は南翼（1570-1580年頃）のロング・ギャラリー

364

364. パンダナサ修道院*　1428年　ミストラス（ギリシア）

365

65. サン・マルコ広場*　1177年以降　ヴェネツィア（イタリア）

366

367

366. サン・ミシェル・エ・ギュデュル大聖堂*　13-15世紀半ば
ブリュッセル（ベルギー）

367. ジョルジョ・オルシーニ&ニッコロ・ディ・ジョヴァンニ・フィオレンティーノなど　聖ヤコブ大聖堂*　1402-1555年　シベニク（クロアチア）

368

368. セビーリャ大聖堂（サンタ・マリア・デ・ラ・セデ大聖堂）*　1401-1519年　セビーリャ（スペイン）

369

369. フィリッポ・ブルネッレスキ　サン・ロレンツォ聖堂*　1419-1459年頃　フィレンツェ（イタリア）

古典的建築言語を我が物としたルネサンス最初の建築家のひとりブルネッレスキ（1377-1446）は、この修道院聖堂を古代の抑制と秩序、考古学的正確さの模範として着想した。構造的、形式的意味において、この建物はおそらく冒険的なものではないが、ローマ様式に忠実な建物を創るという建築家の意欲が、例えば、身廊のアーケードのコリント式円柱が構造的には意味のない小さな——しかし、このオーダーの伝統的な姿に不可欠な特徴である——エンタブラチュアを支えるといった点に現れている。床面の大理石の帯が図式的に示しているように、プランはモジュールによって考えられている。ブルネッレスキの線遠近法の再発見者としての役割もまた、身廊と天井の水平線が祭壇の消失点に向かっているなど、誇張された形で反映されているようである。基本的な比率が各所に見られ、例えば、身廊の高さはその幅の2倍である。このように、サン・ロレンツォ聖堂は、多くのルネサンス建築の特徴となる調和した明快さの先例となっている。

370

370. フィリッポ・ブルネッレスキ　オスペダーレ・デッリ・イノチェンティ（捨て子養育院）*　1419-1445年　フィレンツェ（イタリア）

372

373

◀**371.** アルカサル（王宮）*　1120年頃起工　セゴビア（スペイン）

372. ミケロッツォ・ディ・バルトロメオ　メディチ・リッカルディ宮殿*
1444-1464年　フィレンツェ（イタリア）

373. ジョバンニ・ボン＆バルトロメオ・ボン　カ・ドーロ*　1428-1430年
ヴェネツィア（イタリア）

374

374. 聖ヨヴァン・カネオ聖堂*　13世紀頃　オフリド（マケドニア）

375

375. ブルゴス大聖堂*　1221-1567年
ブルゴス（スペイン）

376

376. ジャック・クール邸　1443-1451年　ブールジュ（フランス）

377

377. ザンクト・クレメンス聖堂　1434-1442年
ビュズム（ドイツ）

379

◀**378. フィリッポ・ブルネッレスキ＆アントニオ・マネッティなど**　サント・スピリト聖堂　1428年設計開始　1444年起工　フィレンツェ（イタリア）

379. マーソ・ディ・バルトロメオ＆ルチアーノ・ラウラーナなど　ドゥカーレ宮殿*　1445年頃起工　ウルビーノ（イタリア）

380

380. レジナルド・エリー　ケンブリッジ大学キングス・カレッジ礼拝堂　1446-1515年　ケンブリッジ（イギリス）

この聳え立つような礼拝堂は、中世後期建築の偉大なモニュメントのひとつである。オックスフォード大学やケンブリッジ大学のカレッジは、伝統的に礼拝堂を中心に構成されているが、キングス・カレッジ礼拝堂は王室の庇護によって例外的に大規模で豪華である。ヘンリー6世（1421-1471）によって創建され、ヘンリー8世（1491-1547）の治世に完成した。礼拝堂のプランは極めて簡潔な長方形である。その結果得られた空間の一体感——説教を聴くのに音響的にも適している——は、身廊の中程を横切る聖歌隊席の大きな木製の仕切りとオルガンが加えられていても明らかである。この仕切りは、しばしば敵対していた学生と町の住人の信者たちを分ける役割を果たした。この礼拝堂は様式上、壁面に顕著な垂直性に明らかなように、イギリス・ゴシック末期のいわゆる「垂直式」の一例である。美しい——構造的役割は限られている——ファン・ヴォールトは、ジョン・ウェイステル（1485-1515頃）が設計した。キングス・カレッジ礼拝堂は、最小限の壁が大きな面積を占めるステンドグラスの枠となっている点で、パリのサント・シャペル（no. 330）と比べられる。

381

382

381. アリストテレ・フィオラヴァンティ　ウスペンスキー大聖堂*　1475-1479年　モスクワ（ロシア）

382. レオン・バッティスタ・アルベルティ　パラッツォ・ルチェッライ　1446-1451年　フィレンツェ（イタリア）

383

383. ミケランジェロ・ブオナローティ　コンセルヴァトーリ宮殿　1450-1568年　ローマ（イタリア）

384

384. フィリッポ・ブルネッレスキ　ピッティ宮殿*　1458年起工（**バルトロメオ・アンマナーティ**　中庭）　フィレンツェ（イタリア）

385

385. ルーアン裁判所　15世紀末-16世紀初頭　ルーアン（フランス）

386

387

386. ベルナルド・ロッセリーノ ピエンツァ大聖堂* 1459-1462年 ピエンツァ（イタリア）

387. レオン・バッティスタ・アルベルティ サンタンドレア聖堂 1462-1494年 マントヴァ（イタリア）

388

388. レオン・バッティスタ・アルベルティ サンタ・マリア・ノヴェッラ聖堂ファサード上部* 1456-1470年（身廊は1246-1360年頃） フィレンツェ（イタリア）

アルベルティ（1404-1472）は単なる建築家ではなく、多くの主題について文章を残した真の「ルネサンス人」であった。人文主義者、古典研究家として知られるアルベルティは、ウィトルウィルス（前80/70-前23頃）に倣って「建築十書」という建築論を著している。彼の経歴は、建築家の身分が今や職人から知識人へと移り始めたことを例証する。この古いバリシカ建築の外装を改築して、新しいルネサンス様式による聖堂の最初のファサードを創った。アルベルティによる古典的な外観は、ローマ時代のモニュメントについての彼の綿密な研究に基づいている。例えば、上部では、円柱が構造とは関係のない付柱となり、全体的な効果は平面的で、多彩式の装飾となっているものの、ローマ神殿の正面が暗示されている。デザインは基本的な幾何学形、特に正方形と円の組合せから作られている。大きな渦巻き模様の装飾が、側廊の上の斜めの屋根を隠すのに役立っている。この解決法は、後のルネサンスの建築家たちによって繰り返し模倣された。白と緑色の大理石による躍動感ある模様は、この地方のロマネスクの伝統に由来する。事実、このファサードには、4世紀程遡るフィレンツェのサン・ミニアート・アル・モンテ聖堂（no. 276）のファサードとの共通点が多い。

389

389. ジュリアーノ・ダ・サンガッロ　メディチ邸　1485年起工　ポッジョ・ア・カイアーノ（イタリア）

390

391

390. ピエトロ・ロンバルド　サンタ・マリア・デイ・ミラーコリ聖堂　1481-1489年　ヴェネツィア（イタリア）

391. アントニオ・ガンベッロ&マウロ・コドゥッチ　サン・ザッカリア聖堂　1444-1515年　ヴェネツィア（イタリア）

392

392. ノール邸　1456-1486年　セヴンオークス（イギリス）

393

393. ドナート・ブラマンテ　サンタ・マリア・デッレ・グラツィエ聖堂*　1492年　ミラノ（イタリア）

394

394. 聖母マリア誕生聖堂*　1364年　マラムレシュ県イェウッド（ルーマニア）

395

396

395. **ベネデット・ダ・マイアーノ＆シモーネ・デル・ポッライオーロなど**
ストロッツィ宮殿　1489-1538年　フィレンツェ（イタリア）

396. **レジナルド・ブレイ**　ウェストミンスター寺院ヘンリー7世聖母礼拝堂
1503-1509年　ロンドン（イギリス）

397

397. サン＝マクルー聖堂　1437-1517年　ルーアン（フランス）

398

399

398. 聖アンナ聖堂*　1495-1500年　ヴィリニュス（リトアニア）

399. ドナート・ブラマンテ　サン・ピエトロ・イン・モントリオ聖堂テンピエット　1502年　ローマ（イタリア）

400

400. フアン・ヒル・デ・オンタニョーン＆ロドリゴ・ヒル・デ・オンタニョーンなど
サラマンカ新大聖堂*　1513-1733年　サラマンカ（スペイン）

PRINCIPIS APOST PAVLVS V BVRGHESIVS ROMANVS
PONT VII

401

402

402. コラ・ダ・カプラローラ＆アントニオ・ダ・サンガッロ・イル・ジョヴァネなど サンタ・マリア・デッラ・コンソラツィオーネ聖堂
1508-1607年　トーディ（イタリア）

401. ドナート・ブラマンテ＆ラファエロ・サンティ＆アントニオ・ダ・サンガッロ・イル・ジョヴァネ＆ミケランジェロ・ブオナローティ＆カルロ・マデルノ＆ジャン・ロレンツォ・ベルニーニなど サン・ピエトロ大聖堂
1506-1626年（前面広場のコロネード　1656-1667年）（ヴァチカン市国）

ローマ・カトリック教会の本拠地であるヴァチカン市国は、ローマ市内にある独立国である。そのサン・ピエトロ大聖堂は、コンスタンティヌス帝（272-337）によって聖ペテロの埋葬地に築かれた同名の聖堂の跡に建てられている。1939年には、聖ペテロの墓とされる地下遺構が発見された。1506年に起工、1626年に献堂された現在の建物は、幾度にもわたる建設工事によって生み出された。1505年にブラマンテ（1444-1514）が提案した最初の計画は、巨大なドームが覆うギリシア十字形の集中式プランであった。やや観念的なこの計画は、後にラファエロ（1483-1520）とサンガッロ（1484-1546）によって変更され、身廊が加えられてバリシカ式プランとなった。72歳で主任建築家となったミケランジェロ（1475-1564）は、その晩年をサン・ピエトロ大聖堂の建設に捧げた。ブラマンテのプランに立ち返ったミケランジェロによる交差部、ドーム、西端部の力強い彫刻的なデザインは、大部分がその案に従って完成された。その後、マデルノ（1556-1629）は再び多くの信者を収容するための身廊を加えたプランを採用した。この身廊は広大で荘厳な内部空間の忘れ難い印象を与えるが、人々が聖堂に向かう時にドームを視界から隠してしまうという欠点もある。主要部分は1615年までに建設されたが、最後のふたつの増築、主祭壇を覆う装飾的なブロンズの大天蓋（no. 454）と大聖堂前面の楕円広場（no. 462）が、ベルニーニ（1598-1680）によって手掛けられた。

403

404

405

◀**403. フランシスコ・デ・アルーダ**　ベレンの塔*　1515-1521年　リスボン（ポルトガル）

404. フィリベール・ド・ローム＆ジャン・ビュランなど　シュノンソー城*　1515-1521年　シュノンソー（フランス）

405. コリン・ビャール＆ジャック・スルドー＆ドメニコ・ダ・コルトーナなど　ブロワ城*　1498年以降　ブロワ（フランス）
※写真はフランソワ1世の螺旋階段

406

407

406. ラファエロ・サンティ＆アントニオ・ダ・サンガッロ・イル・ジョヴァネ など　マダマ荘　1518-1525年　ローマ（イタリア）

407. ミケランジェロ・ブオナローティなど　ラウレンツィアーナ図書館*
1525年起工　フィレンツェ（イタリア）

408. ミケランジェロ・ブオナローティ　サン・ロレンツォ聖堂新聖器室*
1520年起工　フィレンツェ（イタリア）

この驚くべき礼拝堂は、フィレンツェのメディチ家の中でも傑出した人物の墓所として、ブルネッレスキ（1377-1446）が建てたサン・ロレンツォ聖堂の南翼廊に加えられた。全体のデザインは、聖堂の北翼廊の端にブルネッレスキが造った旧聖器室（1421年起工）を補完するものである。しかし、旧聖器室の明解さと簡潔な幾何学的形態に倣うことなく、ミケランジェロは比率を変え、古典主義の標準的な造形言語を操作して、力強く、感情に訴える効果を得た。伝統的な要素の意図的な歪曲という点で、この礼拝堂はマニエリスム様式の萌芽期の典型となっている。その傾向を示す数多くの特異で非機能的な特徴がある。たとえば、開かない窓が狭い壁面に設けられ、彫刻を置くには余りにも浅い壁龕が付柱の間を一杯に占め、その上の櫛形ペディメントのモールディングは完結していない。自身を彫刻家であると考えていたミケランジェロは、壁面を特徴のない平面ではなく、複層的な凹凸によって構成し得る動的な素地であると見なした。また、ミケランジェロによって創られたロレンツォ・ディ・ピエロ・デ・メディチ（1492-1519）とジュリアーノ・デ・メディチ（1479-1516）のそれぞれの墓は、石棺の蓋の上に設置された2体の擬人像で知られている。

408

409

409. ヤーコポ・サンソヴィーノ＆ヴィンチェンツォ・スカモッツィ　国立マルチャーナ図書館*　1537年起工　ヴェネツィア（イタリア）

410. ドメニコ・ダ・コルトーナ　シャンボール城*　1519-1547年　シャンボール（フランス）

410

411

411. ジュリオ・ロマーノ　パラッツォ・デル・テ　1524-1534年　マントヴァ（イタリア）

412

412. フアン・ヒル・デ・オンタニョーン&ロドリゴ・ヒル・デ・オンタニョーンなど　セゴビア大聖堂*　1525-1577年　セゴビア（スペイン）

413

413. アルノルト・ファン・ムルケン　リエージュ司教君主宮殿　1526年着工　リエージュ（ベルギー）

414

414. バルトロメオ・ベレッチ　ヴァヴェル城ジグムント礼拝堂*　1519-1533年　クラクフ（ポーランド）

415

415. バルダッサーレ・ペルッツィ パラッツォ・マッシモ・アッレ・コロンネ 1532-1536年 ローマ（イタリア）

416

416. ヤーコポ・サンソヴィーノ パラッツォ・コルネル・デッラ・カ・グランデ 1537-1561年 ヴェネツィア（イタリア）

417

417. フォンテーヌブロー宮殿* 16世紀前半以降 フォンテーヌブロー（フランス）

418

418. アントニオ・ダ・サンガッロ・イル・ジョヴァネ＆ミケランジェロ・ブオナローティ＆ジャコモ・バロッツィ・ダ・ヴィニョーラ　パラッツォ・ファルネーゼ
1515-1589年　ローマ（イタリア）

419

419. ミケランジェロ・ブオナローティ　カンピドーリオ広場　1536-1546年　ローマ（イタリア）

420

420. コテーレ・ハウス　1485-1539年　コーンウォール州カルストック（イギリス）

421

421. ピエール・レスコ＆ジャック・ルメルシエ　ルーヴル宮殿方形中庭*　1546年起工　パリ（フランス）

422

422. フォークランド宮殿　1501-1542年　ファイフ州クーパー（イギリス）

423

424

425

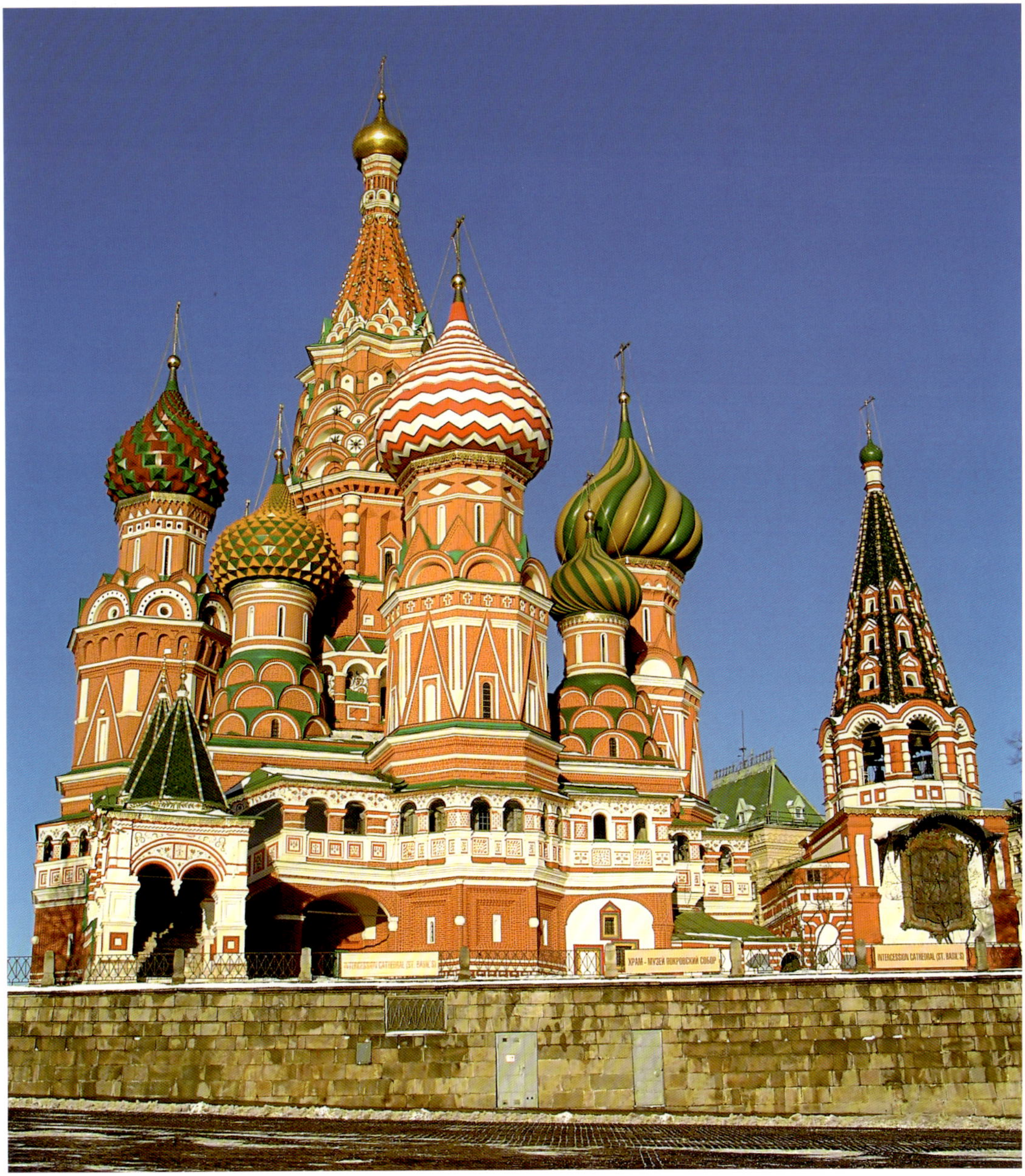

426

◀**423. アンドレア・パッラーディオ**　パラッツォ・デッラ・ラジョーネ（バシリカ・パッラディアーナ）*　1549-1614年　ヴィチェンツァ（イタリア）

◀**424. ヤーコポ・サンソヴィーノ**　ヴィッラ・ガルゾーニ　1540年頃起工　ヴェネト州カンディアーナ（イタリア）

◀**425. ジョン・ティン＆ロバート・スミスソンなど**　ロングリート・ハウス　1568-1580年頃　ウィルトシア州（イギリス）

426. ポスニク・ヤコヴレフ（＆イヴァン・ヤコヴレヴィチ・バルマ）　聖ヴァシーリー大聖堂（ポクロフスキー大聖堂）*　1555-1561年　モスクワ（ロシア）

428

◀**427. アンドレア・パッラーディオ**　ヴィッラ・キエリカーティ*　1550-1584年　ヴェネト州グルーモロ・デッレ・アッバデッセ（イタリア）

428. アンドレア・パッラーディオ　ヴィッラ・フォスカリ（ラ・マルコンテンタ）*　1558-1560年　ヴェネト州ミラ近郊（イタリア）

429

429. アンドレア・パッラーディオ＆ヴィンチェンツォ・スカモッツィ　ヴィッラ・アルメリコ・カプラ（ラ・ロトンダ）*　1566-1591年　ヴィチェンツァ（イタリア）

パッラーディオの別荘の中でもっとも有名な、丘の上のこの建物は、ヴァチカンを引退した聖職者パオロ・アルメリコのために建てられた。パッラーディオは、建物の4つのすべてのファサードに——彼によれば、それぞれの方向でより広々とした眺望を得るために——ペディメントのある神殿風のファサードを採用した。古典古代において、実際このような柱廊玄関はおよそ神殿に限って用いられていたが、パッラーディオは、それらがキケロやプリニウスが記述しているローマの別荘の一部を構成していると誤って信じていた。これらのファサードは東西南北から45度回っていて、それぞれに陽が当たるようになっている。ヴィッラ・アルメリコ・カプラのプランは正方形で、部屋は左右対称に配置され、中央広間の上に高いドームがある。この別荘はパッラーディオの没後、弟子のヴィンチェンツォ・スカモッツィ（1548-1616）によって完成されたが、その際、ドームは元の計画より小さくなった。パッラーディオの他の建物の多くと同様に、その建設は豪奢なものではなく、主として煉瓦と漆喰によるが、それよりも彼の比率の厳密さこそが重要である。この別荘は、続く数世紀にわたって無数の建築家たちに影響を与えたが、彼らのほとんどは、パッラーディオの『建築四書』（1570年）の木版画挿図によって知ったのであろう。一般公開されているが、現在も個人の所有である。

430

430. アンドレア・パッラーディオ　ヴィッラ・バルバロ（ヴィッラ・ディ・マゼール）*　1560年頃起工　マゼール（イタリア）

431

431. ジャコモ・バロッツィ・ダ・ヴィニョーラ　ヴィッラ・ファルネーゼ　1559年起工　カプラローラ（イタリア）

432

432. ハイデルベルク城　17世紀前半以前　ハイデルベルク（ドイツ）

433

433. フアン・バウティスタ・デ・トレド＆フアン・デ・エレラなど　エル・エスコリアル（王立エル・エスコリアル聖ロレンソ修道院）*
1563-1584年　マドリッド（スペイン）

434

434. アンドレア・パッラーディオ＆ヴィンチェンツォ・スカモッツィ　サン・ジョルジョ・マッジョーレ聖堂　1566-1610年　ヴェネツィア（イタリア）

435

436

435. ミケランジェロ・ブオナローティ　ポルタ・ピア　1561-1565年
ローマ（イタリア）

436. ジョルジョ・ヴァザーリ＆ベルナルド・ブオンタレンティ
ウフィツィ宮殿*　1560-1580年　フィレンツェ（イタリア）

437

438

437. アンドレア・パッラーディオ　サンティッシモ・レデントーレ聖堂（イル・レデントーレ）　1577-1592年　ヴェネツィア（イタリア）

438. ジャコモ・バロッツィ・ダ・ヴィニョーラ&ジャコモ・デッラ・ポルタ　ジェズ聖堂　1568-1580年　ローマ（イタリア）

439

439. コルネリス・フロリス・デ・フリーント　アントヴェルペン市庁舎*　1561-1565年　アントヴェルペン（ベルギー）

440

440. カービー・ホール　1570年起工　ノーサンプトンシア州グレットン近郊（イギリス）

441

441. リトミシュル城*　1568-1581年　リトミシュル（チェコ）

442

442. アンドレア・パッラーディオ＆ヴィンチェンツォ・スカモッツィ　テアトロ・オリンピコ*　1580-1585年
ヴィチェンツァ（イタリア）

443

443. ロバート・スミスソン　ハードウィック・ホール　1590-1597年　ダービーシア州（イギリス）

444

445

444. ジャコモ・デッラ・ポルタ　ヴィッラ・アルドブランディーニ　1598-1602年　フラスカーティ（イタリア）

445. ロバート・スミスソン　ウォラトン・ホール　1580-1588年　ノッティンガム（イギリス）

446

446. ウィリアム・アーノルド　モンタキュート館　1598年頃　モンタキュート（イギリス）

▶447. コジモ・ファンツァーゴ　サン・マルティーノ修道院（現サン・マルティーノ国立博物館）　1623年　ナポリ（イタリア）

448

448. 王の広場（ヴォージュ広場） 1605-1612年 パリ（フランス）

449

449. カルロ・マデルノ サンタ・スザンナ聖堂
1597-1603年 ローマ（イタリア）

450

450. ジョヴァンニ・バッティスタ・トレヴァーノ
聖ペテロ・パウロ聖堂 クラクフ（ポーランド）

451

451. イニゴー・ジョーンズ　クイーンズ・ハウス*　1616年起工　ロンドン（イギリス）

イタリア・ルネサンスの建築上の革新がイギリスに到達するには、およそ2世紀を要した。イングランド王ジェームズ1世の王妃アン・オヴ・デンマーク（1574-1619）のために着工された、簡素ではあるが気品のあるこの王室の別荘は、いまだ中世的な方法で木材とレンガの建物が建てられていたロンドンでは、珍しい異国のものに見えたであろう。ジョーンズは王室主催の仮面劇のために舞台と衣装をデザインする廷臣でもあったが、1598年から1603年に留学したイタリアでアンドレア・パッラーディオ（1508-1580）の建築に感銘を受け、その後1613年から翌年にかけてアランデル伯爵トマス・ハワード（1585-1646）に同行してイタリアを再訪している。ジョーンズが持っていたパッラーディオの『建築四書』には、イタリア滞在中のメモが残されているが、それは建築についての彼の初期の考え方を明らかにしている。ジョーンズの最初の設計のひとつ、クイーンズ・ハウスはもともと、グリニッジにあって現在は失われてしまったチューダー朝の大規模なプラセンティア宮殿の付属施設であった。クイーンズ・ハウスは、イギリスにおける最初の古典建築と言えるかもしれない。その外観は、典型的なパッラーディオ風の抑制を示し、軽いルスティカ風の石積みによる基部の上に立つファサードは、規則的で柱が無く、その中央部分が建物本体から僅かながら突出している。後にクリストファー・レン（1632-1723）の王立海軍病院（no. 483）に組み込まれたこの建物は、現在国立海事博物館の一部となっている。

452

453

452. 聖カルロス・ボロメウス聖堂　1615-1621年　アントヴェルペン（ベルギー）

453. イニゴー・ジョーンズ&ジョン・ウェッブ　ホワイト・ホール宮殿バンケティング・ハウス　1619-1622年　ロンドン（イギリス）

◀**454. ジャン・ロレンツォ・ベルニーニ**　サン・ピエトロ大聖堂バルダッキーノ（祭壇天蓋）*　1624-1633年（ヴァチカン市国）

455. ジャン・ロレンツォ・ベルニーニ＆フランチェスコ・ボッロミーニ　バルベリーニ宮殿　1627-1633年　ローマ（イタリア）

455

456. フランチェスコ・ボッロミーニ　サン・カルロ・アッレ・クワットロ・フォンターネ聖堂（サン・カルリーノ）　1638年起工　ローマ（イタリア）

都市空間の限定された立地に建てられたこの小さな聖堂は、外観も内部もとても彫刻的かつ装飾的である。1665年から1667年に造られたファサードの曲がりくねった曲線は、波立つように見え、イタリア・バロック建築に典型的な動きのドラマチックな感覚を創り出している。ボッロミーニはジャン・ロレンツォ・ベルニーニ（1598-1680）の弟子で、後にローマの建築における彼のライバルとなった。しかし、ベルニーニが社交的で社会的に成功したのに対して、ボッロミーニは気が短く、内向的で、鬱で、最期には自害した。この聖堂の一見アメーバーのようなプランは、実際、幾何学形の相互作用から導き出されたもので、ギリシア十字形の変形と見ることもできる。小さな楕円形ドームのコッファーに見られる八角形、六角形、十字形の複雑な組み合わせなど、内部には型にとらわれない数多くの特徴がある。フランスの彫刻家エティエンヌ・モーリス・ファルコネ（1716-1791）のように、後にバロックを批判した人々は、ボッロミーニの特異な建物を「無秩序な想像力」としか見なさなかった。しかし、この建物全体の効果は、視覚的に複雑で、おそらく正統的ではないとしても、あらゆる部分が付加的ではなく混然一体となった完璧な空間の統合を成し遂げている。

457. バルダッサーレ・ロンゲーナ　サンタ・マリア・デッラ・サルーテ聖堂*　1631-1681年　ヴェネツィア（イタリア）

456

457

458

458. ヤーコプ・ファン・カンペン＆ピーテル・ポスト　マウリッツ邸（マウリッツハイス美術館）
1636-1641年（1708-1718年に再建）　デン・ハーグ（オランダ）

459

459. イニゴー・ジョーンズ　コヴェント・ガーデン　1630-1635年
ロンドン（イギリス）

460

460. ベルテル・ランゲ＆ハンス・ファン・シュテーヴィンケル＆クリスチャン4世
ローゼンボー城　1606-1624年　コペンハーゲン（デンマーク）

461. **ジャン・ロレンツォ・ベルニーニ＆フランチェスコ・ボッロミーニ**　ナヴォーナ広場　1644年起工（**ジローラモ・ライナルディ＆フランチェスコ・ボッロミーニ＆カルロ・ライナルディ**　サンタニェーゼ・イン・アゴーネ聖堂　1652年起工）ローマ（イタリア）

462

462. ジャン・ロレンツォ・ベルニーニ　サン・ピエトロ広場*　1656-1667年（ヴァチカン市国）

463

464

463. **フランチェスコ・ボッロミーニ**　サンティーヴォ・デッラ・サピエンツァ聖堂　1642-1650年　ローマ（イタリア）

464. **フランソワ・マンサール＆ジャック・ルメルシエなど**　ヴァル＝ド＝グラース聖堂　1634-1667年　パリ（フランス）

465

466

465. **ピエトロ・ダ・コルトーナ**　サンタ・マリア・デッラ・パーチェ聖堂　1656-1667年　ローマ（イタリア）

466. **ジャン・ロレンツォ・ベルニーニ**　サンタンドレア・アル・クイリナーレ聖堂　1658-1661年　ローマ（イタリア）

468

468. ルイ・ル・ヴォー＆アンドレ・ル・ノートル＆ジュール・アルドゥアン＝マンサール　ヴェルサイユ宮殿*　1661年着工　ヴェルサイユ（フランス）

467

467. ルイ・ル・ヴォー&シャルル・ル・ブラン&アンドレ・ル・ノートル ヴォー＝ル＝ヴィコント城 1658-1661年 マンシー（フランス）

この広大な邸宅は、太陽王ルイ14世（1638-1715）の大蔵卿ニコラ・フーケ（1615-1680）のために建てられた。要塞化された邸宅というそれ以前のフランスの形式を引き継いで、ヴォー＝ル＝ヴィコント城は、急勾配のスレート屋根を備え、三方に濠が廻らされている。城のプランは左右対称かつ簡潔であり、あらゆる要素が緊密に統合されている。中央の区画は、伝統を破って半円形に突き出し、そこには楕円形ドームの下に楕円形の大広間がある。突出した両翼部は、典型的なフランス風である。建物の軸線は、橋を越えて、前庭と庭園にまで伸びている。装飾的なパルテール（さまざまな形の花壇を配した庭）、池、運河、噴水、砂利道が厳格な幾何学的秩序で展開する庭園は、当時のフランス式庭園の典型である。落成式にはモリエールの劇が上演されるなど、僅かな期間であったがヴォー＝ル＝ヴィコント城は芸術保護の中心であった。1661年の大祝宴の後、妬んだルイ14世はフーケを逮捕し、彼の財産を没収した。その後、ルイ14世はヴォー＝ル＝ヴィコント城を造営した3人の芸術家を、ヴェルサイユの狩猟の館を新たな宮殿に改築するためにそのまま雇った。

469

469. ルイ・ル・ヴォー　コレージュ・デ・キャトル・ナシオン（現フランス学士院）　1662-1688年　パリ（フランス）

▶472. ジャン・ロレンツォ・ベルニーニ　ヴァチカン宮殿スカラ・レジア*　1663-1666年　（ヴァチカン市国）

470

471

470. バルダッサーレ・ロンゲーナ＆ジャン・アントニオ・ガスパリ　カ・ペーザロ　1710年竣工　ヴェネツィア（イタリア）

471. アゴスティーノ・バレッリ　ニュンフェンブルク城　1664年頃起工　ミュンヘン（ドイツ）

472

474

475

◀473. クリストファー・レン　セント・ポール大聖堂　1677-1710年　ロンドン（イギリス）

イギリスのバロック時代のもっとも偉大な建築家レンの職業は、数学者、天文学者であり、その建築の知識はほぼすべて書物から得たものである。ルーヴル宮殿でのジャン・ロレンツォ・ベルニーニ（1598-1680）の仕事を調査するために短い旅行をしたことが、ヨーロッパ大陸の建物についての唯一の直接経験となった。ロンドンの中心にあるこの古典的な大聖堂は、前の中世の建物の大半を焼失した1666年9月のロンドン大火の後に建てられた。幾度かの再建が試みられた後で、廃墟となった中世建築を取り壊し、新たに建設することが決定されたのである。レンは次々と設計をし、その中には集中式プランもあったが、結局、それを変形した現在の建物のような形で建てられた。レンの創意による工学技術の中には、一見して明らかではないものもある。たとえば、ドームは、横推力を打ち消す隠された鎖によって部分的に支えられ、両側面のファサードにはフライング・バットレス——古典様式とは視覚的に調和し得ないゴシックの特徴のひとつ——を隠す上層階がある。西ファサードの対になった円柱は、レンが訪れたルーヴル宮殿の記憶によるものかもしれない。一方で、西側のふたつの塔には、フランチェスコ・ボッロミーニ（1599-1667）を想起させるバロック的な華やかさがある。内部は、レンが意図した通りおよそ簡素で装飾がなく、ヴィクトリア朝のモニュメントやモザイクによって幾分か覆い隠されているものの、巨大な区画の調和のとれたリズムを鑑賞することができる。

474. カミッロ＝グァリーノ・グァリーニ　サン・ロレンツォ聖堂　1666-1679年　トリノ（イタリア）

475. カミッロ＝グァリーノ・グァリーニ　カペラ・デッラ・サクラ・シンドーネ　1667-1694年　トリノ（イタリア）

476. ジュール・アルドゥアン＝マンサール　オテル・デ・ザンヴァリッドのサン＝ルイ聖堂*　1677-1708年　パリ（フランス）

476

477

478

477. ルイ・ル・ヴォー＆シャルル・ル・ブラン＆クロード・ペロー
ルーヴル宮殿東面*　1667-1670年　パリ（フランス）

478. ジャン＝バティスト・マテイ＆ヨハン・ヨゼフ・ヴィルク
大司教宮殿*　1694年　プラハ（チェコ）

479

479. クリストファー・レン　トリニティー・カレッジ・レン図書館　1676-1695年　ケンブリッジ（イギリス）

480

480. クリストファー・レン　ハンプトン・コート宮殿　1689-1702年に改築　ロンドン（イギリス）

481

481. カミッロ＝グァリーノ・グァリーニ　パラッツォ・カリニャーノ*　1679年起工　トリノ（イタリア）

482

482. ヨハン・ベルンハルト・フィッシャー・フォン・エアラッハ　シェーンブルン宮殿*　1696年起工　ウィーン（オーストリア）

483

483. クリストファー・レン＆ニコラス・ホークスムア　王立海軍病院（王立海軍大学）*　1696-1712年　ロンドン（イギリス）

484

484. ジョン・ヴァンブラ＆ニコラス・ホークスムア　カースル・ハワード　1699-1712年　ヨークシア州（イギリス）

485

485. ニコデムス・テシーン（父）&ニコデムス・テシーン（子）　ドロットニングホルム宮殿*　1662-1682年　ドロットニングホルム（スウェーデン）

486

486. ジュール・アルドゥアン＝マンサール　ヴァンドーム広場　1720年竣工　パリ（フランス）

487

487. ジョン・ヴァンブラ＆ニコラス・ホークスムア　ブレナム宮殿*
1705-1724年頃　オックスフォードシア州ウッドストック（イギリス）

ブレナム宮殿は、イギリスでもっとも大規模なカントリーハウスであり、スペイン継承戦争のブランハイムの戦い（1704年）で戦功を立てたマールバラ公爵ジョン・チャーチル（1650-1722）のために建てられた。この宮殿はホイッグ党員で劇作家でもあったヴァンブラと、ホークスムアとの共同設計によるものである。ヴァンブラはこの建物に彼にふさわしく劇場的な性格を与えている。王家の狩場ウッドストックに建てられたブレナム宮殿の規模と壮大さは、ヴェルサイユ宮殿に対する象徴的な挑戦が意図されている。両翼に囲まれたグレート・コートの奥にあるブレナム宮殿のエントランス・ファサードは、力強く動的で彫刻的な構成を示し、イギリスのバロック様式を代表するものである。宮殿は公爵の生前には完成しなかった。資産を引き継いだ公爵夫人サラ（1660-1744）は、彼女の趣味と相容れないヴァンブラの壮麗な手法を認めず、遂にはこの建築家を追い出し、その助手であったホークスムアが建設を続けた。ブレナム宮殿の装飾は、フランスに対するイギリスの勝利を表す図像が特徴となっている。後に、ウィンストン・チャーチル（1874-1965）の生誕地となり、現在でもマールバラ公爵家の領地である。

488

488. マテウス・ダニエル・ペッペルマン＆バルタザール・ペルモーザー
ツヴィンガー宮殿　1710-1728年　ドレスデン（ドイツ）

▶489. ヤーコプ・プランタウアー　メルク修道院
1702-1736年　メルク（オーストリア）

490

490. エンリコ・ツッカッリ　エッタール修道院　1744年以降再建　エッタール（ドイツ）

491

491. ヨハン・フリードリヒ・ネッテ＆ドナート・ジュゼッペ・フリソーニ　ルートヴィッヒスブルク宮殿
1704-1733年　ルートヴィッヒスブルク（ドイツ）

492

492. ヨハン・ベルンハルト・フィッシャー・フォン・エアラッハ＆ヨゼフ・エマニュエル・フィッシャー・フォン・エアラッハ　カールス聖堂（カール・ボロメオス聖堂）*　1716-1737年　ウィーン（オーストリア）

493

493. プレオブラジェーンスカヤ聖堂（顕栄聖堂）*　1714年　カレリア共和国キジ島（ロシア）

494

494. ニコラス・ホークスムア　キリスト聖堂　1714-1729年　ロンドン（イギリス）

495

495. ヨハン・バルタザール・ノイマン　レジデンツ（司教宮殿）*
1720-1745年　ヴュルツブルク（ドイツ）

ルイ14世（1638-1715）のヴェルサイユの壮麗な宮廷は、ドイツ語圏の多くの支配者にとって模範となった。後期バロック時代の宮殿の中でももっとも壮大で統一感のある宮殿のひとつが、城壁に囲まれたヴュルツブルク旧市街に建てられたレジデンツである。ヴュルツブルクはシェーンボルン家の強大な司教領主が支配していた。その宮廷建築家が、ドイツ・バロックの偉大な建築家ノイマンであった。彼の建物は、豊かな装飾と複雑な空間が特徴である。3つの主要な翼で構成されるレジデンツには、約400の部屋がある。中央区画の大きな丸い要素は、ヴォー＝ル＝ヴィコント城（no. 467）を想起させる。レジデンツはジャンバッティスタ・ティエポロ（1696-1770）とその息子が1750年から1753年に手掛けた数多くのフレスコ画でも知られている。接見の場として使われた階段の間のヴォールト天井には、四大陸が描かれているが、その面積は677平方メートルもあり、世界最大の天井画と言われている。広間もストゥッコで装飾され、その丸天井には、ヴュルツブルクの歴史に基づく場面がティエポロによって描かれている。レジデンツは第二次世界大戦で大きな被害を受け、修復作業は現在も続いている。

496

496. ヨハン・ルーカス・フォン・ヒルデブラント　ベルヴェデーレ宮殿上宮*　1720-1723年　ウィーン（オーストリア）

497

498

497. フィリッポ・ユヴァラ　スペルガ聖堂　1717-1731年　トリノ（イタリア）

498. ジェイムズ・ギブズ　セント・マーティン・イン・ザ・フィールド聖堂
1721-1726年　ロンドン（イギリス）

499

500

499. 聖ムィハイール黄金ドーム修道院　1997-1999年再建　キーウ（キエフ、ウクライナ）

500. ヤン・ブラジェイ・サンティーニ＝アイヘル
聖ヤン・ネポムツキー巡礼聖堂*　1719-1727年
ジュヂャール・ナド・サーザヴォウ（チェコ）

501

502

501. ペドロ・デ・リベラ　サン・フェルナンド孤児院表玄関　1722-1726年　マドリッド（スペイン）

502. ヨハン・フェルディナント・メーデルハンマー&メルヒオール・ヘーフェレ　エステルハージ宮殿　1720-1784年頃　フェルテード（ハンガリー）

503

503. カスパー・モースブルッガー　アインジーデルン修道院聖堂　1704-1718年　アインジーデルン（スイス）

504

505

504. フランチェスコ・デ・サンクティス　スペイン階段　1723-1725年　ローマ（イタリア）

505. ボン・ジェスズ・ド・モンテ聖堂前の階段
1722年起工　ブラガ（ポルトガル）

506

506. ヨハン・ベルンハルト・フィッシャー・フォン・エアラッハ＆ヨゼフ・エマニュエル・フィッシャー・フォン・エアラッハ
帝廷図書館（現国立図書館）プルンクザール*　1723-1726年　ウィーン（オーストリア）

507

507. フィリッポ・ユヴァラ　ストゥピニージ宮殿*　1729年起工　ストゥピニージ（イタリア）

508

509

508. ロザリオ・ガリアルディ　サン・ドメニコ聖堂*　1703-1727年
ノート（イタリア）

510

◀**509. リチャード・ボイル＆ウィリアム・ケント**　チズィック・ハウス　1726-1729年　ロンドン（イギリス）

小規模ではあるが細部まで行き届いたこの展示館は、イギリスのネオ・パッラーディオ様式誕生への最初の一歩を示すものである。イタリアへのグランド・ツアーによって刺激を受けた第3代バーリントン伯爵リチャード・ボイルは、チズィックにあった彼の別荘の西側に別棟を増築することで、建築に対する自身の貢献を実際に示すことにした。本館はすでに取り壊され、現在は独立しているこのドームを頂いた小さな建物は、古典的抑制と秩序への回帰を選んで、バロック様式のさまざまな試みを一切排除している。建物はアンドレア・パッラーディオ（1508-1580）のヴィッラ・アルメリコ・カプラ（ラ・ロトンダ、no. 429）を手本とし、細部はこのヴェネツィアの巨匠の弟子たちの作品を参考にしている。しかし、建物の小ささが、柱頭やモールディングの豊かな装飾彫刻と相まって、ミニチュア化された感覚を与える。バーリントン伯爵のこの建物は、居住のためのものではなく、寝室も厨房もない。むしろ、余暇、娯楽、芸術の展覧のための空間であり、音楽家ゲオルク・フリードリヒ・ヘンデル（1685-1759）、詩人アレクサンダー・ポープ（1688-1744）、風刺作家ジョナサン・スウィフト（1667-1745）らが訪れている。壁にベルベットが張られた内部は、予想外に豪奢で色鮮やかである。地階にはもともと、伯爵個人の図書室があった。ウィリアム・ケント（1685頃-1748）によって計画されたチズィックの庭園は、イギリスの造園における自然主義的な手法へ向かうもっとも早い傾向を示している。建物は一般公開されている。

510. ヨハン・フリードリヒ・ルートヴィヒ　マフラ国立宮殿　1717-1730年　マフラ（ポルトガル）

511

511. ロジャー・モリス　マーブル・ヒル・ハウス　1724-1729年　ロンドン（イギリス）

512

512. マシュー・ブレッティンガム＆ウィリアム・ケント　ホルカム・ホール　1734-1764年　ノーフォーク州（イギリス）

513

513. ニコラ・サルヴィ　トレヴィの泉　1732-1762年　ローマ（イタリア）

CLEMENS XII· PONT· MAX·
AQVAM VIRGINEM
COPIA ET SALVBRITATE COMMENDATAM
CVLTV MAGNIFICO ORNAVIT
ANNO DOMINI MDCCXXXV· PONTIF· VI·

514

514. ジェームズ・ギブズ　ラドクリフ・カメラ　1737-1749年　オックスフォード（イギリス）

515. コスマス・ダミアン・アザム＆エギト・クヴィリン・アザム　ザンクト・ヨハン・ネポムク聖堂（アザム聖堂）　1733-1746年　ミュンヘン（ドイツ）

516. ヨハン・バルタザール・ノイマン　フィーアツェーンハイリゲン聖堂（十四聖人聖堂）　1743-1772年　バート・シュタッフェルシュタイン（ドイツ）

515

516

517

517. ヘンリー・ホーア2世＆ヘンリー・フリットクロフトなど
スタウアヘッド庭園　1720年起工　ウィルトシア州（イギリス）

518. マテウス・ヴィンセンテ・デ・オリヴェイラ＆ジャン・バティスト・ロビヨン
ケルス国立宮殿　1747年起工　ケルス（ポルトガル）

518

520

◀**519. バルトロメオ・フランチェスコ・ラストレッリ**　スモーリヌィ修道院聖堂　1748-1764年　サンクト・ペテルブルク（ロシア）

520. ホレス・ウォルポールなど　ストロベリー・ヒル・ハウス　1749年起工　ロンドン（イギリス）

521

521. ハンス・ゲオルク・ヴェンツェスラウス・フォン・クノーベルスドルフ　サンスーシ宮殿*　1745-1747年　ポツダム（ドイツ）

522

522. ヨハン・ミヒャエル・ベール&ペーター・トゥンプ
ザンクト・ガレン修道院聖堂* 1755-1768年
ザンクト・ガレン（スイス）

523

523. バルトロメオ・フランチェスコ・ラストレッリ 聖アンドリーイ聖堂 1747-1754年 キーウ（キエフ、ウクライナ）

524

524. ルイス・デ・アレーバロ&F. マヌエル・バスケス
カルトゥハ修道院（カルトゥジオ会修道院）聖具室
1727-1764年 グラナダ（スペイン）

525

525. ノッサ・セニョーラ・ドス・レメディオス聖堂（救済の聖母聖堂） 1750-1760年 ラメーゴ（ポルトガル）

526

526. ルイージ・ヴァンヴィテッリ＆カルロ・ヴァンヴィテッリ　カゼルタ宮殿*　1752-1780年　カゼルタ（イタリア）

527

527. アンジュ＝ジャック・ガブリエル　コンコルド広場*　1755-1772年　パリ（フランス）

528

528. バルトロメオ・フランチェスコ・ラストレッリ　エカテリーナ宮殿*　1752-1756年　プーシキン（ロシア）

529

529. バルトロメオ・フランチェスコ・ラストレッリ　冬宮（エルミタージュ美術館）*
1754年起工　サンクト・ペテルブルク（ロシア）

530

530. ジョン・ウッド1世　ザ・サーカス*　1754-1768年
バース（イギリス）

▶531. ジャック＝ジェルマン・スフロ＆ジャン＝バティスト・ロンデレなど　パンテオン　1758-1790年　パリ（フランス）

531

532

532. ロバート・アダム　ケドルストン・ホール　1758-1767年
ダービーシア州（イギリス）

新古典主義における関心は、常に考古学による模範の探究にあった。若い建築家であったロバート・アダムは、ローマのみならずダルマティア（アドリア海沿岸地方）にも足を延ばし、スプリトのディオクレティアヌスの宮殿（no. 244）を調査し記録した。後に彼はこの壮大な遺跡の測量図を書籍として出版している。カーゾン家の屋敷ケドルストン・ホールを完成させることは、アダムにとって新しく得たローマ時代の建築と装飾についての知識を活かす機会となった。しかし、彼の目的は実際のローマ時代の建物をそのまま模倣して再建することにあったのではなく、選択したローマ時代のモチーフを用いて本物の古典的感覚を与えることにあった。彫像を支える4本のコリント式付柱を備えたケドルストン・ホール南ファサードの中央部分は、ローマのコンスタンティヌスの凱旋門（no. 243）を参考にしている。この構成は、屋階と遠くからしか見えない低いドームによって覆われている。ローマ時代の別荘のアトリウムを暗示する壮大な大理石のエントランス・ホールは、20本のアラバスターの円柱で飾られている。その奥にはパンテオン（no. 239）を想起させる、ドーム天井のガラスを嵌めたオクルス（頂上の開口部）から陽が差す大広間が続く。古典古代の模範を広く参考にしたことは、古代ローマの美徳の継承者であると自認していたアダムの依頼人を満足させた。

533

534

533. ロバート・アダム　サイオン・ハウス　1760-1769年改修
ミドルセックス（イギリス）

534. アンジュ＝ジャック・ガブリエル　小トリアノン宮殿　1762-1768年
ヴェルサイユ（フランス）

535

535. マリー＝ジョゼフ・ペール＆シャルル・ド・ウェーリー　オデオン座　1779-1782年　パリ（フランス）

536

536. ジョン・ウッド2世　ロイヤル・クレセント　1767-1774年　バース（イギリス）

537

537. ジャック・ドニ・アントワーヌ　造幣局　1771-1775年　パリ（フランス）

538

539

538. ヴィクトル・ルイ　大劇場　1773-1780年　ボルドー（フランス）

539. ジャック・ゴンドゥアン　外科学校（パリ第5大学医学部）
1771-1786年　パリ（フランス）

540

541

542

540. クロード・ニコラ・ルドゥー　王立製塩所*　1775-1779年　アル＝ケ＝スナン（フランス）
＊写真は所長宅と作業場

ルドゥーは、古典主義の造形言語を新しい表現の領域にもたらした先駆的な建築家であった。ここでは、製塩所という実用的な建築が、産業と社会の合理化を進める啓蒙主義の表明となっている。この製塩所の広大さは、王家の庇護を受けていたからである。塩の生産は国家が独占していた。このように商品としての高い価値が、この施設の外見が厳格で要塞のようである理由を説明する。半円形の敷地には、巨大なドーリス式の列柱廊を通って入るが、その列柱廊は実際の岩塩坑道のような印象を与えるほら穴のような広間を囲んでいる。作業場のファサードには、その中で行われている仕事を反映して、排水口から噴き出す水のモチーフが石に刻まれている。作業場と作業場の間には、正面に力強い列柱を備えた所長宅が立っている。大胆な新しいデザイン様式にも関わらず、ルドゥーは、パリをかつて囲んでいた徴税請負人の壁の市門で知られた王室建築家である。彼は1789年の革命後に投獄され、その後は理論書を書くことに多くの時間を費やしたが、そこでは製塩所を取り囲むショーの理想都市の計画が展開されている。

541. ジュゼッペ・ピエルマリーニ＆ピエトロ・マルリアーニ＆ピエトロ・ノゼッティなど　スカラ座　1776-1778年　ミラノ（イタリア）

542. アントニオ・リナルディ　オラニエンバウム離宮中国宮殿　1762-1768年　ロモノーソフ（ロシア）

543

543. ミゼリコルディア聖堂　1775年起工　ヴィゼウ（ポルトガル）

544

544. ウィリアム・チェンバーズ　サマセット・ハウス　1776-1796年　ロンドン（イギリス）

545

546

545. ジェームズ・ギャンドン　フォー・コーツ　1786-1802年
ダブリン（アイルランド）

546. クロード・ニコラ・ルドゥー　ラ・ヴィレットのロトンド　1785-1788年
パリ（フランス）

547

548

547. ジョン・ソーン＆ハーバート・ベイカー　イングランド銀行　1788年以降
ロンドン（イギリス）

548. ヨハン・ブレンデル　プファウエンインゼル（孔雀の島）の宮殿*
1795年　ベルリン（ドイツ）

550

◀**549. アンドレヤン・ザハロフ**　旧海軍省*　1806-1823年
サンクト・ペテルブルク（ロシア）

550. ジェームズ・ワイアット　キャッスル・クール　1789-1798年
北アイルランド・エニスキレン（イギリス）

551

552

551. ピエール・コンタン・ディヴリー＆ピエール＝アレクサンドル・ヴィニョンなど　マドレーヌ聖堂（マドレーヌ寺院）　1763-1842年　パリ（フランス）

552. ジャン＝フランソワ・トマ・ド・トモン　旧取引所　1805-1810年
サンクト・ペテルブルク（ロシア）

553

553. シャルル・ペルシエ＆ピエール・フランソワ・レオナール・フォンテーヌ
カルーセルの凱旋門　1807-1809年　パリ（フランス）

554. ジャン・シャルグランなど　凱旋門（エトワール凱旋門）　1806-1836年
パリ（フランス）

世界的に知られるパリのシンボル、凱旋門は、ローマの模範に忠実であることと驚くべき大きさから、新古典主義のもっとも典型的なモニュメントである。ローマ帝国の伝統の継承者であると自認していたナポレオン・ボナパルト（1769-1821）は、古代ローマを参照した芸術や建築を奨励した。アウステルリッツの戦いに勝利した翌年、当時パリの周縁であった所に偉大なモニュメント――ローマの凱旋門の形を巨大なスケールで再現するような建物――を建てることを決意した。高さ49.5メートルのパリの凱旋門の規模は、模範である比較的小さなローマのティトゥス凱旋門（no. 230）をはるかに凌ぐ。しかし、その建設は困難な仕事であることが判明した。基礎を築くだけで2年を要し、ワーテルローの戦いの後、工事は中断された。1836年にようやく完成した凱旋門は、後にジョルジュ＝ウジェーヌ・オスマン男爵（1809-1891）によって計画された新しい放射状の大通りの中心となった。今は、交通が渋滞するエトワール広場の中央に立っている。凱旋門の彫刻や浮彫りはフランスの戦勝を表現しているが、その高浮彫り群のなかでももっとも有名なものはフランソワ・リュード（1784-1855）の《1792年の義勇軍兵士の出発（ラ・マルセイエーズ）》（1833-1836年）である。第一次世界大戦後、無名戦士の墓がその基部に加えられた。

554

RUOFF
STUTTGART

555

555. ジョン・ソーン　ダリッジ・カレッジ美術館　1811-1814年　ロンドン（イギリス）

556

557

556. ジョン・ナッシュ　ロイヤル・パヴィリオン　1815-1822年
ブライトン（イギリス）

557. カール・フリードリッヒ・シンケル　ノイエ・ヴァッへ　1816-1818年
ベルリン（ドイツ）

558

558. ジョン・ナッシュ　リージェント・ストリート　1814-1825年　ロンドン（イギリス）

559

559. ラファエーレ・ステルン　ブラッチョ・ヌオーヴォ（キアラモンティ美術館新館）
1817-1822年　（ヴァチカン市国）

560

560. ジョン・ソーン　ジョン・ソーン邸
（現ジョン・ソーン博物館）　1808-1812年
ロンドン（イギリス）

561

561. アンティ・ピイメネン　ヴィフティ聖堂　1772-1929年　ヴィフティ（フィンランド）

562

562. カール・フリードリッヒ・シンケル　ベルリン王立劇場（シャウスピールハウス）　1819-1821年　ベルリン（ドイツ）

563

563. レオ・フォン・クレンツェ　ヴァルハラ神殿　1830-1842年　ドナウシュタウフ（ドイツ）

564

564. ロバート・スミルケ＆シドニー・スミルケなど　大英博物館　1823年起工　ロンドン（イギリス）

世界最大の博物館のひとつ、大英博物館は全長約3.2キロメートルの展示空間を備えている。ギリシア・リヴァイヴァルによるこの建物のやや厳格な特徴は、古典建築により厳密な考古学的正確さを与えようとする新古典主義者の情熱を反映している。最初に建てられたのは、キングズ・ライブラリーがあった東翼である。よく知られた1847年完成の南翼のエントランス・ファサードには、44本の巨大なイオニア式円柱が立ち、その柱頭はプリエネのアテーナー・ポリアス神殿の柱頭に基づいている。リチャード・ウェストマコット（1775-1856）によるペディメント彫刻は、文明の進歩を表す寓意構成となっている。この新古典主義建築の象徴は、19世紀前半にパルテノン神殿（no. 208）から運ばれた有名なエルギン・マーブルである。1846年、ロバート・スミルケの弟シドニー・スミルケ（1798-1877）が建設を引き継ぎ、有名な円形閲覧室を加えた。最後の増築は、ノーマン・フォスター（1935- ）によるグレート・コートである。これは、1997年に大英図書館の中心館としての機能がセント・パンクラスの新館に移された後に改築された中央広場に2000年にオープンした。その特徴は1656枚のガラス板と鉄骨による屋根である。

565

565. カール・フリードリッヒ・シンケル　アルテス・ムゼウム*　1823-1830年　ベルリン（ドイツ）

566

566. チャールズ・バリー＆オーガスタス・ウェルビー・ノースモア・ピュージン
ウェストミンスター宮殿(国会議事堂)*　1840-1860年再建　ロンドン(イギリス)

正式にはウェストミンスター宮殿というこの複合施設には、イギリス両議会がある。この建物は、1834年の大火で古い議事堂の大部分が破壊された後に建てられた。イギリスの議会制度が中世に生まれたことを表すとともに、中世のウェストミンスター・ホールとセント・ステファン礼拝堂の残存部分に加え、隣接するウェストミンスター寺院（no. 334）との調和を図って、15世紀の垂直式（イギリスのゴシック末期の様式）が採用された。古典主義の建築家であったバリーは、規則的な区画によるファサードを造ったが、ゴシック・リヴァイヴァルの先駆者であり信奉者であったピュージンは、それをあまりにも反復性が強いと考えた。「すべてがギリシア風で……チューダー朝の細部が古典的躯体に載っている」とピュージンは述べている。実際、全体の構成に計算された非対称を加えているのは、ほんの僅かな要素だけである。これらの中には、98.5メートルの——議会の文書を収める——ヴィクトリア塔と96.3メートルの——しばしば「ビッグ・ベン」（本来は時鐘を指す）と誤って呼ばれる——時計塔がある。ピュージンは、壁紙、タイル張りの床、彫像、ステンドグラス、玉座と天蓋を含む大型の調度品のために、中世のデザインを忠実に複製することに果てしない苦心をした。およそ1100室からなるウェストミンスター宮殿が完成したのは、主要部分が竣工してから10年後、1870年のことである。

567

568

570

569

567. ゴットフリート・ゼンパー　ゼンパー・オーパー（ザクセン州立歌劇場）1838-1841年（1869-1878年再建（**ゴットフリート・ゼンパー&マンフレート・ゼンパー**）1977-1985年復元）ドレスデン（ドイツ）

568. ミヒャエル・ゴットリープ・ビルクナー・ビーネスボル　トルヴァルセン美術館　1839-1848年　コペンハーゲン（デンマーク）

569. ハーヴィー・ロンズデール・エルムズ　セント・ジョージズ・ホール　1841-1854年　リヴァプール（イギリス）

570. オーガスタス・ウェルビー・ノースモア・ピュージン　セント・ジャイルズ・カトリック聖堂　1841-1846年　スタッフォードシア州チードル（イギリス）

▶**571. アンリ・ラブルースト**　サント＝ジュヌヴィエーヴ図書館　1843-1850年　パリ（フランス）

572

572. デシマス・バートン＆リチャード・ターナー　キュー・ガーデン（王立植物園）パーム・ハウス*　1844-1848年　ロンドン（イギリス）

573

574

573. ヴィルヘルム・ルートヴィヒ・フォン・エシュヴェーケ
ペーナ国立宮殿*　1842-1854年　シントラ（ポルトガル）

574. ウィリアム・バターフィールド　オール・セインツ・マーガレット・ストリート聖堂　1849-1859年　ロンドン（イギリス）

575

575. セイラ・ロシュ　リーアのセント・メアリーズ聖堂　1840-1842年
カーライル（イギリス）

576

576. カスバート・ブロドリック　リーズ市庁舎　1853-1858年
リーズ（イギリス）

577

577. レオ・フォン・クレンツェ　プロピュレーン門　1846-1862年　ミュンヘン（ドイツ）

579

◀**578.** **レオン・ヴォードワイエ&アンリ=ジャック・エスペランデュ**
マルセイユ大聖堂（サント=マリー=マジュール大聖堂）
1852-1896年　マルセイユ（フランス）

579. **ハインリッヒ・フォン・フェルシュテル**
ヴォティーフ聖堂　1856-1879年
ウィーン（オーストリア）

580

580. シャルル・ガルニエ　ガルニエ宮（オペラ座）　1862-1875年　パリ（フランス）

581

581. トーマス・ニューエンハム・ディーン＆ベンジャミン・ウッドワード
オックスフォード大学自然史博物館　1855-1860年　オックスフォード（イギリス）

オックスフォード大学自然史博物館は、ヘンリー・ウェントワース・アクランド（1815-1900）によって、散在する科学の施設をひとつの建物に整理統合するために創設された——現在、それらのほとんどはさらに新しい施設へと移っている。このネオ・ゴシック様式の建築は、ふたりのアイルランド人建築家トーマス・ニューエンハム・ディーンとベンジャミン・ウッドワードによって設計された。建物は自然史標本を陳列するための広い正方形の展示室を中心としている。そのガラスの天井は、展示室を3列に区切る鋳鉄の高い柱によって支えられている。この金属による非伝統的な建築方法にも関わらず、ゴシックの尖頭アーチを用いることで、中世のモチーフを引き継いでいる。主に植物を模倣した装飾的な要素は、すべて一般の寄付よって賄われ、今も未完成である。芸術批評家ジョン・ラスキン（1819-1900）の思想に従って、アイルランド人石彫家ジェームズとジョンのオシア兄弟とエドワード・ウェランが窓枠に自らのデザインを自由に施している。このことが、ある言い争いから、彼らが大学の教職員会のあるメンバーを風刺してオウムやフクロウに彫るという有名な事件を引き起こした。

582

583

582. アンリ・ラブルースト　フランス国立図書館閲覧室
1862-1868年　パリ（フランス）

583. ジュゼッペ・メンゴーニ　ヴィットーリオ・エマヌエーレ2世のガッレリア　1865-1877年　ミラノ（イタリア）

584

584. トーマス・バーグ＆トーマス・ニューエンハム・ディーン＆ベンジャミン・ウッドワード
トリニティ・カレッジ図書館ザ・ロング・ルーム　1860年　ダブリン（アイルランド）
＊建物は1712-1732年に建設

585

585. フィリップ・ウェッブ&ウィリアム・モリス　赤い家　1859-1860年
ロンドン（イギリス）

このアーツ・アンド・クラフツ運動萌芽期の建物は、モリス自身とその新婦のために設計されたが、夫妻はここに5年間しか住まなかった。また、赤い家は、芸術家やデザイナーや職人の新しい組合の集会所として、職人の伝統の復活に対するモリスの精神的献身を体現していた。急傾斜の瓦屋根と非対称のプランを持つこの建物は、さまざまな時代から折衷的に借用した多くの細部によって、全体として中世後期の建物を連想させる。モリスの長年の友人であったダンテ・ゲイブリエル・ロセッティ（1828-1882）は、「一軒の家というより一篇の詩である」と述べている。簡潔さと天然の素材を強調しているものの、内部はエドワード・バーン＝ジョーンズ（1833-1898）による壁紙とステンドグラスで豊かに装飾されている。1904年にはドイツ人建築家で研究者のヘルマン・ムテジウス（1861-1927）が、この建物を「内と外、全体として考えるべき最初の住宅であり、近代の住宅史の最初の例」であると記している。赤い家は2003年にナショナル・トラストが取得し、現在、一般公開されている。

586

586. アルフレッド・ウォーターハウス　自然史博物館　1873-1880年　ロンドン（イギリス）

587

587. ジョージ・ギルバート・スコット　セント・パンクラス駅とミッドランド・グランド・ホテル（セント・パンクラス・チェンバーズ）　1868-1877年　ロンドン（イギリス）

588

588. フリジェシュ・フェスル　ヴィガドー劇場　1859-1865年　ブダペシュト（ハンガリー）

589

589. フランシス・フォーク＆ヘンリー・Y. D. スコット＆ルーカス・ブラザーズ　ロイヤル・アルバート・ホール　1867-1870年　ロンドン（イギリス）

590. エドゥアルト・リーデル＆クリスチャン・ヤンク　ノイシュヴァンシュタイン城　1869-1892年頃　フュッセン近郊（ドイツ）

590

591

591. ウィリアム・バターフィールド　オックスフォード大学キーブル・カレッジ礼拝堂　1876年竣工　オックスフォード（イギリス）

592. フリードリヒ・フォン・シュミット　ウィーン市庁舎*　1872-1883年　ウィーン（オーストリア）

592

593

594

595

◀**593. アルフレッド・ウォーターハウス**　マンチェスター市庁舎
1868-1877年　マンチェスター（イギリス）

ヴィクトリア朝の産業の繁栄のシンボルであるマンチェスター市庁舎は、イギリスにおけるゴシック・リヴァイヴァルの傑作でもある。1853年にようやく「市」と認定されたマンチェスターは、産業革命によって得たその経済的地位を、新しい市庁舎を建設することによって示そうとした。後に自然史博物館（no. 586）を設計することになるウォーターハウスは、不規則な三角形の用地に建てられるこの市庁舎のための他の136件の設計案を破った。選ばれた建築様式は、当時流行していた13世紀の初期イギリス・ゴシック様式で、それはまた、マンチェスターの織物工業が起こった中世への敬意も表している。絵のような建物の輪郭を支配しているのは、正面玄関上の高さ85メートルの鐘楼である。外壁は砂岩の切り石積みで、市の重要な人物の彫像が据えられている。同様に、中央の大広間には、市の歴史的な場面を描いたフォード・マドックス・ブラウン（1821-1893）による12点の壁画がある。エントランス・ホールは、印象的なヴォールト天井で、床は「産業の巣箱」としてのマンチェスター市を象徴するミツバチを描いたモザイクになっている。また、マンチェスター市庁舎は温風暖房を備えた最初の建物のひとつである。この建物について、ノーマン・フォスターは、彼が建築の分野に進むことを早くに決意した決定的な要因と述べている。

594. ポール・アバディ　サクレ＝クール寺院　1875-1914年　パリ（フランス）

595. アレクサンドル・ポメランツェフ　アレクサンドル・ネフスキー大聖堂
1882-1912年　ソフィア（ブルガリア）

596. マルコ・トレヴェス＆マリアーノ・ファルチーニ＆ヴィンチェンツォ・ミケーリ　テンピオ・マッジョーレ・イスラエリティコ（フィレンツェ・大シナゴーグ）　1874-1882年　フィレンツェ（イタリア）

596

597

597. アントニ・ガウディ　サグラダ・ファミリア（聖家族贖罪聖堂）
1882年起工　バルセロナ（スペイン）

スペインでももっとも人気のある観光スポットであるこの壮大な聖堂は、着工後130年近く経過した現在もなお未完成である。カタルーニャの優れた革新的建築家ガウディは、熱心なカトリック教徒で40年以上もサグラダ・ファミリアに献身的に取り組んだ。晩年にはこの建築計画に対する一般からの支援が不足し、ガウディは資金を求めて戸別訪問することを余儀なくされたこともあった。ガウディは自分の計画全体が実現に近づく前に亡くなったが、その計画そのものも決定的な形に至ったとは考えられない。伝統的なネオ・ゴシック（ゴシック・リヴァイヴァル）様式で着工されたファサードと驚くほど高い塔は、次第に、歴史上例を見ないほどに湧き出るような有機的複雑さを示すようになった。東正面は、スペイン内戦（1936-1939年）以前に完成した唯一のファサードである。1936年にクリプトの火災でガウディの図面と模型の一部が失われた。さまざまな議論もあったが、1980年代に建設が再開された。現在ではコンピュータ・テクノロジーによって作業が加速され、2026年には完成する予定である。サグラダ・ファミリアは、完成時には新約聖書の人物を表す18の塔を備えることになる。この建設は教会からも政府からも資金を得ず、寄付と入場料だけに頼っている。

598

598. リチャード・ノーマン・ショウ　クラグサイド・ハウス　1863-1870年　ノーサンバーランド州ロスバリー近郊（イギリス）
＊水力発電で灯された最初の邸宅

599

599. イムレ・シュタインドル　ハンガリー国会議事堂　1885-1904年　ブダペシュト（ハンガリー）

600

600. ジュゼッペ・サッコーニ　ヴィットーリオ・エマヌエーレ2世記念堂（ヴィットリアーノ）　1895-1911年　ローマ（イタリア）

601. ホーレス・ジョーンズ　タワー・ブリッジ　1886-1894年　ロンドン（イギリス）

601

▶602. ギュスターヴ・エッフェル　エッフェル塔　1887-1889年　パリ（フランス）

世界でもっとも知られた建築のひとつ、エッフェル塔は、当初1889年の万国博覧会のための一時的な建物として建設された。300メートルの高さは、1930年にニューヨークのクライスラー・ビルディング（no. 886）が抜くまで世界記録であった。建築家というよりも技術者であったエッフェルは、橋梁や鉄道高架橋の設計で有名であった。エッフェル塔の構造計算と設計は、実際には、彼のふたりのアシスタントによる。強度があり、軽く、風に強い建物を建設するために、標準化された鋳鉄部材が用いられている。塔によって囲まれる空気の質量は、構造体そのものよりも重く、また、もしすべての鉄を溶かしたとしても、その正方形の敷地に15センチ程の高さにしかならないと言われている。エッフェル塔は4本の傾斜した巨大な支柱の上に立ち、それらには、ほとんど装飾的な意味しかないアーチが掛けられている。他の装飾的な要素は、長年の間に取り外された。エッフェル塔は長らく市民から好意的に受け入れられてきたが、その構想時には、フランスの芸術家、作家、知識人から、空に残る醜い産業の傷跡として罵倒された。現在では、年間500万人の観光客を集めている。

603

603. アンリ・ヴァン・デ・ヴェルデ　ブレーメンヴェルフ　1895年　ブリュッセル（ベルギー）

604

604. ヨゼフ・マリア・オルブリッヒ　ゼツェシオン館（分離派会館）*　1897-1898年　ウィーン（オーストリア）

605

606

605. エクトール・ギマール　カステル・ベランジェ　1895-1898年
パリ（フランス）

606. ヴィクトール・オルタ　タッセル邸*　1893-1894年
ブリュッセル（ベルギー）

607

608

607. ヴィクトール・オルタ　ヴァン・エトヴェルド邸*　1895-1898年
ブリュッセル（ベルギー）

608. ヴィクトール・オルタ　ソルヴェー邸*　1898-1900年
ブリュッセル（ベルギー）

609

610

609. ヘンドリク・ペトルス・ベルラーヘ　アムステルダム証券取引所旧館　1896-1903年　アムステルダム（オランダ）

610. チャールズ・レニー・マッキントッシュ　グラスゴー美術学校　1897-1909年　グラスゴー（イギリス）

611

611. ヴィクトール・オルタ　オルタ邸（オルタ美術館）*　1898年　ブリュッセル（ベルギー）

612

612. オットー・ヴァーグナー　カールスプラッツ駅*　1899年　ウィーン（オーストリア）

613

613. オットー・ヴァーグナー　マジョリカハウス　1898-1899年　ウィーン（オーストリア）

615

616

615. ジュゼッペ・ベルガ ルッジェーリ邸 1902-1907年
ペーザロ（イタリア）

616. アンリ・ソヴァージュ ルイ・マジョレール邸 1898-1902年
ナンシー（フランス）

617

◀614. アントニ・ガウディ グエル（グエイ）公園 1900-1914年
バルセロナ（スペイン）

617. マッケイ・ヒュー・ベイリー・スコット ブラックウェル
1898-1900年 ボウネス＝オン＝ウィンダミア（イギリス）

618

618. チャールズ・レニー・マッキントッシュ　ヒル・ハウス　1902-1904年　ヘレンズバラ（イギリス）

619

619. エリエル・サーリネン　エリエル・サーリネン邸　1903年　キルッコヌンミ（フィンランド）

620

621

620. オーギュスト・ペレ　フランクリン街のアパート　1902-1904年　パリ（フランス）

621. ジャイルズ・ギルバート・スコット　リヴァプール大聖堂　1904-1978年　リヴァプール（イギリス）

622

623

622. ラウル・メスニエル・デ・ポンサルド　サンタ・ジュスタのリフト（カルモのリフト）　1900-1902年　リスボン（ポルトガル）

623. フランツ・ジュルダン　ラ・サマリテーヌ　1903-1907年　パリ（フランス）

624

624. オットー・ヴァーグナー　シュタインホーフ聖堂（ザンクト・レオポルト聖堂）
1903-1907年　ウィーン（オーストリア）

625

625. アントニーン・バルシャーネク&オスヴァルト・ポリーフカ
市民会館　1905-1912年　プラハ（チェコ）

626

626. オットー・ヴァーグナー　郵便貯金局*　1904-1906年、1910-1912年
ウィーン（オーストリア）

ヴァーグナーは、ウィーン分離派として知られる前衛グループでグスタフ・クリムト（1862-1918）と共に指導的な役割を果たし、現代生活に適した新しい芸術表現様式を見出そうと試みた。厳密な秩序と直線によるこの巨大なオフィス・ビルは、ヴァーグナーによる古典主義の純粋な翻案の例である。ファサード下層部は厳格に幾何学的であるが、上層部はアルミニウムのボルトで壁面に留められた白大理石の飾り板で覆われ、それが建物に豪華さと軽快感を与えている。預金窓口のあるメイン・ホールは、駅舎か展示場を参考にしたようであるが、ガラス天井を支える軽やかな鉄骨構造が特徴的である。床面にもガラスのブロックが敷かれる一方、内壁に取り付けられた白い不透明なガラス・パネルも耐久性があり、うっかりした顧客がとっさに数字を書くこともできないと、ヴァーグナーはその使用を正当化している。この空間は建設当時、目覚ましいほどに現代的で、おそらく極端に工業的であるように見えたに違いない。建築におけるモダニズムの理論家たちは、ヴァーグナーがメイン・ホールに立つアルミニウムの換気筒といった機械設備をそのまま隠さずにしたことを称賛してきた。しかし、その細部に認められる優雅さと配慮によって、これらの機械設備も決して本質的にむき出しに工業的なものではないことが明らかである。

627

627. エクトール・ギマール　カステル・ドルジュヴァル
1904年　ヴィルモワソン＝シュル＝オルジュ（フランス）

▶**628. アントニ・ガウディ**　カサ・バトリョ　1904-1906年
バルセロナ（スペイン）

629

629. アントニ・ガウディ　カサ・ミラ　1905-1907年　バルセロナ（スペイン）

630

631

630. リュイス・ドメネク・イ・モンタネール　カタルーニャ音楽堂*
1905-1908年　バルセロナ（スペイン）

631. ベドジフ・オーマン&ベドジフ・ベンデルマイエル&アロイス・ドリアーク　ホテル・ツェントラル　1898-1900年　プラハ（チェコ）

632

632. ラグナル・エストベリ　ストックホルム市庁舎　1911-1923年　ストックホルム（スウェーデン）

633

633. ヨーゼフ・ホフマン　ストックレー邸*　1905-1911年　ブリュッセル（ベルギー）

634

634. ペーター・ベーレンス　AEGタービン工場　1909年　ベルリン（ドイツ）

635

635. エドヴァルト・ヴェルナー＆ヴァルター・グロピウス＆アドルフ・マイアー
ファグス靴工場　1911-1913年　アルフェルト（ドイツ）

後の工場建築のモデルとなったこの靴型工場は、近代建築を性格付けることになる多くの特徴を示している。それらには、伝統的な様式や装飾を避けること、陸屋根（水平な屋根）、シンプルな矩形、床から天井までのガラス壁、新しい工業製品の利用、さらに、技術上かつ美的感覚から機械を取り込むことである。グロピウスは当時、アメリカの工場建築に強い関心を持ち、また、ペーター・ベーレンス（1868-1940）から産業に適した近代様式という思想を引き継いでいた。同時に、工場に光と空気を取り入れるというグロピウスの明らかな意欲は、労働環境を改善するという社会主義的要求を反映している。伝統に反して、建物の角が意図的に解放され、鉄枠のついた板ガラスが覆うのみで、加重を支える機能の無い透明なカーテン・ウォールとしての壁の役割を強調している。第一次世界大戦後、バウハウスのデザイナーたちが、内装と装備品を担当した。近年の修復によって、内部構造は長く信じられてきたような鉄筋コンクリートによるものではないことが明らかにされた。工場のプランはヴェルナーの設計によるものであり、ファサードがグロピウスとマイアーのチームによるものである。

636

636. アドルフ・ロース　シュタイナー邸　1910年　ウィーン（オーストリア）

637

637. アドルフ・ロース　ロースハウス（ミヒャエル広場の建物）*　1910-1911年　ウィーン（オーストリア）

638

638. フェルディナン・シュヴァル　理想宮　1879-1912年　オートリーヴ（フランス）

639

639. グスタフ・ヴィックマン　キルナ聖堂　1909-1912年　キルナ（スウェーデン）

640

640. ヨハン・メルヒオール・ファン・デル・メイ　シープファールトハウス（海運協会ビルディング）　1916年竣工　アムステルダム（オランダ）

641

641. エクトール・ギマール　ギマール・シナゴーグ　1913-1914年　パリ（フランス）

642

642. ペデル・ヤンセン・クリント　グルントヴィ聖堂　1921-1940年　コペンハーゲン（デンマーク）

643

643. ヨゼフ・ホホル　ホデク集合住宅　1913年　プラハ（チェコ）

644

644. ローベルト・ファント・ホフ　ハイス・テル・ヘイデのヴィラ・ヘニー
1916年　ザイスト（オランダ）

645

645. ジャコモ・マッテ＝トルッコ　フィアット社リンゴット自動車工場（リンゴット）　1916-1923年　トリノ（イタリア）

646

646. マックス・ベルク　100周年記念ホール*　1911-1913年　ヴロツワフ（ポーランド）

647

647. エーリック・グンナール・アスプルンド　ストックホルム市立図書館　1921-1928年
ストックホルム（スウェーデン）

648

648. ミヘル・デ・クレルク＆ピエト・クラーマー　エイヘン・ハールト集合住宅　1912-1921年　アムステルダム（オランダ）

649

650

649. エーリッヒ・メンデルスゾーン　アインシュタイン塔　1919-1922年　ポツダム（ドイツ）

650. オーギュスト・ペレ　ノートルダム・デュ・ランシー聖堂
1922-1923年　ル・ランシー（フランス）

651

652

651. ウィレム・デュドック　ヒルヴェルスム市庁舎
1928-1931年　ヒルヴェルスム（オランダ）

652. ヘリット・リートフェルト　シュレーダー邸*　1924年　ユトレヒト（オランダ）

653

653. ヴァルター・グロピウス　バウハウス*　1925-1926年　デッサウ（ドイツ）

654

654. ヨハンネス・ブリンクマン＆レーンデルト・ファン・デル・フルフト　ファン・ネレ工場　1917-1929年　ロッテルダム（オランダ）

655

656

655. ルートヴィヒ・ミース・ファン・デル・ローエ
ヴァイセンホーフのジーデルング（集合住宅）　1927年
シュトゥットガルト（ドイツ）

656. コンスタンチン・ステパノヴィチ・メーリニコフ
メーリニコフ邸　1929年　モスクワ（ロシア）

657

657. コンスタンチン・ステパノヴィチ・メーリニコフ　ルサコーフ労働者クラブ　1927-1929年　モスクワ（ロシア）

658

658. イリヤ・アレクサンドロヴィチ・ゴーロソフ　ズーエフ労働者クラブ　1928年竣工　モスクワ（ロシア）

659

659. エドウィン・ラッチェンス　ソンムの戦いによる無名戦没者のチエプヴァル記念碑　1928-1932年　チエプヴァル（フランス）

660. ルドルフ・シュタイナー　第2ゲーテアヌム　1925-1928年　ドルナッハ（スイス）

660

661

661.ピエール・シャロー＆ベルナルト・バイフート　ダルザス邸（ガラスの家）　1928-1932年　パリ（フランス）

662. アルヴァ・アールト　ヴィープリ市立図書館（ヴィーボルク市立中央図書館）　1927-1935年　ヴィーボルク（ロシア）

662

663

663. ヨジェ・プレチニク　聖心聖堂　1921-1932年　プラハ（チェコ）

664

664. アルヴァ・アールト　パイミオのサナトリウム　1929-1933年　パイミオ（フィンランド）

665

665. ルートヴィヒ・ミース・ファン・デル・ローエ　ドイツ館（バルセロナ・パヴィリオン）　1929年（1986年復元）　バルセロナ（スペイン）

666

666. ル・コルビュジエ　サヴォワ邸　1928-1931年　ポワッシー（フランス）

パリ郊外のこの小さな別荘は、「住むための機械」というル・コルビュジエの近代住宅についての有名な考え方をおそらくもっともよく具現している。純然たる幾何学形を用い、伝統的な住宅の形式を一切避けたことは、20世紀の住環境を根本的に再考したことを示している。サヴォワ邸は、離れて見ると、草原に着陸した宇宙船のようにも見える。1階には——建物の骨格でもある——鉄骨のピロティを廻らし、2階がメイン・フロアになっている。3つの階のフロア・プランは、自由に仕切ることができる。中央には、1階のガラスが嵌められた玄関ホールから2階の主室とオープンデッキ、さらに、3階の屋上庭園へと導く緩やかなスロープが設けられている。水平連続窓が内部を光で満たし、暗い閉鎖的な住まいではなく、自然を観賞することも可能な開かれた構造としての住宅というコンセプトが強調されている。パリの実業家の週末の別荘として建てられたサヴォワ邸は、第二次世界大戦前に僅か2、3年しか住まわれることなく、戦後、フランス政府が補修して博物館として公開する前には、軍の出先機関や馬小屋としてさえ使われていた。

667

667. アイリーン・グレイ&ジャン・バドヴィッチ　E-1027　1924-1929年　ロクブリュヌ=カップ=マルタン（フランス）

668

668. アドルフ・ロース　モラー邸　1928年
ウィーン（オーストリア）

669

669. ルートヴィヒ・ミース・ファン・デル・ローエ
トゥーゲンハット邸　1930年　ブルノ（チェコ）

670

671

670. ヤコブス・ヨハンネス・ピーテル・アウト　キーフフーク集合住宅
1925-1929年（後に再建）　ロッテルダム（オランダ）

671. エイミアス・ダグラス・コネル　ハイ・アンド・オーヴァー　1929-1931年
バッキンガムシア州アマーシャム（イギリス）

672

672. ジュゼッペ・テラーニ　カーサ・デル・ファッショ　1932-1936年　コモ（イタリア）

673. アレクセイ・ヴィクトロヴィチ・シシューセフ　レーニン廟　1929-1930年　モスクワ（ロシア）

674

674. **パーヴィルス・ドレイマニス**　リガ中央市場*
1928-1930年（ツェッペリン飛行船格納庫を改築）　リガ（ラトヴィア）

675

675. **エーリッヒ・メンデルスゾーン＆サージ・チャマイエフ**
デ・ラ・ワー・パヴィリオン　1935年
イーストサセックス州ベックスヒル＝オン＝シー（イギリス）

676

676. **ウェルズ・コーツ**　イソコン・ビルディング　1933-1934年　ロンドン（イギリス）

677

677. **エーリック・グンナール・アスプルンド**　森の火葬場　1935-1940年
ストックホルム（スウェーデン）

678

678. **フリーツ・ペウツ（フレデリクス・ペトルス・ヨゼフス・ペウツ）**
グラスパレイス　1934-1935年　ヘールレン（オランダ）

679

679. **ル・コルビュジエ**　ツェントロソユーズ　1928-1935年
モスクワ（ロシア）

680

680. アルヴァ・アールト　ヴィラ・マイレア　1937-1939年　ノールマック（フィンランド）

681

681. アルベルト・シュペーア　ツェッペリン・フェルト演壇　1937年　ニュルンベルク（ドイツ）

682

682. **ヴィルギール・ビーアバウアー（ボルビロー・ヴィルギール）＆ラースロー・クラーリク（クラーリク・ラースローヴァル）**
ブダウルシ空港　1936-1937年　ブダペシュト（ハンガリー）

683

684

683. **アルネ・ヤコブセン＆エリク・メラー**　オーフス市庁舎
1937-1941年　オーフス（デンマーク）

684. **ヨジェ・プレチニク**　聖ミハエル聖堂　1937-1939年
リュブリャナ（スロヴェニア）

685

686

685. ル・コルビュジエ　ユニテ・ダビタシオン　1945-1952年
マルセイユ（フランス）

遠洋旅客船からヒントを得て、ル・コルビュジエは空に浮かぶ自足的な都市としての巨大な集合住宅を構想した。それ自体、彼が長い間練り上げてきた「輝く都市」の理論をようやく具現したものであった。周囲の緑の中を進む船のような巨大な建築には、337戸の住居（一部はホテルとなっている）、共用施設、店舗、郵便局が設けられ、屋上には競走路、体育館、保育園などがある。ル・コルビュジエが主たる建築材として打ち放しの鉄筋コンクリートを先駆的に用いたのは、実際には、戦後の鉄鋼の不足から余儀なくされた結果であったが、後に彼はこの素材の粗さと不規則さが、建物に顔の輪郭や皺のような特徴を与えたと述べている。ユニテ・ダビタシオンは、極めて影響力があり、続く数十年にわたってヨーロッパと北アメリカで――社会的な受け入れの程度はさまざまであったが――これに倣った集合住宅が数多く建てられた。また、その荒々しい美学は、上品な、あるいは表面的な建築美の慣習に対して、大胆な形と剥き出しの工業製品を擁護するいわゆるブルータリズムを生み出した。

686. ジョヴァンニ・グエッリーニ＆エルネスト・ラパドゥーラ＆マリオ・ロマーノ
イタリア文明宮殿（四角いコロッセオ）　1938-1943年　ローマ（イタリア）

687

687. ピーター・スミッソン＆アリソン・スミッソン　スミスドン高等学校　1949-1954年　ノーフォーク州ハンスタントン（イギリス）

688

688. ル・コルビュジエ　ノートルダム＝デュ＝オー礼拝堂　1950-1955年　ロンシャン（フランス）

689

689. アルヴァ・アールト　セイナッツァロ市庁舎　1950-1952年　セイナッツァロ（フィンランド）

690

690. アルヴァ・アールト　ヘルシンキ工科大学（現アールト科学技術大学）　1949-1966年　エスポー（フィンランド）

691

691. アルヴァ・アールト　アールトのアトリエ　1954-1956年　ヘルシンキ（フィンランド）

692

693

692. アルヴァ・アールト　文化の家　1955-1958年
ヘルシンキ（フィンランド）

693. ル・コルビュジエ　ジャウル邸　1951-1955年　ヌイイ＝シュル＝セーヌ（フランス）

694

694. マルセル・ブロイヤー＆ピエール・ルイージ・ネルヴィ＆ベルナール・ゼルフュス　ユネスコ本部　1953-1958年　パリ（フランス）

695

696

695. アルヴァ・アールト　ヴオクセンニスカ聖堂　1956-1958年
イマトラ（フィンランド）

696. ジオ・ポンティ＆ピエール・ルイージ・ネルヴィ
ピレリ・タワー　1956-1958年　ミラノ（イタリア）

697

697. ル・コルビュジエ　サント＝マリー・ド・ラ・トゥーレット修道院　1956-1960年　エヴー（フランス）

698

698. B. B. P. R.（ジャン・ルイージ・バンフィ＆ロドヴィーコ・バルビアーノ・ディ・ベルジョイオーゾ＆エンリコ・ペレスッティ＆エルネスト・ナーサン・ロジャース）　トーレ・ヴェラスカ　1956-1958年　ミラノ（イタリア）

699

699. ピエール・ルイージ・ネルヴィ&アンニバレ・ヴィテッロッツィ　パラッツェット・デッロ・スポルト
1958-1960年　ローマ（イタリア）

700

700. ハンス・シャロウン　ベルリン・フィルハーモニー　1960-1963年　ベルリン（ドイツ）

701

701. ピエール・ルイージ・ネルヴィ＆ジオ・ポンティ　トリノ労働会館　1959-1961年　トリノ（イタリア）

702

702. アンドレ・ワーテルケイン　アトミウム　1958年　ブリュッセル（ベルギー）

704

◀**703. スターリング・アンド・ゴーワン（ジェームズ・スターリング＆ジェームズ・ゴーワン）** レスター大学工学部棟
1959-1963年　レスター（イギリス）

704. アルド・ファン・アイク アムステルダム孤児院
1955-1960年　アムステルダム（オランダ）

705

705. ゴットフリート・ベーム ネヴィゲスの巡礼教会　1963-1973年　フェルバート（ドイツ）

706

706. アルヴァ・アールト　セイナヨキ市立図書館　1963-1965年　セイナヨキ（フィンランド）

707

707. ル・コルビュジエ　サン=ピエール聖堂　1963年設計（1970-2006年建設）　フィルミニ（フランス）

708

709

708. **ベンクト・ラーション**　ハパランダ聖堂　1967年
ハパランダ（スウェーデン）

709. **フレデリック・ギッバード**　リヴァプール・メトロポリタン大聖堂　1962-1967年　リヴァプール（イギリス）

710

711

710. **ラルフ・アースキン**　バイカー・ウォール　1973-1978年
ニューカースル・アポン・タイン（イギリス）

711. **ヘルマン・ヘルツベルハー**　セントラール・ベヘーア
1967-1972年　アペルドールン（オランダ）

12

712. リチャード・アンド・スー・ロジャース　ロジャース邸　1968-1969年　ロンドン（イギリス）

13

713. アルネ・ヤコブセン　セント・キャサリンズ・カレッジ　1964-1966年　オックスフォード（イギリス）

714

714. カルロ・スカルパ　ブリオン家墓廟　1969-1978年　アルティーヴォレ（イタリア）

715

715. マリオ・ボッタ　リヴァ・サン・ヴィターレの住宅　1972-1973年　リヴァ・サン・ヴィターレ（スイス）

716

717

716. ピアノ+ロジャース（レンゾ・ピアノ&リチャード・ロジャース）
ジョルジュ・ポンピドゥー・センター　1971-1977年　パリ（フランス）

717. ノーマン・フォスター　ウィリス・フェーバー・アンド・ダマス本社　1971-1975年　サフォーク州イプスウィッチ（イギリス）

718

718. ヨーン・ウッツォン　バウスヴェア聖堂　1974-1976年　グラッドサクセ（デンマーク）

719

720

719. ラファエル・モネオ　国立古代ローマ博物館　1980-1986年
メリダ（スペイン）

720. リカルド・ボフィール　ウォールデン7　1974-1975年
バルセロナ（スペイン）

721

721. ジェームズ・スターリング　シュトゥットガルト美術館新館　1977-1984年　シュトゥットガルト（ドイツ）

722

723

722. リチャード・ロジャース・パートナーシップ　ロイズ・オヴ・ロンドン　1978-1986年　ロンドン（イギリス）

723. マリオ・ボッタ　スタビオの邸宅　1981-1982年　スタビオ（スイス）

724

724. ノーマン・フォスター　セインズベリー視覚芸術センター　1974-1978年　ノリッチ（イギリス）

725

725. ガエ・アウレンティ　オルセー美術館（**ヴィクトール・ラルー**のオルセー駅（1898-1900年）を改築）　1980-1986年　パリ（フランス）

726

726. クリスチャン・ド・ポルザンパルク　音楽都市　1984-1990年　パリ（フランス）

727

727. ヨハン・オットー・フォン・スプレッケルセン＆ポール・アンドルー　グランダルシュ　1985-1989年　ピュトー（フランス）

728

729

728. ピエト・ブロム　キューブ・ハウス　1982-1984年　ロッテルダム（オランダ）

729. フリーデンスライヒ・フンデルトヴァッサー　フンデルトヴァッサー・ハウス　1983-1986年　ウィーン（オーストリア）

730

730. アルバーツ＆ファン・フート（アントン・アルバーツ＆マックス・ファン・フート）　NMBバンク（INGバンク）　1983-1987年　アムステルダム（オランダ）

731

731. ジャン・ヌーヴェル　アラブ世界研究所　1981-1987年　パリ（フランス）

732

732. レム・コールハース　国立ダンス・シアター　1984-1988年　デン・ハーグ（オランダ）

733

733. VSBAヴェンチューリ・スコット・ブラウン・アンド・アソシエイツ（ロバート・ヴェンチューリ＆デニス・スコット・ブラウン） ナショナル・ギャラリー・セインズベリー・ウィング　1988-1991年　ロンドン（イギリス）

734

734. グジョーン・サムーエルソン　ハトルグリームル聖堂　1945-1986年　レイキャヴィーク（アイスランド）

735

735. ギュンター・ドメニヒ　シュタインハウス　1980-2008年　シュタインドルフ（オーストリア）

736

736. ドミニク・ペロー　ESIEE（高等電子技術学校）　1984-1987年　マルヌ＝ラ＝ヴァレ（フランス）

737

738

737. **ジョン・ウートラム・アソシエーツ**
アイル・オヴ・ドッグズ・スチュアート・ストリート揚水場
1988年　ロンドン（イギリス）

738. **ピアーズ・ガフ**　ジャネット・ストリート＝ポーター邸
1988年　ロンドン（イギリス）

739

739. サンティアゴ・カラトラバ　TGVサン＝テグジュペリ駅
1989-1994年　リヨン（フランス）

740. ニコラス・グリムショウ＆パートナーズ　ウォータールー国際駅
1993年（2007年閉鎖）　ロンドン（イギリス）

740

741

742

741. イオ・ミン・ペイ　ルーヴル・ピラミッド　1983-1988年　パリ（フランス）

742. ドミニク・ペロー　フランス国立図書館　1989-1994年　パリ（フランス）

743

743. アルヴァ・アールト＆エリッサ・アールト　アールト劇場　1983-1988年　エッセン（ドイツ）

744

744. ラルフ・アースキン　ジ・アーク　1989-1992年
ロンドン（イギリス）

745

745. サンティアゴ・カラトラバ　カンポ・ヴォランティン歩道橋
1990-1997年　ビルバオ（スペイン）

746

747

746. マイケル・ホプキンズ・アンド・パートナーズ　グラインドボーン・オペラ・ハウス　1990-1994年　イーストサセックス州ルイス近郊（イギリス）

747. ダニエル・リベスキンド　ユダヤ博物館　1992-1999年　ベルリン（ドイツ）

748

748. ハンス・ホライン　ハース・ハウス　1990年　ウィーン（オーストリア）

749

749. マリオ・ボッタ　復活大聖堂　1992-1995年　エヴリー（フランス）

750

750. マリオ・ボッタ　サンタ・マリア・デリ・アンジェリ礼拝堂　1990-1996年　ティチーノ州モンテタマロ山頂（スイス）

752

◀**751. ノーマン・フォスター**　国会議事堂
1992-1999年改修　ベルリン（ドイツ）

752. ヴラド・ミルニッチ＆フランク・ゲーリー　ナショナル・ネーデルランデン・ビルディング（ダンシング・ハウス）　1994-1996年　プラハ（チェコ）

753

753. ヘルツォーク＆ド・ムーロン（ジャック・ヘルツォーク＆ピエール・ド・ムーロン） ゲッツ・コレクション 1991-1992年 ミュンヘン（ドイツ）

754

754. ザハ・ハディド ヴィトラ消防ステーション（現ヴィトラ・チェア・ミュージアム） 1993-1994年 ヴェイル・アム・ライン（ドイツ）

755

755. スタジオ・グランダ　タウヌス地方の住居（アクツィオーン・ポリフィレ）　1989-1992年　ヴィースバーデン（ドイツ）

756

756. ピーター・ズントー　ヴァルスの温泉施設　1993-1996年　ヴァルス（スイス）

757

757. サンティアゴ・カラトラバ　モンジュイック・コミュニケーションズ・タワー　1989-1992年　バルセロナ（スペイン）

758

758. テリー・ファレル＆パートナーズ　SIS（イギリス情報局秘密情報局）ビルディング（ヴォクスホール・クロス）　1994年竣工　ロンドン（イギリス）

759

760

759. オールソップ＆シュテルマー（ウィル・オールソップ＆ヤン・シュテルマー）
ブシュ＝デュ＝ローヌ県庁（ル・グラン・ブルー）　1994年竣工
マルセイユ（フランス）

760. ジャン・ヌーヴェル　カルティエ財団ビルディング　1991-1994年　パリ（フランス）

761

761. フォスター＋パートナーズ（ノーマン・フォスター） カレ・ダール図書館　1984-1992年　ニーム（フランス）

762

762. 安藤忠雄 ヴィトラ・セミナー・ハウス　1993年　ヴァイル・アム・ライン（ドイツ）

763

764

763. ヘルツォーク＆ド・ムーロン（ジャック・ヘルツォーク＆ピエール・ド・ムーロン）
セントラル・シグナル・ボックス（スイス連邦鉄道バーゼル駅の信号所）
1994-1998年　バーゼル（スイス）

764. ピーター・ズントー　ブレゲンツ美術館　1990-1997年　ブレゲンツ（オーストリア）

765

765. フランク・ゲーリー　グッゲンハイム美術館ビルバオ
1991-1997年　ビルバオ（スペイン）

▶766. ノーマン・フォスター　コメルツ銀行本社タワー　1991-1997年
フランクフルト（ドイツ）

COMMERZBANK

768

◀767. ノーマン・フォスター　新ロンドン市庁舎　1998-2002年　ロンドン（イギリス）

タワー・ブリッジ（no. 601）の近くに立つロンドンの新しい市庁舎——実際にはグレーター・ロンドン庁——は、環境への配慮に応える必要を表明した新しい大胆なランドマークをイギリスの首都に加えた。個別のファサードの無い、連続した丸みのあるガラスの表面だけが見えるこの建物の形は、表面積を減らしてエネルギー効率を高めるように設計されている。高さ45メートルのいびつな球体は南に傾き、直射日光に曝されるのを最小限にしている。環境に優しいグリーン・テクノロジーによって、この建物は従来のオフィス・ビルディングの4分の1のエネルギーしか消費しないと言われている。太陽電池パネルによってエネルギーが生み出され、天井の換気口は気象センサによって制御され、操作可能な窓で全部屋が自然に換気される。コンピュータと照明から出る熱は再利用される。全長500メートルの螺旋状の通路が建物内側の下から上までを結び、ニューヨークのグッゲンハイム美術館のスロープを想起させるが、この通路はフォスターによるベルリンの国会議事堂（no. 751）内部の同様の構造に、より密接に関連している。螺旋通路の下は、傍聴用のバルコニーを備えた多目的の会議室になっている。残念ながら、一般訪問者の内部への立ち入りは、セキュリティの観点から制限されている。

768. MVRDV　WoZoCo（100戸の高齢者集合住宅）　1994-1997年　アムステルダム（オランダ）

769. エンリック・ミラージェス　スコットランド議事堂　1999-2004年　エジンバラ（イギリス）

769

770

770. リチャード・ロジャース・パートナーシップ&ビューロー・ハッポルド　ミレニアム・ドーム（ミレニアム・エクスペリエンス）　1996-1999年
ロンドン（イギリス）

771

771. サンティアゴ・カラトラバ&フェリックス・キャンドラ　芸術科学都市
1996-2005年　バレンシア（スペイン）

▶772. ニコラス・グリムショウ&パートナーズ　エデン・プロジェクト
1998-2001年　コーンウォール（イギリス）

773

774

775

773. フューチャー・システムズ　ローズ・メディア・センター　1994-1999年　ロンドン（イギリス）

774. アルヴァロ・シザ・ヴィエイラ　リスボン国際博覧会ポルトガル館　1998年　リスボン（ポルトガル）

775. サンティアゴ・カラトラバ　オリエント駅　1993-1998年　リスボン（ポルトガル）

776

776. オールソップ＆シュテルマー（ウィル・オールソップ＆ヤン・シュテルマー）　ペッカム図書館　1999年竣工　ロンドン（イギリス）

777

777. ルンネ＆ロヴセット・アルキテクター（イーヴァル・ルンネ＆モッテン・ロヴセット）　ノルウェー石油博物館　1999年竣工
スタヴァンゲル（ノルウェー）

778

778. フリーデンスライヒ・フンデルトヴァッサー　ヴァルトシュピラーレ　2000年竣工　ダルムシュタット（ドイツ）

779

779. リチャード・マイヤー　ジュビリー聖堂（紀元2000年記念聖堂　ディオ・パードレ・ミゼリコルディオーゾ）
1996-2003年　ローマ（イタリア）

780

780. フォスター＋パートナーズ（ノーマン・フォスター）　グレート・グラス・ハウス（ウェールズ国立植物園大温室）
1995-2000年　カーマーザンシア州ラナートニー（イギリス）

781

781. マイケル・ウィルフォード&パートナーズ　イギリス大使館　1998-2000年　ベルリン（ドイツ）

782

782. ザハ・ハディド　ファエノ科学センター　2000-2005年　ヴォルフスブルク（ドイツ）

783

784

785

783. ヘルツォーク＆ド・ムーロン（ジャック・ヘルツォーク＆ピエール・ド・ムーロン） テート・モダン 1994-2000年（**ジャイルズ・ギルバート・スコット**のバンクサイド発電所（1947-1963年）を改築） ロンドン（イギリス）

スイスの建築事務所ヘルツォーク＆ド・ムーロンは、廃墟となっていた発電所を巨大な近代美術館に転用して、ロンドンに新たな文化スポットを創り出した。この機能の変更は外見にも明らかで、古い建物のレンガ積みの堅牢なファサードの上にガラス張りの屋階が増築されている。内部は、大きな面積を占めるガラスとコンクリート、簡素な白い壁、ニスの塗られていない木の床など、産業建築の雰囲気を留めている。かつて大型発電機が設置されていた床面積3400平方メートルのタービン・ホールでは、現代作家に依頼して巨大なインスタレーション作品が展示される。現在、新館の増築工事が進んでおり、2012年に開館する予定である。

784. ヘン・アルヒテクテン アウトシュタット 1998-2000年 ヴォルフスブルク（ドイツ） ＊写真はアウトトゥルム

785. ノーマン・フォスター スイス・リ本社ビルディング（30セント・メアリー・アクス） 1997-2004年 ロンドン（イギリス）

786

786. マイケル・ウィルフォード＆パートナーズ　ザ・ロウリー　1999年竣工　マンチェスター（イギリス）

787

787. ノーマン・フォスター　ミヨー高架橋　1993-2004年　ミヨー郊外（フランス）

788

788. マインラート・モルガー＆ヘンリッヒ・デゲロ＆クリスティアン・ケレツ　リヒテンシュタイン美術館　2000年竣工
ファドゥーツ（リヒテンシュタイン）

789

789. カルロス・フェラテール　ジェーシードゥコー　1998-2001年　マドリッド（スペイン）

790

790. メイヤー・エン・ファン・スホーテン（ロベルト・メイヤー&イェルーン・ファン・スホーテン） INGハウス（INGグループ本社） 1999-2002年 アムステルダム（オランダ）

791

791. ミハ・デ・ハース アルミニウムセントルム 2001年 ハウテン（オランダ）

792

793

792. MVRDV　サイロ＝ダム　1995-2003年　アムステルダム（オランダ）

793. スウェコ　エコノロジー・ハウス　2002年　マルメ（スウェーデン）

794

794. デイヴィッド・アジャイ　ダーティー・ハウス　2002年　ロンドン（イギリス）

795

795. ロブレヒト・エン・ダム（パウル・ロブレヒト＆ヒルデ・ダム） コンセルトヘボウ 1999-2002年 ブリュージュ（ベルギー）

796

796. ショティンスツィ・ザレスキー・アルヒテクツィ クジヴィ・ドメク（ねじれた家） 2003年 ソポト（ポーランド）

797

797. フューチャー・システムズ　セルフリッジズ　1999-2003年　バーミンガム（イギリス）

798

798. ピーター・クック＆コリン・フルニエ　クンストハウス・グラーツ　2001-2002年　グラーツ（オーストリア）

799

799. サンティアゴ・カラトラバ　テネリフェ・オペラ・ハウス　2003年竣工　テネリフェ島サンタ・クルス・デ・テネリフェ（スペイン）

800

800. セイラ・ウィグルズワース・アーキテクツ　ストック・オーチャード・ストリート9番地　2004年　ロンドン（イギリス）

801

801. アバロス・イ・エレーロス（イニャーキ・アバロス＆フアン・エレーロス）　ウセラ公共図書館
1995-2002年　マドリッド（スペイン）

802

802. ベルナール・チュミ　ヴァシュロン・コンスタンタン本社　2001-2005年　ジュネーヴ（スイス）

803

803. ニオ・アーキテクテン（モーリス・ニオ）　バス停留所（驚くべきクジラの顎）　1999-2003年　ホーフトドルプ（オランダ）

804

804. オドネル＋トゥオメイ・アーキテクツ（シーラ・オドネル＆ジョン・トゥオメイ）
コーク大学ルイス・グラックスマン・ギャラリー　2002-2004年　コーク（アイルランド）

805

805. ジョナサン・アダムズ（キャピタ・パーシー・トーマス）　ウェールズ・ミレニアム・センター
2002-2004年　カーディフ（イギリス）

806

806. MVRDV　ミラドール　2001-2005年　マドリッド（スペイン）

807

807. 安藤忠雄　ランゲン財団　2004年　ノイス（ドイツ）

808

808. レム・コールハース＆エレン・ファン・ローン＆OMA　カーサ・ダ・ムジカ　2005年　ポルト（ポルトガル）

809

809. UNスタジオ　メルセデス＝ベンツ博物館　2001-2006年　シュトゥットガルト（ドイツ）

810

810. ヘルツォーク＆ド・ムーロン（ジャック・ヘルツォーク＆ピエール・ド・ムーロン）　アリアンツ・アレナ
2002-2005年　ミュンヘン（ドイツ）

811

812

811. サンティアゴ・カラトラバ　ターニング・トルソ　2001-2006年
マルメ（スウェーデン）

812. テリー・ファレル＆パートナーズ　ザ・グリーン・ビルディング
2007年起工　マンチェスター（イギリス）

813

813. SGAアーキテクチャーなど
内装デザイン　地下1階：テレサ・サペイ
フロア階：ジョン・ポーソン
1階：ザハ・ハディド
2階：ノーマン・フォスター
3階：デイヴィッド・チッパーフィールド
4階：プラズマ・スタジオ
5階：ヴィクトリオ＆ルッキーノ
6階：マーク・ニューソン
7階：ロン・アラド
8階：カトリン・キンドレイ
9階：リチャード・グルックマン
10階：磯崎新
11階：マリスカル・イ・サラス（ハビエル・マリスカル＆フェルナンド・サラス）
12階：ジャン・ヌーヴェル
ホテル・シルケン・プエルタ・アメリカ　2005年竣工　マドリッド（スペイン）

814. 太陽のピラミッド*　後100年頃　テオティワカン（メキシコ）

アメリカ大陸

クリストファー・コロンブス（1451頃-1506）とスペインのコンキスタドール（南北アメリカで先住民を征圧した人々）が到達する前の古代アメリカ大陸の建築は、多様な文化について物語っている。それらの文化のひとつひとつが——アメリカ大陸以外の世界の出来事とは完全に独立して——特有の、しかし互いに関連している建物の伝統を進化させていた。巨大なピラミッドや宮殿や神殿など、コロンブスがアメリカ大陸を発見する前の諸文明の素晴らしい成果は、彼らが建築資材の輸送に車輪や動物を使わず、定規も秤も鉄器も用いていないことを考慮すると、さらに印象深い。彼らの建設技術は、石材加工の見事な精確さによってしばしば特徴づけられるが、実際にはきわめて初歩的なもので、本当のアーチを利用してもいない。コロンブス以前のアメリカ大陸の建築の発展段階と古代中東の成果とを比較することは興味深いが、およそ推論の域を出ないであろう。また、メソポタミアやエジプトの建築形式との興味をそそる並行関係——例えば、ピラミッドや神殿建築の伝統——を見出すことも難しくはない。

北アメリカの南部や中西部に見られる先史時代の印象的な遺跡と南西部の放棄された先住民族の驚くべき集合住宅（プエブロ）を例外として、コロンブス以前のアメリカ大陸におけるモニュメンタルな建築のほとんどは中央アメリカと南アメリカにある。そのもっとも優れた建設者は、アステカ人とその祖先、ユカタン半島のマヤ人、そして、遥か南のインカ人であった。さらに、ペルーのナスカの地上絵（前200-後800年頃）など、モニュメンタルな衝動が孤立して現れることもあった。ナスカの地上絵では、盆地を覆う赤褐色の岩を取り除くことで、幾何学形や動植物の姿の巨大な線画が描かれている。これらは、奇妙なことに、上空から見ることでしか読み取ることができない。

神々の都市を意味するテオティワカンは、メソアメリカ最大の都市であった。今日でも、その異彩を放つ遺跡は、メキシコシティの北東50キロの地点で見ることができる。古代ローマとおよそ同時代のテオティワカンには、かつて20万人もの人々が居住していた。そのピラミッドや神殿や宮殿は、驚異的な規模を誇る。例えば、太陽のピラミッド（後100年頃、no. 814）は、高さ71.2メートル、底辺のそれぞれが長さ約223.5メートルである。これより小さいが、より装飾的なケツァルコアトル（羽毛の蛇）の神殿（150-200年頃、no. 815）は、その名の通り、ケツァルコアトルと雨の神トラロックの頭部像366体によって飾られている。しかし、テオティワカンは、14世紀にアステカ人がこの地に到達する数百年以上も前に放棄されていた。

小規模ではあるが、テオティワカンと同様に印象的であるのは、ティカル（no. 817）やコパン（no. 819）などメキシコ南部、ホンジュラス、ベリーズ、グアテマラの熱帯雨林に紀元前4世紀以降に築かれたマヤ文明の遺跡である。王や神官の命令で建設されたマヤの神殿は、見る者に畏怖の念を抱かせることを意図していた。それは、石で覆われたとても急勾配の墳丘で、頂点に小さな神殿を頂いている。半円アーチを知らなかったため、マヤの建物の暗くて狭い内部空間は、通常三角形の断面となる単純な持送り積みによって屋根がかけられていた。これらの快適とは言えない石の部屋は、居住よりも貯蔵に用いられたと推測されている。神殿以外の大きな構築物は、長い土の基壇上に水平方向に伸びていることが多い。よく知られているのは、マヤの球戯場であるが、その球技は余暇のためのものではなく、生贄を決める宗教儀式のためのものであった。神殿建築の伝統は、サポテカ文明の中心都市モンテ・アルバン（no. 816）やトルテカ文明の首都トゥーラなどでも見られる。これらの構造物はアステカ人の模範となった。アステカ文明の痕跡のほとんどは断片的にしか残されていない。なぜなら、その首都テノチティトランは、コンキスタドールのエルナン・コルテス（1485-1547）とその部下によって完全に破壊され、その遺構も意図的に植民地ヌエバ・エスパーニャの首都メキシコシティの下に埋められたからである。それにもかかわらず、

1978年の考古学調査によって、かつてテノチティトランの中心にあったピラミッド神殿、テンプロ・マヨールの基礎が大聖堂の裏から発見された。

南米大陸、ペルーのアンデス山脈では、インカ人がモルタルを用いない石積み技術を発展させていた。鉄器を使用することなく、巨大な石を少しずつ滑らかな四角形または多角形に成形して、ナイフの刃先さえ間に挿すことができないほど互いにぴったりと積んでいる。インカ帝国の壮大な要塞は、美しく造られていたが——幾つかの建物は純金の板で覆われていたという初期のコンキスタドールの記録にもかかわらず——一般に装飾されていない。1911年に発見されたマチュ・ピチュ遺跡（1440-1533年頃、no. 826）は、山の頂上に築かれているが、もともとは、広大な段々畑に囲まれていた。マチュ・ピチュは一見して要塞のようであるが、現在では宗教儀式や天体観測の場であったと考えられている。

アメリカ大陸における建築の次の段階は、南アメリカではスペイン、ポルトガルからの、北アメリカではフランス、イギリス、オランダからの植民地征服者の到来と共に始まる。彼らは皆、母国の建築の伝統を持ち込んだ。もっとも、それらは手に入る建築資材、資金の欠如、技量のある建設者の不足、母国と異なる気候によってある程度の影響を受けた。この意味で、中央アメリカと南アメリカの植民地の聖堂は、スペインやポルトガルのバロック建築の単純化された時代遅れの形式となった。けれども、特にメキシコとブラジルでは、多くの大聖堂の規模と装飾が、旧世界の模範にしばしば匹敵するまでになった。一方、モントリオールやケベックといった後のカナダのフランス系植民地では、フランスの建築の地方様式が再現される傾向があった。

後のアメリカ合衆国では、18世紀のイギリス植民地時代の建物、特にコロニアル・ウィリアムズバーグのヴァージニア州会議事堂などが、イギリスのクリストファー・レン（1632-1723）の古典主義やネオ・パッラーディオ様式に倣っている。革命運動の中心地に建てられたチャールズ・ブルフィンチ（1763-1844）によるボストンのマサチューセッツ州会議事堂（1795-1798）でさえ、ロンドンのイギリス政府の建物、ウィリアム・チェンバーズによるサマセット・ハウス（1776-1796年、no. 544）を部分的に模範としていることが、多くを物語っている。政治家であり建築家でもあったトーマス・ジェファソン（1743-1826）は、自分の領地に自邸モンティチェロ（1769-1809年、no. 836）をイギリスのネオ・パッラーディオ様式の先例に従って建てたが、その多くの細部の典拠は、彼個人の蔵書であったアンドレア・パッラーディオ（1508-1580）や他の建築の大家による技法書の中に辿ることができる。ジェファソンにとって、ローマ神殿の形は、様式的にも政治的にも彼自身が設計した新しいヴァージニア州会議事堂（1785-1788年、no. 841）に適切であった。なぜなら、それは彼にとって、歴史上知られるもっとも高貴な建築様式を体現する一方で、ローマの共和制との相応しい関連を示すからである。アメリカの一連の州会議事堂、聖堂、銀行、政府の建物が例証しているように、新古典主義への強い衝動がアメリカ合衆国の格式ある建築に残り続けた。19世紀は、古典的な壮大さへの新たな追求と共に終わった。それは1893年に開催されたシカゴ万国博覧会の大きな白いパヴィリオンと列柱がきっかけとなり、これによって、マッキム・ミード・アンド・ホワイトによるボストン市立図書館（1887-1895年、no. 865）、カレール・アンド・ヘイスティングズによるニューヨーク市立図書館（1902-1910年、no. 866）、惜しまれながらも1962年に取り壊されたニューヨークのペンシルヴァニア駅（1904-1911年）といったモニュメントに、より恒久的な表現を見出したアメリカの「ルネサンス」を引き起こした。

北アメリカでは、19世紀を通じて、ヨーロッパ——とりわけイギリス——建築の最新の流行が追い求められた。ロンドンでゴシック・リヴァイヴァルが流行し展開すると、それはニューヨーク、ワシントン、オタワ、モントリオールの大きな聖堂や公共建築にも現れた。しかし、19世紀末までに、古いヨーロッパ様式の模範への固執に嫌気が差し、よりアメリカ独自の表現を追求する方向へと進むアメリカの建築家も現れた。その先駆者がヘンリー・ホブソン・リチャードソン（1838-1886）であり、ボストンに立つ彼のトリニティ聖堂（1872-1877年、no. 854）は、アメリカの建築に劇的に新しい様式を持ちこんだ。この大胆で重量感のある多彩色の外観は、リチャードソン・ロマネスクと呼ばれるようになる様式を具現している。その中世フランスとスペインのモチーフの折衷的で自由な解釈は、南北戦争直後のアメリカの粗野で活気あふれる精神の典型的表現であるように見える。その後まもなく、ルイス・サリヴァン（1856-1924）と、さらにその事務所に勤めていたフランク・ロイド・ライト（1867-1959）は、アメリカの建築は民主的個人主義という政治イデオロギーと地方の自然と地形を認めることの両方に根差していなければならないと提唱した。その結果としての、いわゆる「有機的建築」はアメリカの伝統に新たな活力を加えたが、長く続くような建築の流派を形成することはなかった。極めて重要なことは、サリヴァンが近代技術との適切な関係を求め始めていたことであり、そのもっとも顕著な成果が摩天楼の誕生である。この前例の無い新しい種類の建物は、経済状況に刺激され、鉄骨構造の技術革新と乗降用エレベーターの発明によって可能となり、最初にシカゴ、その後ニューヨークに現れた。この高さの居住用の建物は、当時のヨーロッパでは試みられず、第二次世界大戦後まで存在しなかった。摩天楼という形式の精神的美化は、ウィリアム・ヴァン・アレン（1883-1954）によるクライスラー・ビルディング（1928-1930年、no. 886）の建設によって成し遂げられた。そのキュビスム的なアール・デコ様式は、ジャズ・エイジ（アメリカの1920年代）のニューヨークの象徴であった。シュリーヴ・ラム・アンド・ハーモンによる近くのエンパイア・ステート・ビルディング（1930-1931年、no. 891）の建設は410日しかかからなかったが、世界一の高さの建物という記録を約40年間維持した。1950年代に上部付属施設である電波塔が付け加えられ、最終的に全高443.2メートルとなったが、もともとは尖塔に飛行船が係留できるようになっていた。エンパイア・ステート・ビルディングは鉄骨構造であるが、石で覆われ、その内部の重要な技術革新は隠されている。

絶えざる革新こそ、19世紀後半から1950年代までのフランク・ロイド・ライトの驚異的な成果の顕著な特徴であった。水平方向の強調と自由な内部空間を提案した1890年代の革新的な彼の「プレーリー・スタイル」は、後にシカゴのフレデリック・C. ロビー邸（1909-1911年、no. 873）で特徴的な表現を示している。彼の創作の次の重要な時期は1930年代で、ペンシルヴァニア州ファイエット郡のカウフマン邸（落水荘、1936-1937年、no. 896）、ウィスコンシン州ラシーンのジョンソン・ワックス本社（1936年、no. 894）、そして、ウィスコンシン州マディソンのハーバート・ジェイコブズ邸に代表されるような工業化された安価な「ユーソニアン・ハウス」など、一連の傑作が生み出された。ライトの創作意欲は決して衰えることなく、ソロモン・R. グッゲンハイム美術館（1956-1959年、no. 925）やカリフォルニア州サンラファエルに立つマリン郡市民会館（1960-1962年、no. 932）のようなライトの晩年の建物が、印象的な形ではあるものの実用性が疑わしいほどの幾何学形への執着を示していたとしても、彼はアメリカの建築の最大の特徴である多様な創造力と確固たる個性を代表していた。

サリヴァンとライトが追求した技術と建築との和解のアメリカらしい探求は、1930年代にヴァルター・グロピウス（1883-1969）やルートヴィヒ・ミース・ファン・デル・ローエ（1886-1969）といったヨーロッパのモダニズム建築家たちが亡命して来たことで、その影に隠れてしまった。彼らの建築については、すでに前章で述べたが、商業施設や建築教育での彼らの大きな影響力によって、バウハウス風のモダニズムが、第二次世界大戦末から1970年代にかけて北アメリカの建築で正統なものとして流行した。モダニズムは、エーロ・サーリネン（1910-1961）によるジェネラル・モーターズ技術センター（1949-1955年、no. 906）やミース・ファン・デル・ローエによるシーグラム・ビルディング（1954-1958年、no. 916）など若干の傑作を除いて、数多くの単調な構築物を生み出した。限定的ではあったが、モダニズムは、比較的保守的な住宅建築の分野にさえ影響を及ぼし始めた。そのもっとも顕著な例はロサンゼルスの建築家たちで、1920年代にリチャード・ノイトラ（1892-1970）が先頭に立ち、1950年代にチャールズ・イームズ（1907-1978）とその同僚たちが再び採り上げて、スチールとガラスによる実験的な住宅を設計した。

中央アメリカと南アメリカでは、モダニズムの革新がメキシコのフアン・オゴルマン（1905-1982）とルイス・バラガン（1902-1988）、ブラジルのルシオ・コスタ（1902-1998）とオスカー・ニーマイヤー（1907- ）といった先駆者たちによって支持された。もっとも、まもなくそれらは、形や素材や日常に関して、際立ってラテン的なやり方を反映するようになる。

ル・コルビュジエとイギリスのブルータリズムの建築家たちの革新を利用しながら、エーロ・サーリネン、ルイス・カーン（1901-1974）、ポール・ルドルフ（1918-1997）、アーサー・エリクソン（1924-2009）といった北アメリカの次の世代のモダニズムの建築家たちは、モダニズムの造形言語を拡大し、形態と素材感のさらに多様で彫刻的な表現に取り組んだ。時には重苦しいこの手法に、次に取って代わるのが、一般に古典的要素の模倣に限られた歴史への参照を伴うモストモダンの実験であり、チャールズ・ウィラード・ムーア（1925-1993）、マイケル・グレイヴズ（1934- ）、フィリップ・ジョンソン（1906-2005）の仕事がその典型である。さらに近年では、モダニズムの形態への新たな関心が、北アメリカにおけるモニュメンタルな建築物の多くを特徴づけている。また、設計と建設へのコンピュータの導入によって、フランク・ゲーリー（1929- ）やダニエル・リベスキンド（1946- ）のような現代の建築家は、ひと世代前には考えられなかったほど幾何学的にも空間的にも非常に複雑な建物を創ることが可能になった。

815

815. ケツァルコアトル（羽毛の蛇）の神殿*　150-200年頃　テオティワカン（メキシコ）

816

816. モンテ・アルバン遺跡*　前500-後700年頃　オアハカ郊外（メキシコ）

817

817. ティカル遺跡（ティカル国立公園）*　前4世紀-後9世紀
エル・ペテン県（グアテマラ）
＊写真左奥は1号神殿、右は2号神殿（共に700年頃）

818

818. パレンケ遺跡　宮殿*　7世紀　チアパス州（メキシコ）

819

819. コパン遺跡*　5-9世紀　コパン県（ホンジュラス）

820

820. チャン・チャン遺跡*　850-1470年頃　ラ・リベルター県（ペルー）

821

821. ウシュマル遺跡　魔法使いのピラミッド*　800-900年頃　ユカタン州（メキシコ）

822

822. ウシュマル遺跡　尼僧院*　800-900年頃　ユカタン州（メキシコ）

823

823. チチェン・イツァ遺跡　カスティリョのピラミッド*　900-1250年頃　ユカタン州（メキシコ）

824

825

824. ウシュマル遺跡　総督の館*　800-900年頃　ユカタン州（メキシコ）

825. プエブロ・ボニート遺跡*　900-1140年頃
ニューメキシコ州チャコ・キャニオン（アメリカ）

826

826. マチュ・ピチュ遺跡*　1440-1533年頃　クスコ州（ペルー）

827

827. メサ・ヴェルデ遺跡　クリフ・パレス（断崖宮殿）*　1200-1300年頃
コロラド州コルテス郊外（アメリカ）

コロラド州南西部にあるこの日干し煉瓦による古代のプエブロは、北アメリカ最大の岩窟住居である。集落全体が、切り立った断崖の壁面を刳り抜いて造られ、その上には天然の巨大な岩が被さるように張り出している。この変わった立地には、冷たい北風を避け、外敵に備えるといったさまざまな利点がある。これを築いたのは、プエブロ・インディアンのアナサジ族である。メサ・ヴェルデ（スペイン語で「緑の大地」を意味する）のクリフ・パレスには、150の部屋と23のキヴァ（円形地下礼拝所）がある。キヴァは前の時代の竪穴式住居の形式から展開したもので、宗教的、社会的機能を持っていた。クリフ・パレスの壁面はもともと漆喰が塗られていた。上の階で日常生活が営まれ、下の暗い部屋はおそらく食料貯蔵庫であった。理由は不明だが、この集落は1300年頃に放棄された。アナサジ族は、交易のための自立した集落プエブロ・ボニート遺跡（no. 825）をニューメキシコ州北西部のチャコ・キャニオンに築いている。

828

828. サン・フィリペ・デ・バラハス要塞*　1536-1657年　カルタヘナ（コロンビア）

829

829. サクサイワマン要塞*　1100年頃　クスコ（ペルー）

830

830. タオス・プエブロ*　1000-1450年　ニューメキシコ州タオス郡（アメリカ）

831

831. メトロポリターナ大聖堂*　18世紀　パナマ（パナマ）

832

832. サン・フランシスコ修道院*　1585年起工（1715-1755年再建）
オリンダ（ブラジル）

833

833. エドマンド・ウリー＆アンドリュー・ハミルトン　独立記念館*
1732-1753年　ペンシルヴァニア州フィラデルフィア（アメリカ）

834

834. サン・フランシスコ・デ・アシス聖堂* 1580-1591年（1730-1739年改修） ハバナ（キューバ）

835

835. ドレイトン・ホール 1738-1742年 サウスカロライナ州チャールストン（アメリカ）

836

837

836. トーマス・ジェファソン　モンティチェロ*　1769-1809年
ヴァージニア州シャーロッツヴィル（アメリカ）

第3代アメリカ大統領であり、アメリカ独立宣言の大部分の起草者であるトーマス・ジェファソンは、樹木の茂った丘の上に比較的小さな邸宅を建てた。モンティチェロは、イギリスのネオ・パッラーディオ様式の先例を参照していることは明らかであるが、多くの細部は、彼の蔵書に含まれていたアンドレア・パッラーディオ（1508-1580）などの著作に辿ることができる。けれども、住宅設計についてのジェファソン独自の考え方もまた歴然としている。例えば、彼のベッドはふたつの部屋に通じるアルコーヴに作られ、起床時にどちらの部屋に行くこともできるようになっている。モンティチェロは多くの天窓を備え、また、初期の室内トイレもある。約40年にわたって建設された建物は、東西両ファサードのポルティコ（柱廊玄関）を特徴とする。その間の軸線上には、客間とエントランス・ホールがある。後者にはルイス・クラーク探検隊――合衆国陸軍のメリウェザー・ルイス大尉（1774-1809）とウィリアム・クラーク少尉（1770-1838）が率いて太平洋への陸路を探検した――が収集した資料が陳列されている。近年の研究では、ジェファソンが奴隷の居住空間を地下と離れ屋に注意深く隠した点に関心が集まっている。これは、奴隷制度についてのジェファソンの考えの矛盾を暗示している。モンティチェロは、アメリカの5セント硬貨の裏面に描かれている。

837. ホセ・ペレイラ・ドス・サントス　ノッサ・セニョーラ・ド・ロザリオ（ロザリオの聖母）聖堂*　1785年起工　オウロ・プレット（ブラジル）

▶838. サン・ペドロ聖堂　1774年　サン・ペドロ・デ・アタカマ（チリ）

▶839. アントニオ・フランシスコ・リスボア（アレイジャディーニョ）　サン・フランシスコ・デ・アシス聖堂*　1766年起工　オウロ・プレット（ブラジル）

▶840. アントニオ・フランシスコ・リスボア（アレイジャディーニョ）　ノッサ・セニョーラ・ド・カルモ聖堂ファサード　1770年　サバラ（ブラジル）

838

839

840

841

842

841. トーマス・ジェファソン　ヴァージニア州会議事堂
1785-1788年　ヴァージニア州リッチモンド（アメリカ）

842. オコトラン聖堂　ファサードと塔は1760-1790年　トラスカラ州オコトラン（メキシコ）

843

843. ウィリアム・ソーントン&ベンジャミン・ヘンリー・ラトローブ　合衆国議会議事堂
1793-1811年（1815-1819年再建　1864年までに**トーマス、U. ウォルター**が増築）
ワシントンD. C.（アメリカ）

▶844. ジェームズ・ホーバン　ホワイトハウス
1792-1800年（1817年再建）　ワシントンD. C.（アメリカ）

845

845. トーマス・ジェファソン　ヴァージニア大学*　1804-1826年　ヴァージニア州シャーロッツヴィル（アメリカ）
＊写真はザ・ローン（芝生）西側パヴィリオンのひとつ

846

846. コパカバーナの聖母聖堂　1601-1619年　コパカバーナ（ボリビア）

847

847. 石造円形家畜小屋　1826年　マサチューセッツ州ハンコック・シェーカー教徒村（アメリカ）

848

848. ウィリアム・ストリックランド　第二合衆国銀行　1819-1824年　ペンシルヴァニア州フィラデルフィア（アメリカ）

849

849. **ウィリアム・ストリックランド**　1832-1834年　商品取引所
ペンシルヴァニア州フィラデルフィア（アメリカ）

850

850. **イシエル・タウン＆アレクサンダー・J. デイヴィス**
フェデラル・ホール国立記念館（旧合衆国税関）
1833-1842年　ニューヨーク州ニューヨーク（アメリカ）

851

851. **リチャード・アップジョン**　トリニティ聖堂　1839-1846年
ニューヨーク州ニューヨーク（アメリカ）

852

852. **ジェームズ・レンウィック・ジュニア**
セント・パトリック大聖堂　1858-1878年
ニューヨーク州ニューヨーク（アメリカ）

853

853. フランク・ファーネス　ペンシルヴァニア美術アカデミー　1871-1876年
ペンシルヴァニア州フィラデルフィア（アメリカ）

854

854. ヘンリー・ホブソン・リチャードソン　トリニティ聖堂　1872-1877年
マサチューセッツ州ボストン（アメリカ）

ボストンのバックベイ地区のコプリー広場に立つこの聖堂は、アメリカの建築に根本的に新しい様式を持ち込んだ。トリニティ聖堂は、リチャードソン・ロマネスクと呼ばれるようになる様式の最初の主要な建物である。それは、量感があり彫刻的なアーチや塔、多彩装飾と粗い石材によるピクチャレスクな外観を特徴とする。この折衷的な手法は――とりわけリチャードソンが多用した重々しい半円アーチに顕著であるが――11、12世紀のロマネスク様式に基づいている。聖堂は修正ギリシア十字形プランで建てられているが、内部空間は大きく、一体感がある。その内壁は、壁画とステンドグラスによる豊富な装飾が特徴的である。外観では、高さ64メートル、正方形プランの中央塔が中心に聳え、四隅には小塔がある。正面には、3つの扉口を備えた赤い砂岩の柱廊玄関がある。トリニティ聖堂は北アメリカ大陸の多くの公共建築に影響を与え、一時期は――市庁舎、鉄道駅、図書館、裁判所、郵便局など――リチャードソン・ロマネスクによる建物の無い町はほとんど無かったほどである。この新しい聖堂は、サマー通りにあって1872年のボストン大火で焼けた前の聖堂の代わりに建てられたものである。

856

856. ヘンリー・ホブソン・リチャードソン　アレゲニー郡裁判所　1883-1888年
ペンシルヴァニア州ピッツバーグ（アメリカ）

857

◀**855. ジョン・オーガスタス・ローブリング（ヨーハン・アウグスト・レーブリング）&ワシントン・オーガスタス・ローブリング**　ブルックリン橋
1870-1883年　ニューヨーク州ニューヨーク（アメリカ）

857. ヘンリー・ホブソン・リチャードソン　ジョン・J. グレスナー邸
1885-1887年　イリノイ州シカゴ（アメリカ）

858

859

860

861

862

863

864

858. アドラー＆サリヴァン（ダンクマール・アドラー＆ルイス・ヘンリー・サリヴァン）　オーディトリアル・ビルディング　1887-1889年　イリノイ州シカゴ（アメリカ）

859. バーナム・アンド・ルート（ジョン・ウェルボーン・ルート＆ダニエル・ハドソン・バーナム）（北棟）　ホラバード＆ローチ（ウィリアム・ホラバード＆マーチン・ローチ）（南棟）　モナドノック・ビルディング　1889-1891年（北棟）1891-1893年（南棟）　イリノイ州シカゴ（アメリカ）

860. チャールズ・B. アトウッド（D. H. バーナム＆カンパニー）＆E.C.シャンクランド＆ジョン・ウェルボーン・ルート　リライアンス・ビルディング　1890-1895年　イリノイ州シカゴ（アメリカ）

861. ルイス・サリヴァン　カーソン・ピリー・スコット・アンド・カンパニー・ストア　1899-1904年　イリノイ州シカゴ（アメリカ）

862. アドラー＆サリヴァン（ダンクマール・アドラー＆ルイス・ヘンリー・サリヴァン）　ウェインライト・ビルディング　1890-1891年　ミズーリ州セントルイス（アメリカ）

863. アドラー＆サリヴァン（ダンクマール・アドラー＆ルイス・ヘンリー・サリヴァン）　ギャランティー・ビルディング（現プルーデンシャル・ビルディング）1894-1895年　ニューヨーク州バッファロー（アメリカ）

864. マッキム・ミード・アンド・ホワイト（チャールズ・フォレン・マッキム＆ウィリアム・ラザフォード・ミード＆スタンフォード・ホワイト）　ユニヴァーシティ・クラブ・オヴ・ニューヨーク　1899年　ニューヨーク州ニューヨーク（アメリカ）

865

865. マッキム・ミード・アンド・ホワイト（チャールズ・フォレン・マッキム＆ウィリアム・ラザフォード・ミード＆スタンフォード・ホワイト）
ボストン市立図書館マッキム・ビルディング　1887-1895年　マサチューセッツ州ボストン（アメリカ）

866

866. カレール・アンド・ヘイスティングズ（ジョン・マーヴェン・カレール＆トーマス・ヘイスティングズ）
ニューヨーク市立図書館　1902-1910年　ニューヨーク州ニューヨーク（アメリカ）

867

867. フランク・ロイド・ライト　ウォード・W. ウィリツ邸　1901-1902年　イリノイ州ハイランドパーク（アメリカ）

868

868. マッキム・ミード・アンド・ホワイト（チャールズ・フォレン・マッキム＆ウィリアム・ラザフォード・ミード＆スタンフォード・ホワイト）　コロンビア大学ロウ記念図書館　1895年　ニューヨーク州ニューヨーク（アメリカ）

▶869. ダニエル・ハドソン・バーナム
フラットアイロン・ビルディング　1902年
ニューヨーク州ニューヨーク（アメリカ）

The signal that never sleeps.
NO TURNS
Sprint

870

870. リード・アンド・ステム（チャールズ・A. リード&アレン・H. ステム）&ウォーレン・アンド・ウェットモア（ホイットニー・ウォーレン&チャールズ・ウェットモア） グランド・セントラル・ターミナル 1903-1913年 ニューヨーク州ニューヨーク（アメリカ）

871

871. フランク・ロイド・ライト ユニティ・テンプル 1905-1908年 イリノイ州オークパーク（アメリカ）

872

872. グリーン・アンド・グリーン（チャールズ・サムナー・グリーン＆ヘンリー・メイザー・グリーン） ギャンブル邸
1908-1909年　カリフォルニア州パサデナ（アメリカ）

873

873. フランク・ロイド・ライト　フレデリック・C. ロビー邸
1909-1911年　イリノイ州シカゴ（アメリカ）

▶874. フランク・ロイド・ライト　タリアセン　1911年（1914年と1925年再建）
ウィスコンシン州スプリンググリーン（アメリカ）

875

87

875. キャス・ギルバート　ウールワース・ビルディング　1910-1913年　ニューヨーク州ニューヨーク（アメリカ）

876. ウィリス・J. ポルク　ハリディ・ビルディング　1917-1918年　カリフォルニア州サンフランシスコ（アメリカ）

877

878

877. ヘンリー・ベーコン　リンカーン記念堂　1915-1922年　ワシントンD. C.（アメリカ）

878. アンブローズ・マクドナルド・ポインター　記念塔（イギリス人の塔）　1910-1916年　ブエノスアイレス（アルゼンチン）

879

880

879. ハウエルズ＆フッド（ジョン・ミード・ハウエルズ＆レイモンド・フッド）
トリビューン・タワー　1923-1925年　イリノイ州シカゴ（アメリカ）

880. フランク・ロイド・ライト　ミラード邸　1923年
カリフォルニア州パサデナ（アメリカ）

881

881. ルドルフ・シンドラー　シンドラー自邸（シンドラー＝チェイス邸）　1921-1922年　カリフォルニア州ウェストハリウッド（アメリカ）

882

882. ジュリア・モーガン　ハースト・キャッスル　1919-1947年
カリフォルニア州サンシメオン（アメリカ）

カリフォルニアの海岸線から8キロメートル、サンフランシスコとロサンゼルスの間の海抜490メートルの丘の上に立つ新聞王ウィリアム・ランドルフ・ハースト（1863-1951）の大邸宅は、極めて奇抜な驚くべき建物のひとつである。その建築家ジュリア・モーガンも非凡な才能の持ち主で、有名なパリのエコール・デ・ボザールで建築の学位を取った最初の女性である。ハーストが「クェスタ・エンカンターダ（魔法の丘）」と呼んでいたこの場所での建設を監督するために週末にサンフランシスコから通ったモーガンは、ハーストの膨大なアンティークの調度品コレクションを収める壮大で折衷的な建物を、建築史の知識を駆使して建てねばならなかった。本館は16世紀スペインの教会建築に着想を得ていると同時に、カリフォルニア・ミッション様式（初期スペイン伝道団の間で用いられた建築などの様式）の外観も反映している。ハースト・キャッスルには56の寝室と61のバスルーム、屋内と屋外のプール、テニスコート、映画館、飛行場、動物園があった。1920年代と1930年代には、多くのハリウッド・スターや著名な政治家が、ここに頻繁に招待された。第二次世界大戦勃発時には未完成であったが、現在では国と州の歴史モニュメントとして一般の見学に公開されている。

883

883. ブルース・プライス　シャトー・フロントナック*　1892-1893年　ケベック（カナダ）

884

884. ルドルフ・シンドラー　ロヴェル・ビーチ・ハウス　1926年　カリフォルニア州ニューポートビーチ（アメリカ）

885

885. リチャード・ノイトラ　ロヴェル邸（健康住宅）　1927-1929年　カリフォルニア州ロサンゼルス（アメリカ）

886

887

◀**886.** **ウィリアム・ヴァン・アレン**　クライスラー・ビルディング
1928-1930年　ニューヨーク州ニューヨーク（アメリカ）

887. **チャールズ・ハワード・クレイン**　フォックス劇場
1928年　ミシガン州デトロイト（アメリカ）

888

889

888. **ハウ＆レスカズ（ジョージ・ハウ＆ウィリアム・レスカズ）**
フィラデルフィア貯蓄基金協会ビルディング　1929-1932年
ペンシルヴァニア州フィラデルフィア（アメリカ）

889. **レイモンド・フッド＆ウォーレス・K.ハリソンなど**
ロックフェラー・センター　1930-1939年
ニューヨーク州ニューヨーク（アメリカ）

890

891

890. レイモンド・フッド　マクグロウヒル・ビルディング
1931年竣工　ニューヨーク州ニューヨーク（アメリカ）

891. シュリーヴ・ラム・アンド・ハーモン（リッチモンド・H.シュリーヴ＆ウィリアム・ラム＆アーサー・L.ハーモン）
エンパイア・ステート・ビルディング　1930-1931年
ニューヨーク州ニューヨーク（アメリカ）

892

892. キャス・ギルバート　合衆国最高裁判所　1932-1935年　ワシントンD.C.（アメリカ）

893

893. マッキム・ミード・アンド・ホワイト（チャールズ・フォレン・マッキム＆ウィリアム・ラザフォード・ミード＆スタンフォード・ホワイト） ホテル・ナショナル・デ・キューバ　1930年竣工　ハバナ（キューバ）

894

894. フランク・ロイド・ライト　ジョンソン・ワックス本社　1936年　ウィスコンシン州ラシーン（アメリカ）
＊写真はグレート・ワークルーム

896

896. フランク・ロイド・ライト　カウフマン邸（落水荘）　1936-1937年　ペンシルヴァニア州ファイエット郡（アメリカ）

◀895. ジョゼフ・B. シュトラウス＆アーヴィング・F. モロー　ゴールデン・ゲート・ブリッジ　1933-1937年　カリフォルニア州サンフランシスコ（アメリカ）

20世紀のもっとも素晴らしい技術的成果のひとつであるゴールデン・ゲート・ブリッジは、長い間世界でもっとも高く長い橋（全長2737メートル）であった。主塔の高さは水面から227メートルである。ケーブルを使うことによって、ゴールデン・ゲート海峡の速い潮流にかかる橋は、サンフランシスコと北のマリン郡を結んでいる。1920年代にジョゼフ・B. シュトラウスが提案したこの計画は、さまざまな困難を乗り越えて実現された。前例のない橋の長さに加え、彼の設計は大地震に対する耐震性と狭い海峡を流れる強い海流の浸食力を考慮する必要があった。南側の主塔の基礎は、海底下約30メートルまで埋めねばならなかった。世間の注目はシュトラウスに集まったが、構造計算の多くは、技術者のチャールズ・アルトン・エリス（1876-1949）が行ったようである。住宅建築家のモロー（1884-1952）が、主塔の特徴的なアール・デコ様式のデザインを決めた。この橋の有名なインターナショナル・オレンジという鮮やかな色は、もともとは下塗りの防水塗料の色であったが、人気があったことから、今日ではこの橋のデザインの本質的な部分となっている。

897

897. ヴァルター・グロピウス　グロピウス邸　1937-1938年　マサチューセッツ州リンカン（アメリカ）

898

898. フランク・ロイド・ライト　タリアセン・ウェスト　1938年　アリゾナ州スコッツデール（アメリカ）

899

899. ジョージ・バーグストロム　ペンタゴン（国防総省）　1941-1943年　ヴァージニア州アーリントン郡（アメリカ）

900

900. グレゴリオ・サンチェス&エルネスト・ラゴス&ルイス・マリア・デ・ラ・トーレ　エディフィシオ・カバナー　1934-1936年　ブエノスアイレス（アルゼンチン）

901

901. フィリップ・S. グッドウィン&エドワード・D. ストーン　ニューヨーク近代美術館　1938-1939年（1951年と1964年と1983年と2002-2004年に増築）　ニューヨーク州ニューヨーク（アメリカ）

902

903

904

902. ジョン・ラッセル・ポープ　ジェファソン記念館　1939-1943年　ワシントンD. C.（アメリカ）

アメリカ第3代大統領トーマス・ジェファソンの国立記念館は、首都の初期の記念建造物の特徴である新古典主義の——時代遅れであったとしても——顕著な例である。ドームを頂いたロトンダは稀有な純粋性と威厳を備え、ナショナル・モール南側のポトマック川のタイダルベイスンの畔に立っている。フランクリン・ルーズベルト（1882-1945）の主導によって記念館を設計したジョン・ラッセル・ポープは、ナショナル・ギャラリーのもともとの西館も設計した。残念ながらポープは、起工2年前の1937年に没した。後期のボザール様式——パリのエコール・デ・ボザールで建築を学んだアメリカ人建築家によるヨーロッパ古典様式——の記念建造物であるジェファソン記念館は、古代ローマ建築に倣うことを時代遅れで無関係であると見なした新進のモダニズム建築家たちによって批判された。その外観は、正面に古典的なポルティコ（柱廊玄関）を備えた背の高いイオニア式の列柱廊を特徴とし、ローマのパンテオン（no. 239）とそれを参考にしたジェファソン自身によるヴァージニア大学のロトンダを反映している。記念館は、4つの州で産出したさまざまな色の大理石で建設されている。内壁には、独立宣言とジェファソンの他の著作からの抜粋が浮彫りされている。第二次世界大戦中に300万ドルをかけて建てられた記念館は、ジェファソン生誕200年記念の1943年4月13日に除幕された。

903. チャールズ・イームズ　イームズ邸（ケース・スタディ・ハウス no. 8）　1949年　カリフォルニア州ロサンゼルス（アメリカ）

904. リチャード・ノイトラ　カウフマン邸（カウフマン・デザート・ハウス）　1946-1947年　カリフォルニア州パームスプリング（アメリカ）

905

905. ルイス・バラガン　ルイス・バラガン邸*　1948年
メキシコシティ（メキシコ）

906. エーロ・サーリネン　ジェネラル・モーターズ技術センター
1949-1955年　ミシガン州ウォレン（アメリカ）

906

907

907. オスカー・ニーマイヤー　サン・フランシスコ・デ・アシス聖堂　1942-1943年　ベロ・オリゾンテ（ブラジル）

908

908. フランク・ロイド・ライト　ユニテリアン教会　1947-1951年　ウィスコンシン州マディソン（アメリカ）

▶909. ウォレス・ハリソン＆建築家国際委員会　国際連合本部ビルディング
1947-1952年　ニューヨーク州ニューヨーク（アメリカ）

国際連合本部は、マンハッタン島のイースト川河岸、屠殺場の跡地に立っている。新しい国際機関の本部が置かれる場所について数カ月にわたる憶測が飛び交った果てに、不動産デヴェロッパーのウィリアム・ゼッケンドルフ（1905-1976）からロックフェラー家が土地を購入し、ニューヨーク市に寄贈したのである。現在その敷地は国際領土と考えられている。理想的なことに、国際連合本部ビルディングは、ロックフェラー家の建築顧問ウォレス・ハリソンの監督の下、さまざまな国々の建築家が協働で設計することに決定された。けれども、最終設計はオスカー・ニーマイヤー（1907-）とル・コルビュジエ（1887-1965）のアイデアに多くを負っている。国連本部ビルディングは、様式と着想、そして、いかなる民族の伝統も避け、科学技術の進歩に基づいた明るい未来を期待させるその厳格で幾何学的な形態が決定的に近代的である。この建築複合体の上に聳えているのは、ファサードが耐熱ガラスで覆われた38階建ての四角い事務局棟である。本会議場は、曲線的な外壁に小さなドームを頂く低い建物の中にある。老朽化が進んだため、現在、国連本部ビルディングでは大規模な改修工事が行われている。

911

◀**910. エーロ・サーリネン**　ゲートウェイ・アーチ（ジェファソン・ナショナル・エクスパンション・メモリアル）1963-1965年　ミズーリ州セントルイス（アメリカ）

911. フィリップ・ジョンソン　フィリップ・ジョンソン自邸（ガラスの家）1947-1949年　コネチカット州ニューケーナン（アメリカ）

912

912. ルートヴィヒ・ミース・ファン・デル・ローエ　ファーンズワース邸　1950-1951年　イリノイ州プレイノー（アメリカ）

近代建築の小さな傑作であるこの大部分が透けた住居は、著名なシカゴの女医エディス・ファーンズワース（1903-1978）の週末のワン・ルームの別荘として建てられた。近代的な素材と最小限の手段を用いて、ミースは個人の自由を制限することなく、同時に自然に対しても開かれた空間をデザインした。おそらく、ファーンズワース邸は、アメリカでもっとも広く賞讃を集めたミースの建物である。140平方メートルの敷地に立つこの家は、4対のＩ形鋼によって地面から浮き上がった細部の美しいガラスの箱である。壁が板ガラスであるため、建物は単に地面から浮いた3つの水平面——テラス、床、屋根——であるように見え、このドイツ系アメリカ人モダニズム建築家の「少ないほど豊かである」という建築の理想を要約している。ファーンズワース邸には内部空間を分けるような内壁が無く、注意深く選んで設置した家具とふたつの自立した木製ユニット——ひとつはワードローブとして使われ、もうひとつはキッチンとトイレと暖炉を納める——によって領域が示されている。近年までイギリスの不動産王ピーター・パルンボ（1935- ）が所有していたこの家は、今日、博物館として一般公開されている。

913

913. フランク・ロイド・ライト　プライス・タワー　1952-1956年
オクラホマ州バートルズヴィル（アメリカ）

914

914. ルートヴィヒ・ミース・ファン・デル・ローエ
レイクショア・ドライヴ・アパートメント
1948-1951年　イリノイ州シカゴ（アメリカ）

915

915. ゴードン・バンシャフト（スキッドモア・オーウィングズ・アンド・メリル（SOM））　レヴァー・ハウス　1951-1952年
ニューヨーク州ニューヨーク（アメリカ）

916

916. ルートヴィヒ・ミース・ファン・デル・ローエ&フィリップ・ジョンソン　シーグラム・ビルディング　1954-1958年
ニューヨーク州ニューヨーク（アメリカ）

917

917. ルイス・カーン　イエール大学アート・ギャラリー　1951-1953年
コネチカット州ニューヘイヴン（アメリカ）

918

918. フアン・オゴルマン　メキシコ国立自治大学中央図書館*　1950-1956年
メキシコシティ（メキシコ）

919

919. フランク・ロイド・ライト　ベス・ショーロム・シナゴーグ　1954-1959年
ペンシルヴァニア州エルキンズ・パーク（アメリカ）

920

920. ル・コルビュジエ　クルチェット邸　1949-1953年
ラプラタ（アルゼンチン）

921

921. マルセル・ブロイヤー　セント・ジョーンズ大修道院聖堂　1954-1958年
ミネソタ州カレッジヴィル（アメリカ）

922

922. ルートヴィヒ・ミース・ファン・デル・ローエ　イリノイ工科大学クラウン・ホール　1950-1956年　イリノイ州シカゴ（アメリカ）

923

924

923. エーロ・サーリネン　マサチューセッツ工科大学クレスギ講堂
1953-1955年　マサチューセッツ州ケンブリッジ（アメリカ）

924. ルシオ・コスタ＆オスカー・ニーマイヤー　首都ブラジリア*
1956年以降　ブラジリア（ブラジル）

▶925. フランク・ロイド・ライト　ソロモン・R. グッゲンハイム美術館
1956-1959年　ニューヨーク州ニューヨーク（アメリカ）

20世紀建築の偉大な歴史的建造物のひとつであるソロモン・R. グッゲンハイム美術館は、ライトによる議論の余地のない最後の傑作のひとつでもある。ライト自身は近代絵画が好きではなかった――ニューヨーク市も嫌悪していた――ものの、抽象あるいは「非対象」美術作品の有名なコレクションのための新しい建物を設計する依頼を受け入れた。美術館の外観は、その上部が頭でっかちの螺旋形という、驚くほど独自な構成である。その強調された円形は、ライトが周辺の建物がつくる透視図のような直線と、さらにマンハッタンの碁盤の目のような区画に対する反駁として意図したものである。この特異な形態の存在理由は、巨大な傾斜路という発想による。自然光の差し込むアトリウムの周りに螺旋状を描いて上がっていくこの傾斜路によって、来館者は歴史順に美術作品を見ることができる。この建物に対する共通する苦情は、建築が美術に優っているというもので、美術館そのものが形式主義で、放縦であり、非機能的と見なす批評家もいる。しかし、ソロモン・R. グッゲンハイム美術館は、有名であることによる評価と型にはまらない形の美術館建設という先例を築くことになった。

ONE WAY
ONE WAY

ONE WAY
THE SOLOMON
MUSEUM

926

926. エーロ・サーリネン　ジョン・F. ケネディ国際空港TWAターミナル　1956-1962年　ニューヨーク州ニューヨーク（アメリカ）

927

927. エーロ・サーリネン　イエール大学インガルズ・ホッケーリンク　1953-1958年　コネチカット州ニューヘイヴン（アメリカ）

928

928. ルイス・カーン　ソーク研究所　1959-1965年　カリフォルニア州ラホヤ（アメリカ）

929

929. エーロ・サーリネン　ダレス国際空港メイン・ターミナル　ヴァージニア州ダレス（アメリカ）

930

930. ルイス・カーン　ペンシルヴァニア大学リチャーズ医学研究所
1957-1962年　ペンシルヴァニア州フィラデルフィア（アメリカ）

931

931. バートランド・ゴールドバーグ　マリーナ・シティ
1964年竣工　イリノイ州シカゴ（アメリカ）

932

932. フランク・ロイド・ライト　マリン郡市民会館　1960-1962年　カリフォルニア州サンラファエル（アメリカ）

933

933. ルイス・カーン　ファースト・ユニテリアン聖堂　1959-1967年　ニューヨーク州ロチェスター（アメリカ）

934

934. ルイス・カーン　ブリンモア大学エルドマン・ホール　1960-1965年　ペンシルヴァニア州ブリンモア（アメリカ）

935

935. ピエール・コーニッグ　ケース・スタディ・ハウス No. 22（スタール邸）　1960年　カリフォルニア州ロサンゼルス（アメリカ）

936

936. ジョン・ロートナー　ケモスフィア（化学圏）　1960年　カリフォルニア州ロサンゼルス（アメリカ）

937

937. オスカー・ニーマイヤー　プラナルト宮殿（大統領府）*
1958-1960年　ブラジリア（ブラジル）

93

938. クレイグ・エルウッド　ローゼン邸　1961-1963年
カリフォルニア州ロサンゼルス（アメリカ）

939

939. VSBAヴェンチューリ・スコット・ブラウン・アンド・アソシエイツ（ロバート・ヴェンチューリ＆デニス・スコット・ブラウン） ヴァンナ・ヴェンチューリ邸　1961-1964年　ペンシルヴァニア州チェスナットヒル（アメリカ）

この質素ではあるが困惑を覚える郊外の住宅は、建築におけるポストモダニズムの出発点であると言えるかもしれない。複雑で矛盾を孕むように意図的に設計されたこの建物は、フィラデルフィアの建築家ロバート・ヴェンチューリの理論を具現するものである。彼は、モダニズムの正当性に疑問を投げかけた最初の建築家のひとりである。ポップ・アートの皮肉と、周りを取り囲むありふれた現実の無表情さを取り入れたヴェンチューリは、自身の母親のための家に雄大なものはなにも無いと語っている。ファサードは大きな切妻壁で、家の象徴や子どもが描くような家を暗示すると共に、アメリカのトラクトハウス――まとまった区画に建設された規格化された住宅――に共通する特徴でもある。しかし、屋根の棟が頂点で途切れているという事実が、両義的でひねくれて見える。つまり、その中断が切妻屋根を頂くという核心を否定しているようである。玄関の上の曲線的な帯は、アーチを象徴して歴史的な伝統をほのめかしている。内装も同様に直観に反して、暖炉と階段が分かち難く一体となっている。ヴェンチューリは、建築は装飾を備えた基本的な避難所と見ることができると述べている。建築の歴史への密かな参照を示す一方で、「普通」に見えるような避難所である。多くの批評家が、この住宅を遠慮がちで、醜く、不条理であると見なしたが、その計算された挑発が、ポストモダン・デザインの20年以上にわたる傾向を決めたのである。

940

940. イオ・ミン・ペイ アメリカ大気研究センター　1961-1967年
コロラド州ボールダー（アメリカ）

941

941. エーロ・サーリネン ジョン・ディア本社　1963年
イリノイ州モリーン（アメリカ）

942

943

942. マルセル・ブロイヤー　ホイットニー美術館　1963-1966年
ニューヨーク州ニューヨーク（アメリカ）

943. ケヴィン・ローチ・ジョン・ディンケルー・アンド・アソシエイツ（ケヴィン・ローチ&ジョン・ディンケルー）　フォード財団本部　1963-1968年　ニューヨーク州ニューヨーク（アメリカ）

944

945

944. ヴィルヨ・レヴェル&ヘイッキ・カストレン&ベンクト・ルンドステン&セポ・ヴァルユス　トロント市庁舎
1961-1965年　トロント（カナダ）

945. チャールズ・グワスミー　グワスミー邸兼アトリエ
1965-1967年　ニューヨーク州アマガンセット（アメリカ）

946

946. エドワード・ダレル・ストーン　コロンバス・サークル2号棟　1964年竣工
ニューヨーク州ニューヨーク（アメリカ）
＊写真は2006-2008年の改装前

Water

ver Place

948

◀**947. ブルース・グラハム＆ファズルル・ハーン（スキッドモア・オーウィングズ・アンド・メリル（SOM））** ジョン・ハンコック・センター　1965-1970年　イリノイ州シカゴ（アメリカ）

948. リチャード・バックミンスター・フラー　1967年モントリオール万国博覧会アメリカ館　モントリオール（カナダ）

949

950

949. ルイス・カーン　キンベル美術館　1967-1972年　テキサス州フォートワース（アメリカ）

950. モシェ・サフディ　アビタ67　1967年　モントリオール（カナダ）

951

951. ルイス・カーン　フィリップス・エクスター・アカデミー図書館　1971年竣工　ニューハンプシャー州アンドーヴァー（アメリカ）

952

953

952. ジョセフ・W. エシェリック　ザ・キャナリー（デルモンテ・ピーチ缶詰工場（1907年）の再開発）　1967年
カリフォルニア州サンフランシスコ（アメリカ）

953. ケヴィン・ローチ・ジョン・ディンケルー・アンド・アソシエイツ（ケヴィン・ローチ＆ジョン・ディンケルー）　カレッジ生命保険株式会社
1967-1971年　インディアナ州インディアナポリス（アメリカ）

954

955

956

956. ジョン・ロートナー　シーツ・ゴールドスタイン邸　1961-1963年
カリフォルニア州ビバリーヒルズ（アメリカ）

◀954. ゴードン・バンシャフト（スキッドモア・オーウィングズ・アンド・メリル（SOM））　ハーシュホーン博物館　1969-1974年
ワシントンD. C.（アメリカ）

◀955. イオ・ミン・ペイ　ナショナル・ギャラリー東館　1974-1978年
ワシントンD. C.（アメリカ）

多くの人々がイオ・ミン・ペイによるナショナル・ギャラリーの増築を、ポストモダンの論争に包囲されつつあったモダニズムの理想の正当化と見なした。中国の広州で生まれたペイは、ハーヴァード大学大学院でヴァルター・グロピウス（1883-1969）とマルセル・ブロイヤー（1902-1981）に学び、単純さ、抽象、機能主義に重きを置くモダニズムを吸収した。ナショナル・ギャラリーの増築は、ジョン・ラッセル・ポープ（1874-1937）が伝統的な新古典主義様式で建てた古い西館に隣接する台形の敷地を利用せねばならないという困難な依頼であった。熟慮の末、基本的なモチーフに三角形を選んだペイは、古典的なモニュメンタル性とモダニズムの抽象とを上手く融合した。その結果、新しい建物のファサードは明快で、角は極めて鋭角的である。巨大な天窓に覆われた広い中央広場も東館の特徴となっている。しかし、石切り場から切り出したその白大理石の外装材によって、東館は、すでに首都のモニュメントとなっていた古い西館に密接に結びつけられている。実際、両館は長い地下通路で結ばれている。

957

957. ヘンリー・N. カッブ　ハンコック・プレイス　1968-1976年
マサチューセッツ州ボストン（アメリカ）

▼958. ウィリアム・L. ペレイラ　トランスアメリカ・ピラミッド　1969-1972年
カリフォルニア州サンフランシスコ（アメリカ）

959

959. ブルース・グラハム＆ファズルル・ハーン（スキッドモア・オーウィングズ・アンド・メリル（SOM）） ウィリス・タワー（旧シアーズ・タワー） 1970-1973年 イリノイ州シカゴ（アメリカ）

960

960. ヒュー・スタビンズ シティグループ・センター（旧シティコープ・センター） 1974-1977年 ニューヨーク州ニューヨーク（アメリカ）

961

961. アーサー・エリクソン ブリティッシュ・コロンビア大学人類学博物館 1971-1976年 ヴァンクーバー（カナダ）

962

962. ルイス・カーン イエール大学ブリティッシュ・アート・センター 1969-1974年 コネチカット州ニューヘイヴン（アメリカ）

963

963. ジオ・ポンティ　デンヴァー美術館北館　1971年竣工
コロラド州デンヴァー（アメリカ）

964

964. リチャード・マイヤー　ダグラス邸　1973年
ミシガン州ハーバースプリング（アメリカ）

965

965. フランク・ゲーリー　ゲーリー邸　1977-1978年
（1991-1994年改築）　カリフォルニア州サンタモニカ（アメリカ）

966

966. フィリップ・ジョンソン　クリスタル・カテドラル　1977-1980年
（塔は1990年竣工）　カリフォルニア州ガーデングローヴ（アメリカ）

967

967. リチャード・マイヤー　アテネウム　1976-1979年
インディアナ州ニューハーモニー（アメリカ）

リチャード・マイヤーは、「ニューヨーク・ファイヴ」というモダニズムの建築家グループのひとりとして知られるようになった。その純粋で抽象的な手法から、彼らは「ザ・ホワイツ」というあだ名で呼ばれるようになった。もっとも、これは、彼らの建物にいつも使われる色にも関連している。マイヤーや他のニューヨーク・ファイヴの建築家たちは、初期のモダニズムの建築家たち——とりわけル・コルビュジエ——の造形言語を流用しているが、それら先人たちの機能主義、工業、社会的価値に対する強いこだわりを最優先とはしなかった。19世紀前半にロバート・オウエン（1771-1858）が共産主義的な生活と労働の共同体の実現を目指した地に立つ、この素晴らしく彫刻的なヴィジター・センターには、マイヤーの特徴である白と抽象的な幾何学形の複雑な戯れが明らかである。建物は、ストーヴや冷蔵庫のようにエナメルを焼き付けたスチール・パネルで覆われているため、元の清潔感を維持することが容易である。そのプランは、螺旋状に折れ曲がって上層階の見晴らし台へと導く傾斜路を中心に構成されている。発想と細部の多くは、明らかにル・コルビュジエ風であり、マイヤーはその巨匠に負っていることを公然と認めていた。マイヤーはこれ以後、ハイ美術館（1980-1983年、no. 975）など、同様の性格を持つ数多くの文化施設の設計を手掛けた。

968

968. ロジェ・タイイベール　オリンピック・スタジアム
1973-1976年（1977年と1988年に改修）　モントリオール（カナダ）

969

969. チャールズ・ウィラード・ムーア　ピアッツァ・ディタリア　1978年竣工
ルイジアナ州ニューオーリンズ（アメリカ）

970

970. アーサー・エリクソン　ファイアアイランド・ハウス　1977年　ニューヨーク州ファイアアイランド（アメリカ）

971

971. レンゾ・ピアノ　メニル・コレクション　1982-1986年　テキサス州ヒューストン（アメリカ）

972

973

972. フィリップ・ジョンソン&ジョン・バーギー　ソニー・ビルディング（旧AT&Tビルディング）　1978-1984年　ニューヨーク州ニューヨーク（アメリカ）

973. マイケル・グレイヴズ　ヒューマナ・ビルディング　1982-1985年　ケンタッキー州ルイヴィル（アメリカ）

974

974. イオ・ミン・ペイ　ジェイコブ・ジャヴィッツ・コンヴェンション・センター　1979-1986年　ニューヨーク州ニューヨーク（アメリカ）

975

975. リチャード・マイヤー　ハイ美術館　1980-1983年　ジョージア州アトランタ（アメリカ）

976

976. VSBAヴェンチューリ・スコット・ブラウン・アンド・アソシエイツ（ロバート・ヴェンチューリ＆デニス・スコット・ブラウン）　プリンストン大学ゴードン・ウー・ホール　1983年竣工　ニュージャージー州プリンストン（アメリカ）

977

977. ダグラス・カーディナルなど　カナダ文明博物館　1982-1989年　ガティノー（カナダ）

978

978. リチャード・マイヤー　ゲッティ・センター　1989-1997年
カリフォルニア州ロサンゼルス（アメリカ）

このロサンゼルスのフリーウェイを見下ろす印象的な文化のアクロポリスは、ほとんど無制限の予算で建てられたように見える。噴水や庭を備えた一連の大理石のテラスの上に立つゲッティ・センターは、近代以前の芸術を扱う美術館、学術研究所と保存修復研究所、そして管理事務所からなり、ある種の緩やかなコラージュのように集まったそれぞれが特徴的で対照的な形態の建物に収まっている。駐車場からゲッティ・センターには階段か小さな電車で行くことができる。マイヤーは様式上の純粋さで知られ、かれの清潔感ある白い建物は、一般的に複雑で抽象的な幾何学形を示し、日常生活や自然世界から隔たっているように見えるかもしれない。しかし、マイヤーはここでは譲歩して、彼がいつも用いている白いスチール・パネルの代わりに明るい色調の石の外装材を使っている。丘の上にきらめく高尚な文化の砦のように立つゲッティ・センターは、文化的エリート意識を暗示することを避けられなかったが、あらゆる来館者を歓迎する集中的な誘致活動をすぐに開始した。センターの完成には、1億ドル以上を要したと言われているが、一般に無料で公開されている。

979

979. ピーター・アイゼンマン＆リチャード・トロット＆ローリー・オリン
ウェクスナー芸術センター　1989年竣工　オハイオ州コロンバス（アメリカ）

980

981

980. ヘルムート・ヤーン　オヘア国際空港ユナイテッド航空ターミナル
1985-1988年　イリノイ州シカゴ（アメリカ）

981. マリオ・ボッタ　サンフランシスコ近代美術館
1989-1995年　カリフォルニア州サンフランシスコ
（アメリカ）

982

982. ジョシュ・シュヴァイツァー　モニュメント・ハウス　1990年　カリフォルニア州ジョシュア・ツリー国立公園（アメリカ）

983

983. VSBAヴェンチューリ・スコット・ブラウン・アンド・アソシエイツ（ロバート・ヴェンチューリ＆デニス・スコット・ブラウン） シアトル美術館　1991年竣工　ワシントン州シアトル（アメリカ）

984

984. フランク・ゲーリー　ウォルト・ディズニー・コンサート・ホール　1999-2003年
カリフォルニア州ロサンゼルス（アメリカ）

985

986

985. リカルド・レゴレッタ　無原罪の宿りのメトロポリタン大聖堂
1991-1993年　マナグア（ニカラグア）

986. バート・プリンス　ハイト・レジデンス（ボイド・アンド・メアリー・ケイ・ハイト・レジデンス）　1992-1993年　カリフォルニア州メンドシノ岬（アメリカ）

987

988

987. イオ・ミン・ペイ　ロックの殿堂　1993-1995年
オハイオ州クリーヴランド（アメリカ）

988. スティーヴン・ホール　シアトル大学聖イグナティオス礼拝堂
1994-1997年　ワシントン州シアトル（アメリカ）

989

989. ヘルツォーク＆ド・ムーロン（ジャック・ヘルツォーク＆ピエール・ド・ムーロン） ドミナス・ワイナリー 1996-1998年 カリフォルニア州ヤントヴィル（アメリカ）

990

990. フランク・ゲーリー エクスペリエンス・ミュージック・プロジェクト・アンド・サイエンス・フィクション・ミュージアム・アンド・ホール・オヴ・フェイム（EMP|SFM） 1999-2000年 ワシントン州シアトル（アメリカ）

ロック・ミュージックの歴史を専門とするこの博物館は、ジミ・ヘンドリックス（ジェームズ・マーシャル・ヘンドリックス、1942-1970）の故郷に、マイクロソフトの共同創業者ポール・アレン（1953- ）によって設立された。そのテーマの無秩序で大衆的な性格が、ゲーリーのもっとも激越で制約のないデザインのひとつにきっかけを与えたことは明らかである。この場合、彼の建築形態は非常に動的で柔軟であり、建物の自由な形の外殻は、堅牢な構造体ではなく風に吹かれた多色の布のように見える。ゲーリーは、とりわけストラトキャスターの色と形から着想を得ている。エクスペリエンス・ミュージック・プロジェクトの複雑な曲線は、金色、銀色、濃い赤、明るい青、そして、ちらちら光る「パープル・ヘイズ（紫のけむり）」など、目が眩むような思いがけないさまざまな色によって活き活きとしている。荒々しく不規則な輪郭の巨大な鉄骨によって形作られた内部は暗く洞窟のようで、ロック・コンサートを想わせるドラマチックな照明効果に適している。「スカイ・チャーチ」として知られる中央の部屋には、ヘンドリックスなどのパフォーマンスを上映する高さ21メートルのヴィデオ・スクリーンが備えられている。

991

992

992. ポルシェク・パートナーシップ・アーキテクツ（ジェームズ・スチュワート・ポルシェク&トッド・H. シュリーマン） アメリカ自然史博物館地球宇宙ローズ・センター　2000年竣工　ニューヨーク州ニューヨーク（アメリカ）

991. ダニエル・リベスキンド　デンヴァー美術館フレデリック・C. ハミルトン館　2000-2006年　コロラド州デンヴァー（アメリカ）

993

993. オスカー・ニーマイヤー　オスカー・ニーマイヤー美術館　2002年　クリチバ（ブラジル）

994

994. アウアー＋ヴェバー＋アソツィイーエルテ　ESO（ヨーロッパ南天天文台）ホテル　2003年　セッロ・パラナル（チリ）

995

995. フランク・ゲーリー　マサチューセッツ工科大学ステイタ・センター　2004年竣工　マサチューセッツ州ケンブリッジ（アメリカ）

996

997

996. トム・メイン　ダイヤモンド・ランチ高等学校　1999-2000年
カリフォルニア州ポモナ（アメリカ）

997. レム・コールハース＆OMA　シアトル中央図書館　1999-2004年
ワシントン州シアトル（アメリカ）

998

998. リチャード・マイヤー　クリスタル・カテドラル・ウェルカミング・センター　1998-2003年　カリフォルニア州ガーデングローヴ（アメリカ）

999

999. ヘルツォーク＆ド・ムーロン（ジャック・ヘルツォーク＆ピエール・ド・ムーロン） ウォーカー・アート・センター　1999-2005年
ミネソタ州ミネアポリス（アメリカ）

1000

1000. ヘルツォーク＆ド・ムーロン（ジャック・ヘルツォーク＆ピエール・ド・ムーロン） M. H. デ・ヤング記念美術館　2005年竣工
カリフォルニア州サンフランシスコ（アメリカ）

主要建築家略歴

アダム，ロバート Robert ADAM

(1728カーコーディ -1792ロンドン)

スコットランドの建築家ロバート・アダムは、エディンバラ大学で学び、イタリアで3年間ローマ建築を研究した。1757年に彼はフランスの建築家で画家のシャルル=ルイ・クレリソー（1721-1820）とダルマティアのスプリットにあるディオクレティアヌスの宮殿（no. 244）を訪れ、その成果を1764年に『ディオクレティアヌス宮殿の廃墟』として出版した。1761年にアダムは王室付建築家に指名され、1769年まで務めた。1768年にはキンロスシア州の下院議員となった。同年、ロバート・アダムと3人の兄弟は、テームズ川に面した土地を借り、アデルファイ――ギリシア語で「兄弟」を意味する――と呼ばれるテラスで結ばれた24棟の建物を建てた。建築家としてのアダムは、イタリアの影響を強く受け、その様式とモチーフは当時、異国風のものであったと言える。彼は極めて魅力的で独自の新しい様式を創るために、古典のモデルを手本として採り入れた。彼の考えでは、建築家は建物の形と構造に加えて、その調度品と装飾にも密接に関わる。アダムの調度品には、花輪、パテラ（円形の浮彫装飾）、スイカズラ模様、扇模様など、彼の好んだ装飾的なモチーフがふんだんに用いられている。アダムが建てたケドルストン・ホール（1758-1767年、no. 532）や、彼が改築したケンウッド・ハウス（17世紀前半、1764-1779年に改築）などのカントリー・ハウスは、イギリス美術が生んだユニークな作品となっている。

アールト，アルヴァ Alvar AALTO

(フーゴ・アルヴァ・ヘンリク・アールト、1898クオルタネ-1976ヘルシンキ)

アルヴァ・アールトは、モダニズムの技術主義へのさらなる衝動を抑えた北欧の人間主義的傾向を代表するフィンランドの建築家であり、人々が精神生理学的に本当に必要としているものに緊密に関わりながら、技術的にも美的にも進歩的な建築を提唱した。アールトの柔軟な取り組み方は、彼の次の言葉に要約される。「機械ではなく自然こそ、建築にとって最も重要な模範である。」

1929年のフランクフルトでのCIAM（近代建築国際会議）に参加する前から、アールトの作品にはヨーロッパの進歩的な考えが反映され、トゥルクのトゥルン・ソノマト新聞社工場（1927-1928年）には、ル・コルビュジエ（1887-1965）の理論が明らかに浸透している。ヴィープリ市立図書館（ヴィーボルク市立中央図書館、1927-1935年、no. 662）では、人に優しい実用性――光を拡散する円筒形の採光装置を設置することで、最適な読書環境が保障される――と抒情的な表現――音響を考慮した講堂の波形にうねる木製の天井――によって国際的名声を得る一方、光に満ち雰囲気も軽やかなパイミオのサナトリウム（1929-1933年、no. 664）では、建物の技術的な面と保険衛生の面の両方に等しく注意が注がれている。アールトの手法は、彼が手掛けた1937年のパリと1939年のニューヨークの万国博覧会フィンランド館によって海外に紹介された。戦後、アールトが好んで用いた建材は、マサチューセッツ工科大学ベーカー・ハウス寮（1947-1948年）やセイナッツァロ市庁舎（1949-1952年）などに見られる暖か味のある赤レンガであった。アールトは1950年代と1960年代を通してヘルシンキに数多くの大規模な公共建築を建てたが、イマトラにあるヴオクセンニスカ聖堂（1956-1958年、no. 695）は、彼の後期における表現主義的建築を代表する。

アールトは曲げ合板による家具のデザインと製作でも先駆者であり、それらは、機能主義の冷たさを和らげるために、暖か味のある天然素材を用いることを好んだ彼の特徴を示している。

アルベルティ，レオン・バッティスタ Leon Battista ALBERTI

(1404ジェノヴァ -1472ローマ)

レオン・バッティスタ・アルベルティは、ルネサンスの傑出した人物のひとりである。彼は遠近法（透視図法）の原理を用いて、洗練された芸術理論を展開した。アルベルティは、1387年にフィレンツェから追放された有力な家の出身であった。追放令が解除された翌年、1429年にフィレンツェを訪れたアルベルティは、フィリッポ・ブルネッレスキ（1377-1446）、ドナテッロ（1386-1466）、マザッチョ（1401-1428）の影響を受け、建築と美術の研究に没頭した。

フィレンツェの有力な商人ルチェッライ家の庇護を受けるようになったアルベルティは、ルチェッライ家のためにフィレンツェにおける彼のもっとも重要な作品、ヴィーニャ・ヌオーヴァ通りに面したパラッツォ・ルチェッライ（1446-1451年、no. 382）と、その裏にあり、現在マリオ・マリーニ美術館となっているサン・パンクラツィオ旧聖堂脇のルチェッライ家礼拝堂の中にある小規模ながら優雅なテンピエット・デル・サント・セポルクロ（聖墳墓の小堂、1467年）を造った。しかし、建築家としてのアルベルティの仕事の主要な部分はローマでなされた。彼は、ベルナルド・ロッセリーノ（1409-1464）によるサント・ステファノ・ロトンドの修復を指導し、また、未完成に終わったリミニのテンピオ・マラテスティアーノに着手（1450年頃）した。後者は、彼が自分の建築原理に従って建設を試みた最初の建物である。このときまで、アルベルティの建築家としての経験は、どちらかと言えば理論的なものであった。

アルベルティは晩年近くにマントヴァで活躍し、サン・セバスティアーノ聖堂（1470年起工）とサンタンドレア聖堂（1462-1494年、no. 387）ではカトリック改革の典型的な宗教建築を先取りしている。一方、サンタ・マリア・ノヴェッラ聖堂のファサード（1456-1470年、no. 388）は、既存の要素と自身の新しい原理を明確に実現する上で加えられた部分とを統合した彼のもっとも重要な作品と考えられている。

アルベルティは古典学と数学、教会法の教育を受けたが、建築を正式に学んだことはなかった。そのため、彼の建築についての考えは、独学で得たものである。建築についてのアルベルティのもっとも重要なふたつの著作は『絵画論』（1435年）と『建築論』（1442-1452年）であり、前者で彼は、建築の基礎として絵画の重要性を強調している。『建築論』は、マルクス・ウィトルウィウス・ポリオ（前80/70頃-前23頃）の『建築十書』と同様に10巻からなっている。しかし、アルベルティは、ウィトルウィウスのように過去の建物の建築法に焦点を当てるのではなく、建物がどのように建てられるべきかについて述べている。『建築論』は、16世紀から18世紀まで古典的技法書として重要であった。

安藤忠雄 Tadao ANDO

(1941大阪-)

しばしば簡素な安藤忠雄の建築は、一見すると厳格なミニマリズムの手法を具現しているように思われるかもしれないが、実際には日本の伝統建築の美学を多く採り入れている。安藤の経歴は珍しく、大学での専門的な建築教育は受けておらず、独学で建築士の資格を取り、建築事務所での見習い経験もない。彼の初期の建物の多くは、コンクリートによる小さな住宅で、モダニズムの原則――抽象、単純な幾何学形、現代的な建材――と日本建築に特有の感性――抑制、静穏、天然素材の重視、自然との繋がり――との調和を求めている。

芦屋の小篠邸（1979-1981年、1983-1984年増築）は、斜面に半ば埋設されたふたつの並行するコンクリートの箱からなり、北棟にはエントランスと居間、南棟には同形の個室が連続する。光は中庭に面した居間の大きな窓に加えて、壁と天井の細いスリットから採り入れられる。感覚への情報を抑えることで、安藤は移ろう光の効果に注意を向けさせる。六甲の集合住宅（no. 173）は、眺望を得るために丘の斜面に建てられた直方体の組合せである。1980年代を通して、安藤は一連の注目すべき宗教建築を造ったが、それらの基本的な調子は、物質的な現実よりも精神的なものへの禁欲的な集中を創り出している。それらには、風の教会（六甲の教会、1986年竣工）や茨木春日丘教会（光の教会）礼拝堂（1989年竣工）などがあり、後者は祭壇の背後に光の十字架を作るガラスを嵌めた隙間のある、内部が質素なコンクリートの箱である。

彼が国内外で建てた数多くの美術館や社屋の中でも、テキサス州のフォートワース現代美術館（2002年竣工）は、水を巧みに用いた傑作である。安藤の建築には揺らぎのない完全性があり、内と外、実と虚、光と影という建築の基本的な二面性を引用しながら、人工物と自然との調和を提案している。

ヴァーグナー，オットー Otto WAGNER
（1841ウィーン-1918ウィーン）

オットー・ヴァーグナーは、16歳でウィーンの工科学院に入学し、その後ベルリンの建築アカデミーで学び、最終的にウィーンの美術アカデミーを卒業した。彼の初期の建築は、徹底した古典様式であったが、1890年にウィーン市の都市計画を任されると、歴史主義様式を捨て、新しい地下鉄のために彼が建てた約30の駅（no. 612）の特徴となっている装飾的な建築を導入した。1894年に、彼はウィーン美術アカデミーの建築科教授となり、2年後に、その就任講義を基に合理的、機能的な建築観を示した著書『近代建築』を出版した。教え子のヨゼフ・マリア・オルブリッヒ（1867-1908）やヨーゼフ・ホフマン（1870-1956）がグスタフ・クリムト（1862-1918）らと1897年に結成したウィーン分離派に、ヴァーグナー自身も1899年に参加したが、1905年にはクリムトと共に脱退した。その運動は当時好まれた芸術趣味から離れ、応用芸術への関心を新たに興すことを目的としていた。ウィーン分離派に関連するヴァーグナーのもっとも重要な建築は、屋上に装飾的な欄干を備え、大理石の外装材で覆われた鉄筋コンクリート造の郵便貯金局（1904-1906年、1910-1912年、no. 626）である。歴史主義と近代性の交差点にあるヴァーグナーの様式は、近代建築に強い影響を与えた。

ヴェンチューリ，ロバート Robert VENTURI
（1925フィラデルフィア-）

ポストモダニズムのゴッドファザーとも言われるロバート・ヴェンチューリは、建築家よりも理論家として長い間知られてきた。彼の作品は、建築史の学術的な知識と大衆文化の皮肉を込めた享受——ポップ・アートに由来する態度——との両方を反映している。

1950年にプリンストン大学大学院修了後、翌年にはエーロ・サーリネンの下で、その後ルイス・カーンの下で短期間働いた。1954年から2年間、イタリアに留学すると共に、カーンのティーチング・アシスタントを始めとして、1954年から1965年までペンシルヴァニア大学で教鞭を執るようになり、そこで、後に妻となるデニス・スコット・ブラウン（1931-）と出会う。ヴェンチューリの最初の主要な建築であるフィラデルフィアのギルド・ハウス（1960-1963年）は、英雄的なところの無い「普通の」、それにもかかわらず、微妙な方法で慣習を退け、建築に詳しい限られた人々に訴えるように計算された歴史的形態への隠された、暗号化された参照を含む建築を具体化したものである。

自分の母親のために建てたペンシルヴァニア州チェスナットヒルのヴァンナ・ヴェンチューリ邸（1961-1964年、no. 939）は、一見すると、ありきたりの郊外のトラクトハウス（まとまった区画に建設された規格化された住宅）のようであるが、多くの曖昧で未解決の要素が、ヴェンチューリが『建築の多様性と対立性』（1966年出版）の中で述べている原理を例証している。この影響力のある著著は、簡潔さや明確さといったモダニズムの基本的な信条に疑問を投げかける一方、新たな複数性と混在性を主張している。ヴェンチューリは1972年に『ラスベガスの教訓』（邦題『ラスベガス』）を出版し、アメリカの平凡な光景としての商業主義「特有の様式」を容認することを提案している。

その後のヴェンチューリの建築には直接歴史に関わるものもある。フィラデルフィアのフランクリン・コート（1972-1976年）は、ベンジャミン・フランクリンのもともとの家と離れ屋の仮想の「残影」の輪郭を描くのに中空のスチール部材を用いている。一方で、ロンドンのナショナル・ギャラリー・セインズベリー・ウィング（1988-1991年、no. 733）では、古典的な要素を用いてユーモラスな効果を得ている。さらにモダニズムのタブーを破ったシアトル美術館（1991年竣工、no. 983）は、臆面ないほどに装飾的で多彩である。ヴェンチューリの建築に対する最大の貢献は、おそらく、建築は記号と象徴に不可避的に関わっていることを認識し、ミース・ファン・デル・ローエの「少ないほど豊かである」という言葉に対して「少ないほど退屈である」と皮肉り、装飾を否定したモダニズムを批判して、ポストモダンを提唱したことにある。

オルタ，ヴィクトール Victor HORTA
（1861ヘント-1947ブリュッセル）

ヴィクトール・オルタは1878年の万国博覧会の折にパリを初めて訪れ、建築家、装飾家のジュール・ドビュッソンの下で修業をした。1880年に父親が他界するとベルギーに戻り、ブリュッセルの王立美術アカデミーに入った。まもなく、オルタはアカデミーの教授でレオポルド2世（1835-1909）の宮廷建築家であったアルフォンス・バラ（1818-1895）の助手となった。1884年にオルタは議事堂設計案を提出し、ゴドシャルル建築競技会で一等賞を得た。翌年にはヘントで3軒の住宅を建てている。1887年のブリュッセルの美術アカデミー卒業者の競技会では、オルタによる自然史博物館の建設案が優勝した。

オルタは、1892年からブリュッセルの自由大学理工学部で教鞭をとり、1899年に教授となり、1993年に同大学教授の物理化学者エミール・タッセルの邸宅（no. 606）を設計した。今日、タッセル邸は、アール・ヌーヴォーの重要なモニュメントになっている。幅が狭く奥行きある敷地に立つタッセル邸の主要な要素は、中央階段とその上の高窓である。階段は、芽吹いた植物模様の細い鋳鉄の支柱——その模様は手摺りのみならず、壁や床の絵やモザイクにまで及んでいる——で支えられている。オルタは、20世紀初頭まで数多くの建築の注文を受けたが、その大半は、ブリュッセルの住宅であった。タッセル邸、ヴァン・エトヴェルド邸（1895-1898年、no. 607）、ソルヴェー邸（1898-1900年、no. 608）は、その中でもよく知られている。また、1898年にはアメリケーヌ通りに自邸（オルタ美術館、no.611）を建てている。

1895年から1899年に、オルタはベルギー労働者党のためにメゾン・デュ・プープル（民衆会館）を建て、一方で、ア・リノヴァシオン（1901-1903年）、マガザン・ウォーケーズ（1906年）などの百貨店も手掛けている。1925年には、パリの現代装飾・産業美術国際博覧会（アール・デコ展）のパヴィリオン・ドヌールを完成させ、1927年にはブリュッセル美術アカデミーの総長となった。1932年にオルタは男爵に列せられ、1937年には彼の最後の計画であるブリュッセル中央駅が起工された。

ガウディ，アントニ Antoni GAUDÍ
（1852レウス／リウドムス-1926バルセロナ）

カタルーニャ州タラゴナ県に生まれたアントニ・ガウディは、1878年にバルセロナの建築学校を卒業した。若い建築家としてのガウディは、ウジェーヌ・エマニュエル・ヴィオレ=ル=デュク（1814-1879）によるゴシック・リヴァイヴァル建築の影響を受けたが、まもなくやや厳格なこの様式から離れ、より大きな独自性と空想性とを展開した。その後、アール・ヌーヴォー運動の中に身を置き、建築と家具をひとつにして、モデルニスタとして知られるアール・ヌーヴォーのスペイン様式を創り出した。

バルセロナのサグラダ・ファミリア（no. 597）は、フランシスコ・デ・ビリャール（1828-1901）が無償で設計を引き受けて1882年に起工した。しかし、ビリャールは意見の対立から翌年に辞任し、ガウディが工事を引き継いだ——責任者として引き継いだのは1891年——が、彼は元の計画を変更し、生涯を通してこの建築に従事し、遥かに大掛かりなものにした。

一方、ガウディは1883年にカサ・ビセンスに着手した。資本家マヌエル・ビセンスからの依頼であったこの建築は、素材とトロンプ・ルイユの効果とアラベスクの中に東方やバロックやアール・ヌーヴォーからの影響を強調して、その後のガウディの様式を予感させる。

また、ガウディは紡績業者エウゼビ・グエイ伯爵（1846-1918）のために、1984年にはグエル（グエイ）別邸、1986年にはグエル（グエイ）邸に着手した。裕福な事業家であったグエイはその後もガウディを支援し、ガウディも20世紀初頭まで、さまざまな公私の建築依頼を受け続けた。1900年に彼は、グエイからバルセロナの丘の斜面の庭園、今日のグエル（グエイ）公園（1900-1914年、no. 614）の依頼を受けた。グエイのもともとの豪勢な計画は、住居とアトリエと礼拝堂と公園——言い換えれば、カタルーニャの首都の中の小さな村——を求めていた。しかし、計画を実施するに当たって、その途方もない経費から、ふたつの住宅と公園だけが造られた。それにもかかわらず、この計画は、風景の自然の形態を尊重しながら、カウディの創造力と独創性を自由に発揮させることになった。

アール・ヌーヴォーを代表するガウディが、過去からもっとも激的な転換を果たした芸術家のひとりであることは間違いない。彼の作品は、今日ユネスコの世界遺産に認定されているが、建設当時は酷く非難された。ガウディの同時代人たちは、ガウディが1905年に設計したカサ・ミラ（no. 629）を、いかなる合理的な建築原理にも該当しない、明らかに有機的な外観から、「ラ・ペドレラ（採石場）」と揶揄〔やゆ〕した。

カーン，ルイス Louis KAHN

（ルイス・イザドア・カーン、1900クレサーレ-1974ニューヨーク）

ブルータリズムの建築家に分類されることもあるルイス・カーンが、厳密には規定されていないその様式の特徴である煉瓦とコンクリートの大胆で大きな形態を好んだことは確かであるが、彼の作品は、彼特有の哲学と歴史的伝統によって形成されている。偉大なカリスマ性を持ったカーンは、建築家たちの間で崇拝の対象となる人物であったが、彼のしばしば簡素な建物は、一般にはあまり魅力的ではなかったように思われる。カーンは、エストニアで生まれたが、まもなく家族はフィラデルフィアに移住した。ペンシルヴァニア大学美術学部建築学科で伝統的な教育を受けた。1935年に自分の事務所を開いたカーンは、1930年代後半にフィラデルフィア住宅局の建設計画に関わった。

1950年代になってようやく、カーンは古代建築に対する自身の愛好と先進的な手法とを総合することができるようになった。精神的に深い部分で通じ合う建築を求めて、カーンは構造、形、空間、光、秩序の基本的な分類を決める原理から建築を再考し始めた。イエール大学アート・ギャラリーの増築（1951-1953年、no. 917）はミース・ファン・デル・ローエ風の優雅な煉瓦とガラスの箱である一方、コンクリート部材の組み立て式工法によるペンシルヴァニア大学リチャーズ医学研究所（1957-1962年、no. 930）は、意図的に複雑で変化に富んでいる。後者では、カーンは「サーヴド・スペース（サポートされる機能空間）」と「サーヴァント・スペース（サポートする機能空間）」との区別を提案し、換気や機械設備を含むサーヴァント・スペースを4本のシャフトにまとめている。研究と思索のための詩的な隠れ家として考えられたカリフォルニア州ラホヤのソーク研究所（1959-1965年、no. 928）は、整然とした対称的なプランであり、そのふたつの棟が太平洋のドラマチックな光景に対する窓枠のようになっている。テキサス州フォートワースのキンベル美術館（1967-1972年、no. 949）は、一連の並行するコンクリートのヴォールトで、照明にユニークな間接光を利用している。バングラデシュのダッカに立つカーンのモニュメンタルな国会議事堂（1961-1982年、no. 166）は、彼の簡潔な幾何学形を最大限の規模で用いている。カーンは、抽象的な幾何学形に舞台性と意味を与える古典的な戦略を用いることによって、また、独創性の無い機能主義や社会的決定論が優位であるような時代に神話的な要素を導入することによって、近代建築に再び活力を与えたと見なされる。

ギブズ，ジェイムズ James GIBBS

（1682アバディーン-1754ロンドン）

スコットランド生まれのジェイムズ・ギブズは、ローマでカルロ・フォンターナ（1634/38-1714）に学び、1708年にロンドンに移った。ギブズに注目した第22代マー伯爵ジョン・アースキン（1675-1732）は、1713年に彼をニコラス・ホークスムア（1661-1736）と共に、ロンドンとウェストミンスターにおける新たな建堂に関する議員立法（1710年）に基づく50の新しい聖堂を建てるための建築家とした。ギブズが最初に手掛けた聖堂は、セント・メアリー・ル・ストランド聖堂（1714-1723年）である。彼の大胆で革新的な傑作、セント・マーティン・イン・ザ・フィールド聖堂（1721-1726年、no. 498）は、18世紀の英語圏にきわめて大きな影響を与えた。

ギブズは、イタリア・バロックの影響下にあったが、イニゴー・ジョーンズ（1573-1652）やクリストファー・レン（1632-1723）といったイギリスの建築家の作品からも影響を受けている。建築史家ジョン・サマーソン（1904-1992）は、ギブズの作品を、レンの建物では十分に展開されていないレンの建築思想を実現したものとさえ評している。ギブズはカトリック教徒でトーリー党員であったため、当時のイギリス建築で流行していたネオ・パッラーディオ様式とは無縁であったことは注目すべきである。パッラーディオ主義者の多くは、ホイッグ党員であった。1728年に、彼は自分の建築設計を収めた『建築の書』を出版した。ギブズは、ケンブリッジ大学セネットハウス（1722-1730年）、ダービーのオール・セインツ大聖堂（ダービー大聖堂）の身廊（1725年）、オックスフォードのラドクリフ・カメラ（1737-1749年、no. 514）でも知られる。

グレイ，アイリーン

（キャスリーン・アイリーン・マリー・グレイ、1878エニスコルシー-1976パリ）

家具デザイナーのシャルロット・ペリアン（1903-1999）と共に、アイリーン・グレイは初期の近代デザインで重要な役割を果たしたきわめて稀な女性である。アイルランドの貴族の家に生まれたグレイは、ロンドンのスレード美術学校と、その後パリのアカデミー・ジュリアンで学んだ。ロンドンで菅原精造（1884-1937）から漆工芸を学んだ彼女は、家具デザイナーとして仕事を始め、成功を収めた。第一次世界大戦後、グレイによる流行のアール・デコの素晴らしい衝立や豪華な室内装飾品は、ジャン・デセールと名付けた自らのパリの店を通して上流社会の顧客に販売された。1920年代から、彼女の手法は、よく知られた肘掛椅子ビベンダムを典型的として、バウハウス風の工業的な性格を帯びた。ビベンダムの曲線を描く筒は、ミシュランの有名なマスコットを想起させる。

彼女のもっとも重要な建築は、コート・ダジュールのロクブリュヌ＝カップ＝マルタンにある別荘E-1027（1924-1929年、no. 667）である。ル・コルビュジエ（1887-1965）の理論の影響を受け、モダニズム美学の最先端にあったE-1027では、テーブルや作り付けのクローゼットや収納といった実用品にグレイが注いだ配慮に注目すべきである。1950年代以降、グレイは視力の悪化により引退し、彼女の仕事は近年まで忘れられてきた。しかし、98歳で亡くなる前に、新しい世代のデザイン愛好家やフェミニズムの学者によって評価され、その独自性に再び関心が向けられるようになった。

グレイヴズ，マイケル Michael GRAVES
（1934インディアナポリス-）

1970年代から1980年代のポストモダニズムを代表する建築家のひとり、マイケル・グレイヴズの目的は、現代建築に（モダニズムの抽象に対立するものとして）「形態付与」の感覚を再び導入することである。彼は、窓、円柱、天井のような要素を記号的に――歴史に由来しない純粋に幾何学的な創案ではなく、文化的に認識できる存在として――「読む」必要があると主張してきた。グレイヴズは、シンシナティ大学とハーヴァード大学大学院で学び、1960年に彼はローマ賞を得て、イタリアで研究を続けた。

彼の初期の建物は、ル・コルビュジエ（1887-1965）の意識的な模倣を特徴としていたが、まもなく古典主義への関心が、実現しなかったノースダコタ州とミネソタ州を結ぶファーゴ＝ムーアヘッド文化センター・ブリッジ案（1977-1978年）に現れた。それは要石とアーチをモチーフとして用いていた。グレイヴズによるオレゴン州のポートランド・パブリック・サーヴィス・ビルディング（ポートランド市庁舎、1982年竣工）は、装飾と歴史主義が現代建築に本当に回復できるかを確める初期のテスト・ケースとなった。文字通りに歴史から引用することはほとんど無かったものの、グレイヴズは四角い塔のそれぞれのファサードを、柱と要石の形をモチーフとして、色彩のある装飾的なデザインとした。これらの実験は、ケンタッキー州ルイヴィルに建てられたヒューマナ・ビルディング（1982-1985年、no. 973）でさらに進められた。

一方、フロリダ州オーランドのウォルト・ディズニー・ワールド・リゾートにある驚くほど派手なふたつのホテル、ドルフィン・リゾートとスワン・リゾート（共に1988-1990年）では、グレイヴズによる色彩豊かな装飾を自由に採り入れている。このふたつのホテルは三日月湖を跨ぐ橋で結ばれていて、その複合体は「エンターテインメント・アーキテクチャ」と評されている。

しかし、コロラド州のデンヴァー市立図書館（1995-1996年）やワシントンD.C.の連邦交通省本部（2002-2006年）のような近年の建物は、彼の華麗な建物がかつて脅かした様式を回復させている。

グロピウス，ヴァルター Walter GROPIUS
（ヴァルター・アドルフ・ゲオルク・グロピウス、1883ベルリン-1969ボストン）

おそらく実践的な建築家としてよりも、教育者、論客として影響力を持ったヴァルター・グロピウスは、ヨーロッパと北アメリカに国際的なモダニズムが広まる上で重要な役割を果たした。1907年から1910年にペーター・ベーレンス（1868-1940）の建築設計事務所に所属した後、アドルフ・マイヤー（1881-1929）と事務所を開き、アルフェルトのファグス靴工場（1911-1913年、no. 635）のファサードを設計した。これは、露出された構造、工業製品の使用、大きなガラスのカーテンウォール、純粋に直線的な幾何学形による削ぎ落とされた美学といった新しい建築のあらゆる要素を含んでいた。20世紀は大衆のものになると信じ、労働者階級により健全な労働と生活の環境を提供することを望んでいたグロピウスは、経済性と社会性にも関心を持っていた。

第一次世界大戦従軍後、グロピウスはアンリ・ヴァン・デ・ヴェルデ（1863-1957）からヴァイマールの工芸学校を託され、それは、1919年に国立バウハウスに統合された。後にデッサウのグロピウスによる校舎（1925-1926年、no. 653）に移ったバウハウスは、比較的少数の学生と短い活動期間にも関わらず、それを遥かに凌ぐ影響力を持った。工芸学校から始まったバウハウスは、工業の大量生産に合致すると見なされた単純化された機械化時代の美学を広めるようになった。それと同時に、バウハウスで教鞭を執った抽象芸術家たちが切り開いた基本的な幾何学形による造形言語を用いた。

グロピウスは、1934年にイギリスに亡命し、さらに1937年にアメリカに移って、ハーヴァード大学大学院の建築学科長という要職に就いた。アメリカの建築家たちは、そこでバウハウスの主義を吸収したのである。また、1945年には若い建築家たちと共同で建築設計事務所TAC（ジ・アーキテクツ・コラボレイティヴ）を結成し、個人的な自己表現よりも共同参画、あるいはチームによる設計を優先することを実践した。

ゲーリー，フランク Frank GEHRY
（1929トロント-）

建築を創造的戯れのひとつの形として考えるフランク・ゲーリーは、長年カリフォルニアの変人として知られてきた。しかし、後に彼は、その束縛されない生き生きとした手法を、多くの国々でのさまざまな大規模プロジェクトに応用し、今やアメリカの独立独行の個人主義をある意味で公式に代表していると思われるほどである。

ゲーリーはカナダのトロント生まれで、後に家族がロサンゼルスに移住した。彼は南カリフォルニア大学建築学校で学び、陸軍に従事した後に、ハーヴァード大学大学院で都市計画を研究し、中退した。その後、ゲーリーは自身の表現を見出すまでにしばらく時間を要した。それは、同時代の芸術家たちとの対話によって次第に形成された。彼の手法にはコラージュ、彫刻的形態、シュルレアリスム、ポップ・アートの皮肉が取り込まれた。サンタ・モニカの自邸（1977-1978年、1991-1994年に改築、no. 965）は、1920年代の普通の平屋建ての家に過激に手を加え、あらゆる既成概念を破っているように見える。軽量鉄骨、トタンの波板、チェーンリンクフェンス（スチール・ワイヤをダイヤモンド状のメッシュに編んだフェンス）、合板といった「ちんけな」建材を寄せ集め、明らかに建設中の状態のままに留めたこの家は、同様の特徴を備えた一連の型破りな住宅の原型となった。

1980年代後半から、ゲーリーの仕事はさらに彫刻的になり、流れるような、うねるような、一貫しない形態が特徴となる。この後期の形式による有名な建築の中には、ロサンゼルスのウォルト・ディズニー・コンサート・ホール（1999-2003年、no. 984）、パリのアメリカン・センター（現シネマテーク・フランセーズ、1994年）、プラハのナショナル・ネーデルランデン・ビルディング（ダンシング・ハウス、1994-1996年、no. 752）、スペインのビルバオに立つグッゲンハイム美術館（1991-1997年、no. 765）、ベルリンのDG銀行ビルディング（1999-2000年）、シアトルのエクスペリエンス・ミュージック・プロジェクト・アンド・サイエンス・フィクション・ミュージアム・アンド・ホール・オヴ・フェイム（EMP|SFM、1999-2000年、no. 990）、マサチューセッツ工科大学ステイタ・センター（2004年竣工、no. 995）、シカゴのプリツカー・パヴィリオン（2004年）などがある。ゲーリーの複雑で型にはまらない構造は、現代の建築デザインにおいて形の無限の可能性を切り開いてきたコンピュータの導入によってようやく実現可能になった。

コールハース，レム Rem KOOLHAAS

(1944ロッテルダム-)

レム・コールハースの力強く先進的な建築は、現代の資本主義、消費文明、グローバル化――つまり、多くの人々が騒がしいと感じる人間性の欠如、混沌、不定性、前例のない規模――という様相を含んでいる。皮肉屋であると同時に現実的なコールハースは、現代都市生活のスピードと混沌を享受している。先行するモダニズムに明らかに関連付けられるものの、彼は、機能主義と事前に計画された案を厳守する古い教義に対して疑問を呈した。

コールハースはアムステルダムで映画を学んだ後、ロンドンの英国建築家協会付属建築学校（AAスクール）とコーネル大学で建築を学び、1975年に自分の建築設計事務所オフィス・フォー・メトロポリタン・アーキテクチャ（OMA）を設立した。

最初は純粋な理論家であったコールハースは、1978年に『錯乱のニューヨーク』を出版した。「マンハッタニズム（都市の過密化）」という現象について丹念に調査したこの熱心な研究によって、彼は「大きいこと」という概念への関心を示し、それが人口過剰な惑星の必要悪として単に許容されるというよりも、むしろひとつの美的選択肢として開拓される余地があると認識したのである。ニューヨークの摩天楼に対する彼の初期の幻想的な計画は、ロシア構成主義への関心を反映して、空想的で色彩豊かなものであった。コールハースの実現した最初の計画には、デン・ハーグの国立ダンス・シアター（1984-1988年、no. 732）やロッテルダム・クンストハル（1992-1993年）などがある。

大きな影響を与えた大著『S, M, L, XL』（ブルース・マウ（1959-）との共著、1995年出版）は、図像、エッセー、日記、物語、OMAのプロジェクトの濃厚なコラージュで、その全体的な主張は、現代の交通手段、電子メディア、流行の移り行くスピードに合わせて建築の行動範囲を拡張するというものである。その後の彼の著書は、ハーヴァード大学での彼の学生と共同で執筆されている。

コールハースの近年の設計には、在ベルリンのオランダ大使館（2003年竣工）、ワシントン州のシアトル中央図書館（1999-2004年、no. 997）、北京の中国中央電視台本部ビルディング（2004-2008年）などがある。

サリヴァン，ルイス・ヘンリー Louis Henry SULLIVAN

(1856ボストン-1924シカゴ)

ルイス・ヘンリー・サリヴァンは、19世紀後半にアメリカ中西部の社会地勢的条件に適した新しい種類の建築を展開したシカゴ派を代表する建築家である。16歳でマサチューセッツ工科大学に入学したが、1年後にはフィラデルフィアに移り、フランク・ファーネス（1839-1912）の建築事務所に入った。1873年にはシカゴのウィリアム・ル・バロン・ジェニー（1832-1907）の事務所に移ったが、まもなく、パリのエコール・デ・ボザールに学んだ。シカゴに戻ったサリヴァンは1879年にダンクマール・アドラー（1844-1900）に雇われ、1881年からは事務所の共同経営者となった。サリヴァンがヘンリー・ホブソン・リチャードソン（1838-1886）のネオ・ロマネスク様式の影響を強く受けていたことは、彼らの建築事務所にとって飛躍となった建物、シカゴの巨大なオーディトリアム・ビルディング（1887-1889年）に明らかに認められる。この初期の建築においても、サリヴァンの特徴である装飾的なモチーフが現れている。成長や多産を象徴するそれらのモチーフは、同時代のヨーロッパのアール・ヌーヴォーに似ているが、環境から自然に育つ「有機的な」建築というサリヴァンの理論を表したものである。

その後、サリヴァンは、ミズーリ州セントルイスのウェインライト・ビルディング（1890-1891年）、ニューヨーク州バッファローのギャランティー・ビルディング（現プルーデンシャル・ビルディング、1894-1895年、no. 863）など、一連の初期の摩天楼の設計をした。1895年にアドラーとのパートナーシップを解消したサリヴァンの仕事は、シカゴのカーソン・ピリー・スコット・アンド・カンパニー・ストア（1899-1904年、no. 861）を最後に低迷し、驚くべき独自性を持った中西部の幾つかの銀行の建築を除いて、彼の晩年は不遇であった。

理想主義的で嘲笑的なサリヴァンの著書『幼稚園のおしゃべり』（1901年出版）では、彼の建築哲学か述べられている。彼の有名ではあるが誤解の多い「形態は機能に従う」という言葉は、簡素な実用主義を主張するものではない。実際、サリヴァンは装飾の象徴体系の可能性にこだわり続け、それが彼の最後の未完の技法書の主題であった。サリヴァンの考えの多くは、彼の優秀な弟子フランク・ロイド・ライト（1867-1959）の建築に引き継がれた。

サーリネン，エーロ Eero SAARINEN

(1910キルッコヌンミ-1961アナーバー)

フィンランドの建築家エリエル・サーリネンの息子エーロ・サーリネンは、13歳の時にアメリカに移住し、クランブルック美術大学で父親に師事し、パリに留学して彫刻を学んだ後、イエール大学で建築を学んだ。1937年に父親と建築設計事務所を設立し、数多くの設計を手掛けた。けれども、彼が初めて人々の注目を集めたのは、ミズーリ州セントルイスに建設されるジェファソン・ナショナル・エクスパンション・メモリアルの記念碑のコンペティション（1948年）で優勝したゲートウェイ・アーチ（1963-1965年、no. 910）の簡潔で際立つデザインによってである。サーリネンは、まもなくミース・ファン・デル・ローエ風のモダニズムの形態と美学を吸収し、それをミシガン州ウォレンのジェネラル・モーターズ技術センター（1949-1955年、no. 906）などの優美で直線的な建物にモニュメンタルな規模で実現した。巨大な潟湖を中心にしたその複合施設は、建設時には「産業のヴェルサイユ」として称揚された。

これ以後、サーリネンの建築は空想的で折衷的になり、それぞれのプロジェクトが固有の外見、形態、構造、建材の使用を示すようになる。彼の表現豊かな彫刻的作風は、イエール大学インガルズ・ホッケーリンク（1953-1958年、no. 927）やジョン・F. ケネディ国際空港TWAターミナル（1956-1962年、no. 926）に代表される。後者では、鉄筋コンクリートの4つのシェルがY字形の柱で支えられ、その全体構成は、飛び立つ寸前の鷲を想起させる。「旅のドラマと特別な感覚と興奮」を表現することを意図したとサーリネンは述べている。対照的に、イリノイ州モリーンのジョン・ディア本社（1963年、no. 941）のファサードは、錆びたスチールの格子が積み重なっているように見える。サーリネンの早すぎる死によって、興味深く多様な一連の試みが途切れてしまったが、シーザー・ペリ（1926-）やケヴィン・ローチ（1922-）やジョン・ディンケルー（1918-1981）といった多くの著名なアメリカの建築家が、彼の建築設計事務所から育ち、サーリネンが推進した近代建築における表現の革新は、さらに前進することになった。

サンソヴィーノ，ヤーコポ Jacopo SANSOVINO

(1486フィレンツェ -1570ヴェネツィア)

彫刻家、建築家ヤーコポ・サンソヴィーノはフィレンツェの彫刻家アンドレア・サンソヴィーノ（1467頃-1529）の下で彫刻家として修業し、その名字を譲り受けた。彼の初期の彫刻は、古典古代の芸術から大きな影響を受けている。彼は1506年から1511年、1516年から1527年にローマで彫刻家、古代彫刻の修復家として働く一方、幾つかの建物の設計を手掛けている。1527年のローマ略奪によってヴェネツィアに逃れたサンソヴィーノは、盛期ルネサンスのローマ建築の古典様式をヴェネツィアに持ち込んだ。1529年には、サン・マルコ大聖堂の主任建築家、監督官に任命され、ヴェネツィアでもっとも有力な芸術家のひとりとなり、公共建築や宮殿や聖堂の建築と再建を手掛けた。それらの建物の様式は、ドナート・ブラマンテ（1444-1514）の古典的伝統と装飾的なヴェネツィア的手法との融合が特徴である。

ヴェネツィアでのサンソヴィーノの建築の仕事には、サン・マルコ大聖堂の主祭壇（1533年頃）、サンタ・マリア・デッラ・ミゼリコルディア新同信会館（1534-1583年）、サン・フランチェスコ・デッラ・ヴィーニャ聖堂（1534-1554年）、パラッツォ・コルネル・ア・サン・マウリツィオ（1532年設計）、パラッツォ・コルネル・デッラ・カ・グランデ（1537-1561年、no. 416）などがある。さらに、ヴェネツィアの中心、サン・マルコ広場のマルチャーナ図書館（1537年起工、no. 409）、造幣局（1535-1547年）、鐘楼のロジェッタ（1538-1540年代半ば）の建築を任された。マルチャーナ図書館は、間違いなく彼の傑作であり、1階はドーリア式オーダー、2階はイオニア式オーダーの列柱が長い壮大なファサードを形作っている。彼のもうひとつの傑作は、ヴェネト州カンディアーナのポンテカザレに立つヴィッラ・ガルゾーニ（1540年頃起工、no. 424）である。サンソヴィーノは、後のヴェネツィアの建築家アンドレア・パッラーディオ（1508-1580）やバルダッサーレ・ロンゲーナ（1598-1682）に大きな影響を与えた。

ジェファソン，トーマス Thomas JEFFERSON

（1743シャドウェル-1826モンティチェロ）

トーマス・ジェファソンは、第3代アメリカ合衆国大統領である。大学で数学や哲学を学んだ後に、法律を学んで、1767年にヴァージニア植民地の法廷弁護士となった。1769年にはヴァージニア植民地議会議員となり、1775年からは第二次大陸会議の代議員を務めた。ジェファソンは、1776年の独立宣言の主要な起草者として知られている。1784年から1789年にフランスに滞在し、駐フランス公使を務めた。帰国後、ジョージ・ワシントン（1732-1799）の下で国務長官を務め、1800年に大統領に選出される前には副大統領を務めた。ジェファソンは偉大な政治家のひとりであり、1809年まで大統領を務めた。近代アメリカの建設者として重要な役割を果たした彼の思想は、アメリカの共和主義の基礎となった。

ジェファソンは、政治家であっただけではなく、建築家でもあった。彼は、自動ドアや回転椅子を備えた当時としてはとても近代的なモンティチェロの自邸（1769-1809年、no. 836）を設計している。政治活動から引退後、ジェファソンはその晩年をシャーロッツヴィルのヴァージニア大学（1804-1826年、no. 845）の設立に捧げた。彼は建物を計画し、教授陣を集め、その組織を構想した。ジェファソンは1826年7月4日、アメリカ独立宣言の50周年記念日に亡くなった。

ジョーンズ，イニゴー Inigo JONES

（1573ロンドン-1652ロンドン）

イニゴー・ジョーンズは、イタリアで建築を学び、イングランドにルネサンス建築を紹介した最初の建築家である。1598年頃から1603年、1613年から1614年にイタリアに留学し、1606年にもイタリアにいた可能性がある。

ロンドンのクイーンズ・ハウス（1616年起工、no. 451）、ホワイト・ホール宮殿バンケティング・ハウス（1619-1622年、no. 453）、コヴェント・ガーデン（1630-1635年、no. 459）など、ジョーンズによる有名な建築には、イタリア建築の強い影響が認められる。とりわけイタリア人建築家アンドレア・パッラーディオ（1508-1580）を参考としたジョーンズは、数学的比率を重視し、ひとつの建築原理として立方体の建物の模範を確立した。聖堂、広場、街路を含む、彼のコヴェント・ガーデンの設計は、ロンドンの最初の都市計画と考えられている。

ジョーンズはまた、数多くの仮面劇の舞台デザインでも知られている。

ジョンソン，フィリップ Philip JOHNSON

（1906クリーヴランド-2005ニューカナン）

ハーヴァード大学で歴史と哲学を学んだフィリップ・ジョンソンは、1930年から1936年までニューヨーク近代美術館の学芸員となり、1932年にアメリカにヨーロッパの最先端のモダニズム建築を紹介する近代建築展を建築史家ヘンリー＝ラッセル・ヒチコック（1903-1987）と共にニューヨーク近代美術館で開催し、それを『国際様式』という書籍に出版した。1940年にハーヴァード大学大学院に入り、ヴァルター・グロピウス（1883-1969）やマルセル・ブロイヤー（1902-1981）の下で建築設計を学んだ。その後、1946年から1954年まで再びニューヨーク近代美術館の学芸員を務め、「ミース・ファン・デル・ローエ」展（1947年）などを開催する一方、コネチカット州ニューケーナンにミース・ファン・デル・ローエの影響を強く受けた自邸（ガラスの家、1947-1949年、no. 911）を建てた。

1960年代のジョンソンの建築は、次第に自由で折衷的、装飾的、耽美的にさえなり、「ニュー・フォーマリズム」の一翼を担った。古典的なモチーフを想起させるニューヨークのリンカーン・センターに立つ彼のニューヨーク州立劇場（1960-1964年）は、その典型的な例である。1967年以降はジョン・バーギー（1933- ）と、ヒューストンにあるモダニズムのペンゾイル・プレイス（1970-1976年）やニューヨークのソニー・ビルディング（旧AT&Tビルディング、1978-1984年、no. 972）など、数多くの企業の大規模な建物を設計した。後者の石の外装材、途切れたペディメント、モニュメンタルなエントランス・ロビーなどは、アメリカのポストモダニズムの嚆矢となった。

シンケル，カール・フリードリヒ Karl Friedrich SCHINKEL

（1781ノイルッピン-1841ベルリン）

カール・フリードリヒ・シンケルは18世紀ドイツの新古典主義を代表する建築家、画家で、ベルリン美術アカデミーの教授であった。シンケルは建築家フリードリヒ・ジリー（1772-1800）に学んだ。1803年から1805年にイタリアとフランスに滞在してベルリンに戻ると画家として仕事を始め、風景画ではロマン主義的自然描写への才能を示した。

1810年にシンケルはプロイセン王妃ルイーゼ・フォン・メクレンブルク＝シュトレーリッツ（1776-1810）の墓廟の図面を作成し、1819年にはベルリン大聖堂のゴシック・リヴァイヴァル様式による素晴らしい図案を描いた。彼の有名な建物は、ノイエ・ヴァッヘ（1816-1818年、no. 557）、ベルリン王立劇場（シャウスピールハウス、1819-1821年、no. 562）、アルテス・ムゼウム（1823-1830年、no. 565）など、ベルリンとその周辺にある。しかし、彼の才能は、アテネのアクロポリスのギリシア王国王宮への改築、クリミアのオリアンダ宮殿、フリードリヒ大王の記念碑といった実現されなかった計画案にもっともよく現れている。

スターリング，ジェームズ James STIRLING

（1926グラスゴー -1992エディンバラ）

20世紀後半に影響力を持った建築家のひとりジェームズ・スターリングは、1920年代の初期のモダニズムの成果に疑問を持ち始めた世代に属する。モダニズムの正当性に対する批判から、結局、彼はそれまで抑圧されてきた西洋建築の過去の歴史に回帰することになった。

スターリングはリヴァプール大学で建築を学び、とりわけ、建築史家、理論家コリン・ロウ（1920-1999）の影響を受けた。1956年から1963年までロンドンでジェームズ・ゴーワン（1923-）と共同で建築設計事務所を開いた。彼らのレスター大学工学部棟（1959-1963年、no. 703）は、四角い幾何学形の不整合な集合体で、赤い煉瓦、大きなガラス壁、ドラマチックな片持ち、鋸歯状の天窓を特徴とし、ブルータリズムの建築家というスターリングの評価を確定した。ケンブリッジ大学歴史学部棟（1964-1967年）も同様の性格であるが、大きなガラス面には機能的な欠点がある。1971年からはマイケル・ウィルフォード（1938-）と協働したが、プロジェクトをほとんど実現させることができなかった。

しかし、ロンドンのテート美術館の石で覆われたクロア・ギャラリー（1980-1985年）をきっかけとして、スターリングは歴史的、古典的形態への関心を明らかにした。大きな三角形の開口部が入り口となっているファサードは、ポストモダン建築を予感させるモニュメンタルな性格を示している。これは、シュトゥットガルト美術館新館（1977-1984年、no. 721）でも同じであり、その鮮やかな色彩のハイテク建材は、古代ローマや新古典主義の建築を想起させる巨大な廃墟という全体の解釈を覆すものではない。けれども、皮肉なことに、スターリングによるロンドンの個性的なオフィス・ビルディング、ナンバーワン・ポールトリー（1986-1996年）は、ヴィクトリア朝の建物を建て換えたため、歴史的感受性の欠如を批判された。

ソーン，ジョン John SOANE

（1753ゴーリング・オン・テームズ-1837ロンドン）

ジョン・ソーンはイギリスの新古典主義を代表する建築家である。彼は建築をジョージ・ダンス（1741-1825）とヘンリー・ホランド（1745-1806）に学ぶ一方、1771年にロイヤル・アカデミーに入り、翌年に銀メダル、1776年に金メダルを獲得した。、さらに、1777年には給費留学の資格を得てイタリアに行き、1780年に帰国した。1788年にイングランド銀行の建築監督となり、その建物（1788年以降、no. 547）の外周は彼のもっとも有名な作品となった。他の重要な公共建築には、イングランドで最も古い公開美術館であるダリッジ・カレッジ美術館（1811-1814年、no. 555）がある。彼の建築の特徴は明確な線、注意深い比率、光源の巧みな利用にある。ソーンは1802年にロイヤル・アカデミー会員になり、1806年には建築の教授となった。彼の自邸（現ジョン・ソーン博物館、1808-1812年、no. 560）は、1835年に国家に寄贈したものである。

丹下健三 Kenzo TANGE

（1913堺-2005東京）

戦後日本の秀でたモダニズムの建築家、丹下健三はヨーロッパ建築の最新の革新を吸収する一方で、伝統的な日本の形や構造を尊重し続けた。丹下は東京帝国大学に学び、卒業後、前川國男建築事務所で岸記念体育館を担当した。1941年に東京帝国大学大学院に入学し、その後、同大学（東京大学）で1946年から1974年まで教鞭を執った。1949年に広島平和記念公園のコンペで優勝し、その中心となる施設、広島平和記念資料館（1955年竣工）は、古い日本の木造建築とル・コルビュジエ（1887-1965）のブルータリズム美学の両方を想起させる近代的な柱と梁の構造となっている。また、香川県庁舎（1955-1958年）のファサードでも楣〔まぐさ〕式構造が強調されている。1960年に丹下は、東京をグリッド状に海上に拡張する東京計画1960という壮大な都市発計画を提案した。この案は実現されることはなかったものの、大きな影響を残した。丹下は、1964年の東京オリンピックのための鷲が舞い降りたような形態の国立屋内総合競技場（代々木体育館、1963-1964年、no. 164）によって国際的に認知された。静岡新聞・静岡放送東京支社（1967年竣工、no. 168）では、再びブルータリズムの美学が応用され、力強い効果を得ている。

丹下のその後の多くのプロジェクトは、バーレーン、アメリカ、ナイジェリア、シンガポールなどでも実現されたが、注目すべきは、高さ243メートルの東京でもっとも高い建物となった東京都庁舎（新都庁舎、1991年竣工）である。彼の一風変わったFCGビル（フジテレビ本社ビル、1996年竣工、no. 182）は、ふたつの直方体の棟が格子状の渡り廊下で結ばれた左右非対称の構成で、その渡り廊下が直径32メートルの銀色の球体展望室を貫いている。丹下研究室出身者には、槇文彦（1928-）、磯崎新（1931-）、黒川紀章（1934-2007）など著名なモダニズム建築家がいる。

ニーマイヤー，オスカー Oscar NIEMEYER

（オスカー・リベイロ・アルメイダ・ニーマイヤー・ソアーレス、1907リオデジャネイロ-）

オスカー・ニーマイヤーは、ヨーロッパのモダニズムを南アメリカにもたらしただけでなく、ブラジルの地域的な特性に合わせて、時には禁欲的なモダニズムの手法を変調させた。ニーマイヤーの造形言語は、国際的なモダニズムのそれであったが、表現豊かで有機的な形態への志向を強く反映している。彼は長方形のデザインは不自然で、硬直していると見なし、自然や有機的な形態に見られる「自由な曲線」を優先した。

ニーマイヤーは、1934年にリオデジャネイロ国立芸術大学建築学部を卒業し、翌年からルシオ・コスタ（1902-1998）の設計事務所に勤務していた。そこで、1936年にコスタが新しい教育保険省庁舎の設計顧問としてリオデジャネイロに招いたル・コルビュジエ（1887-1965）から決定的な影響を受けた。

ニーマイヤーが初めて国際的に認知された建築は、パンプーリャ湖畔のリゾート開発のための多様で彫刻的な形態のパヴィリオン（1942-1944年）であった。その後10年間は、ブラジルで工場、学校、戸建住宅、集合住宅の設計をしていたが、それらはすべて、モダニズムの形式をより抒情的で曲線的な表現形式に作り変えたものであった。その後、ニーマイヤーはコスタ監修の下、新しい首都ブラジリア（1956年以降、no. 924）の建設プロジェクトに参加した。プラナルト宮殿（大統領府、1958-1960年、no. 937）、最高裁判所、国会議事堂、大聖堂など、ゆったりと配置されたこれらの建物は、簡潔な優雅さを備えたユニークな形態で、すべてに曲線が多用されている。

共産党員であったニーマイヤーは、ブラジルの軍事政権下での設計を禁じられたために、1966年から1985年まではフランスを中心に仕事をした。ニテロイ現代美術館（1996年竣工）やクリチバのオスカー・ニーマイヤー美術館（2002年、no. 993）など、ブラジルに戻った彼の近年の建築も印象的な形態である。

ヌーヴェル，ジャン Jean NOUVEL

（1945フュメル-）

ジャン・ヌーヴェルの建築は極めて多彩であるが、新しい形態と技術を用いた絶え間ない創造の実験によって特徴づけられる。この点で、彼はウジューヌ・エマニュエル・ヴィオレ=ル=デュック（1814-1879）からアレクサンドル・ギュスターヴ・エッフェル（1832-1923）、ヴクトール・コンタマン（1840-1893）、ウジューヌ・フレシネ（1879-1962）、オーギュスト・ペレ（1874-1954）、ジャン・プルーヴェ（1901-1984）に至るフランス工学の伝統を受けついでいると見ることができるかもしれない。ヌーヴェルの魅力は、とりわけ光の透過と反射の複雑な効果にある。ヌーヴェルはパリのエコール・デ・ボザールに学び、1967年から1970年まで建築家クロード・ペラン（1923-）とポール・ヴィリリオ（1932-）の助手を務めた。

ヌーヴェルが国際的に注目されるようになったアラブ世界研究所（1981-

1987年、no. 731）は、伝統的なアラブの象徴をハイテクな造形言語で作り変えたものである。北側はセーヌ川に面して弧を描いたガラス壁となっているが、広場に面した反対の南側は、平面的なガラス壁に加えて、格子の中に幾何学模様を描く240組の金属板が取り付けられている。それらの金属板は、外部の光量に合わせてモーター制御で開閉し、採光を調整する仕組みになっている。実際、それらは、中東や北アフリカの伝統的な住宅の窓に付けられるろくろ細工の木製格子マシュラビーヤを想起させる。ヌーヴェルによるニームのネモージュス1集合住宅（1987年竣工）には、多くの金属部材が用いられている。パリのラ・デファンス地区のための実現しなかった「トゥール・サン・ファン（無限の塔）」というヨーロッパでもっとも高い塔の建築計画は、下から花崗岩、アルミニウム、ステンレス・スチール、最後にガラスによって水平に分節し、空に消えゆくように見えるはずであった。パリのカルティエ財団ビルディング（1991-1994年、no. 760）は、一連の自立したガラス壁に部分的に隠されている。ヌーヴェルの近年の作品には、バルセロナに立つ銃弾型のトーレ・アグバール（2005年竣工）やアブ・ダビに建設中のルーヴル美術館の新しい分館（2009年起工）などがある。ヌーヴェルは2008年にプリツカー賞を受けた。

ノイトラ，リチャード Richard NEUTRA

（リヒャルト・ヨーゼフ・ノイトラ、1892ウィーン-1970ヴッパータル）

リチャード・ノイトラは、ヨーロッパのモダニズムの革新を北アメリカに持ち込んだ建築家のひとりである。彼は、ウィーン工科大学でオットー・ヴァーグナー（1841-1918）とアドルフ・ロース（1870-1933）の下で建築を学んだ。特にロースは、ウィーン分離派の装飾を拒否する必要性をノイトラに教え込んだ。この傾向は、ノイトラがフランク・ロイド・ライト（1867-1959）の仕事を見出すことでさらに強められた。また、1923年にアメリカに移住する前の一時期、ベルリンのエーリッヒ・メンデルスゾーン（1887-1953）の建築事務所で働いている。

アメリカでは、タリアセンのライトの下で働いた後、ロサンゼルスで自身の事務所を開いた。ロヴェル邸（健康住宅、1927-1929年、no. 885）といったカリフォルニア州でのノイトラの初期の住宅は、その形態、建材、考え方が急進的に近代的である。急峻な丘の斜面に立つ、ロヴェル邸は、鉄骨組みと吊り下げケーブルの革新的な手法を用いて、平面的で、特に透明で見た目に重量感の無いテラスを創り出している。ノイトラの影響は、後に雑誌『アーツ・アンド・アーキテクチャ』が企画した実験的住宅建築プログラム「ケース・スタディ・ハウス」と、モダニズムの住宅設計によって決定的になった。ノイトラは、大規模集合住宅や先進的な学校の設計など、大規模なプロジェクトにも関心を持った。

第二次世界大戦後の彼のもっとも著名な傑作は、カリフォルニア州パームスプリングのカウフマン邸（カウフマン・デザート・ハウス、1946-1947年、no.904）である。そこでは、一連の優雅なガラス壁の空間が、ライトの建築を想起させる「風車」プランに従って配置され、砂漠の壮観な風景に焦点が向けられている。その後のノイトラのロサンゼルスでの大規模な建物に傑作は少ないが、『生存へのデザイン』（1947年出版）といった彼の著作は、心理的要因が建築空間を形作る上で果たす役割についての複雑な理論について述べている。

パッラーディオ，アンドレア Andrea PALLADIO

（アンドレア・ディ・ピエトロ・デッラ・ゴンドラ、1508パドゥア-1580ヴィチェンツァ）

アンドレア・パッラーディオは、西洋建築の展開において重要な芸術家、建築家、文筆家であった。1524年にパドゥアからヴィチェンツァの石工の工房に移り、1540年頃にその才能が人文主義者のジャン・ジョルジョ・トリッシノ（1478-1550）に見出されて、ギリシアの知恵の女神パラス・アテーナーに因んだパッラーディオの名を与えられた。トリッシノはパッラーディオに芸術、科学、古典文学を学ばせ、ローマに連れて古典建築を研究する機会を与えた。パッラーディオは、古典形式による建築の注文を数多く受けたが、ヴィチェンツァのパラッツォ・デッラ・ラジョーネ（バシリカ・パッラディアーナ、1549-1614年、no. 423）、パラッツォ・キエリカーティ（1550-1680年頃）、ヴィッラ・アルメリコ・カプラ（ラ・ロトンダ、1566-1591年、no. 429）など、主に貴族の宮殿や別荘の建設を専門とした。1560年代には、宗教建築の設計も手掛けている。彼は、ベネディクト派のサン・ジョルジョ・マッジョーレ修道院の食堂、サンタ・マリア・デッラ・カリタ修道院（現アカデミア美術館）の回廊、サン・フランチェスコ・デッラ・ヴィーニャ聖堂のファサードを完成させた。一方で、驚くべきことに、パッラーディオはヴェネツィアでは世俗建築の注文を受けることができなかった。ヴェネツィアにおける彼の仕事の頂点は、今日も残る3つの壮大な聖堂、サン・ジョルジョ・マッジョーレ聖堂（1566-1610年、no. 434）、サンティッシモ・レデントーレ聖堂（イル・レデントーレ、1577-1592年、no. 437）、サンタ・マリア・デッラ・プレゼンタツィオーネ聖堂（イル・ツィテッレ、パッラーディオが手掛けたのはファサードのみ、1562年）である。

1570年にパッラーディオは、建築理論書『建築四書』を出版し、同年にヴェネツィア共和国の建築顧問に任命された。彼は数多くのルネサンスの思想家や建築家の影響を受けたが、同時代の考え方からは独立した概念を発展させた。パッラーディオの仕事は、他のルネサンスの建築家が示した壮麗さにやや欠けるものの、その代わりに古典古代の建築に着想を得た、完成された方法を確立し、それはイギリスにおけるネオ・パッラーディオ様式などに時代を越えて引き継がれた。

ハディド，ザハ Zaha HADID

（1950バグダード- ）

ザハ・ハディドは、現在世界で活躍するおそらくもっとも著名な女性建築家である。子どもの頃、彼女は古代シュメールの都市や、イラク南部の湿地帯の葦で作られた村々の美しさに感銘を受けた。ロンドンの英国建築協会付属建築学校（AAスクール）で学んだ後、レム・コールハース（1944- ）の建築設計事務所オフィス・フォー・メトロポリタン・アーキテクチャ（OMA）で働き、1977年にそのパートナーとなった。1980年にロンドンで独立したハディドは、主として理論的な、実現することのない計画案を作る一方で、AAスクールなどで教鞭を執った。密集した層をなし、爆発によって断片化されたような形態の特徴から、彼女は脱構築主義の建築家と見なされている。

計画案の多くが概念的、または実験的であったため、幾つかの国際コンペティションで勝利を収めているにも関わらず、1990年代半ば以前には、僅かな建物しか建てることができなかった。それらの実現されなかった設計案には、香港のピーク・クラブ（1982年）やウェールズのカーディフ・ベイ・オペラハウス（1994年）がある。実現されて国際的な注目を集めたハディドの最初の建物は、ヴェイル・アム・ラインに立つ小規模ではあるものの極度に角張ったヴィトラ消防ステーション（現ヴィトラ・チェア・ミュージアム、1993-1994年、no. 754）である。より最近の作品には、オハイオ州シンシナティのローゼンタール現代美術センター（2003年竣工）、ヴォルフスブルクのファエノ科学センター（2000-2005年、no. 782）などがあり、2012年ロンドン・オリンピックの水泳センターも建てることになっている。建築にドラマチックな光、形態、色彩を与えようとする彼女の要求は、視覚的に印象的な結果を生み出している。

彼女は抽象彫刻家としても活躍している。2004年にザハ・ハディドはプリツカー賞を受賞した最初の女性建築家となった。

バラガン，ルイス Luis BARRAGÁN

（1902グアダラハラ-1988メキシコシティ）

メキシコ人建築家ルイス・バラガンの簡潔ではあるが感情を呼び覚ますような建物は、国際的なモダニズムとその土地固有の伝統との橋渡しを試みるという点で、「批判的地方主義」とも呼ばれる考え方を典型的に示している。グアダラハラに生まれたバラガンは、同地の自由工科大学で水力工学を専攻し、建築についてはほぼ独学であった。とりわけル・コルビュジエ（1887-1965）の影響を受け、同時代の造園と彫刻に対する関心から、1940年頃にバラガンの極めて個性的な美的感覚が形成された。メキシコシティやその近郊の裕福な顧客のために、バラガンはヨーロッパのモダニズムの工業的な美学ではなく、伝統的なメキシコの建物の簡素な固有の形態を想い起こさせる明瞭で幾何学的な量感を持つ一連の邸宅を造った。彼が特に強調したのは、明るい対照的な色で塗られた表面の粗い日干し煉瓦による壁の存在の重要性である。バラガンは庭園設計でも革新的で、ペドレガル庭園分譲地（1945-1954年）などに見られる建物と屋外空間との驚くべき組み合せは、彼のアルハンブラ宮殿（no. 49）への傾倒を示している。1947年にバラガンは、メキシコシティのタクバヤ地区に、熟慮されたミニマリズムの出発点としてその土地の農家を用いて、注目すべき自邸（1948年、no. 905）を建てた。彼の建てたすべての邸宅と同じく、彼の自邸も、外界からの隠れ家であり、簡素で静穏な「禁域」であることを提案している。その後もバラガンは、ラス・アルボレダスの分譲地の都市計画（1958-1963年）などを手掛けている。周到に用意された写真のように、バラガンの仕事にも夢想的なシュルレアリスムの要素があり、メキシコシティ近郊のサン・クリストバルの厩舎とエゲルシュトリーム邸（1967-1968）での詩的な水の用い方はその顕著な例である。バラガンのモダニズムは、感覚や創造力やその地方の感覚を優先し、機械的な非人間性を根本的に否定している。

ピアノ，レンゾ Renzo PIANO

（1937ジェノヴァ -）

ハイテク建築家と言われることもあるレンゾ・ピアノは、実際には、技術を必ずしもあからさまではない微妙な方法で用いている。彼の建築の特徴は形式の多様性と文脈や使用者の必要性に対する感受性にあるとした方がより適切である。ピアノはミラノ工科大学で学び、後にそこで教鞭を執った。1965年から1970年にはルイス・カーンと協働している。1970年から1977年までリチャード・ロジャースと建築設計事務所ピアノ＋ロジャースを主宰し、最初の主要な建築となるジョルジュ・ポンピドゥー・センター（1971-1977年、no. 716）を手掛けた。この壮大な複合文化施設は、巨大な工場か機械のように見えるが、その設計は、柔軟性と使い勝手という考えに基づいている。剥き出しのスチールの外骨格は内部空間を自由にするためのもので、他方、すべて色分けされた設備を同じように強調して見せることによって、建物の外周に、にぎやかで装飾的な模様を創り出している。

ピアノの建築計画の多くはイタリアで実現されたが、他国での仕事で注目すべきなのは、テキサス州ヒューストンのメニル・コレクション（1982-1986年、no. 971）である。それは、灰色の落ち着いた邸宅――デ・メニル夫妻が芸術家たちに貸した家――が並ぶ街の中に立つ、木で覆われ、同じような色で塗装された一連のパヴィリオンからなる美術館であるが、天窓からの採光は曲線を描くコンクリートの羽で制御されている。また、人工島の上に前例のない規模で建てられた大阪の関西国際空港旅客ターミナルビル（1987-1994年、no. 179）は、概念的にも視覚的にも簡潔な直線的配置で、微妙な弧を描く銀色の屋根は、新鮮な空気の循環に役立っている。

その後のピアノの博物館のプロジェクトには、フランス領ニューカレドニアのヌメアに立つジャン＝マリー・ティバウー文化センター（1991-1998年、no. 186）がある。それは、礁湖に面した村を暗示するように緩やかな円弧状に配置された卵のような形態の一連の木造構築物である。テキサス州ダラスのナッシャー彫刻センター（2003年）とニューヨークのモルガン・ライブラリー増築（2003-2006年）は、軽やかさと透明感と優雅な抑制で注目すべきである。彼の最新のプロジェクトであるザ・ニューヨーク・タイムズ・ビルディング（2003-2007年）は、マンハッタンでの革新的な摩天楼の形態を復活させたものとして評価されている。

ファティ，ハッサン Hassan FATHY

（1900アレクサンドリア-1989カイロ）

社会的、気候的に敏感な建築の開拓者ハッサン・ファティは、伝統的な――特に、泥と日干し煉瓦の――建設方法を回復することを選択して、モダニズムの主流である技術や建材の革新を意図的に避けた。カイロ大学で建築を学んだファティが、この建設方法の可能性を追求し始めたのは1937年のことである。1946年から1953年に、彼はエジプト政府考古庁に雇われ、ルクソール近郊の新グルナ（クルナ）村（no. 69）の建設を監督した。これは、盗掘を生活の手段としていた人々を移転させた集団居住地に新しい住居を提供するものであった。ファティは、住人に自らの住居の建て方を教えたが、多くの新聞は、その試みが特に成功していないと報じた。それから、ファティはエジプト教育省のために一連の学校を設計し、後に、ギリシア、イラク、パキスタン、アフリカ諸国で仕事をした。1963年に最終的にカイロに戻ったファティは、長年カイロ大学の建築学部長を務めた。ファティはまた、伝統的なアラブの住宅のレイアウト、美学、気候に対する機能、とりわけ、厚い壁や中庭や天井の換気口を利用した受動冷却について研究した。

ファティの実践は、恵まれない人々に対して求められる住居や機能的な建築を継続的に供給するなど、緊急の社会的要求を満たす上で、建築が明らかに先進的であったり魅力的であったりする必要のないことを示している。ファティの著書『貧者のための建築』（1973年出版）は、田舎に住む人々のための安価で、省エネルギーで、社会的に適当な建築についての彼の探求に対する国際的な注目を集めたが、それはますます今日的な課題となっている。

フィッシャー・フォン・エアラッハ，ヨハン・ベルンハルト Johann Bernhard FISCHER VON ERLACH

（1656グラーツ-1723ウィーン）

職人の息子として生まれたヨハン・フィッシャーは、修業のため16歳で故郷を離れ、ローマでオーストリア人ヨハン・パウル・ショル（ジョヴァンニ・パオロ・テデスコ、1615-1674）の工房、後にジャン・ロレンツォ・ベルニーニ（1598-1680）の工房で彫刻と建築を学び、また、フランチェスコ・ボッロミーニ（1599-1667）とグアリーノ・グアリーニ（1624-1683）の建築に触れた。

才能ある建築家としての名声を得て、1687年にオーストリアに戻ったヨハン・フィッシャーは、オスマン帝国による1683年の第二次ウィーン包囲で破壊された建物を修復する注文に追われた。神聖ローマ皇帝レオポルト1世（1640-1705）は彼を宮廷建築家に任じ、ヨハン・ベルンハルト・フィッシャー・フォン・エアラッハとして貴族に列した。その後も、彼はヨーゼフ1世（1678-1711）の宮廷で、ドイツ後期バロックの第一人者として活躍した。

フィッシャー・フォン・エアラッハのもっとも有名な建築は、シェーンブルン宮殿（1696年起工、no. 482）である。ウィーン郊外のこの壮大な宮殿は、オーストリアのヴェルサイユと称される。彼はその他に、プリンツ・オイゲン宮殿（1695-1698）やカールス聖堂（カール・ボロメオス聖堂、1716-1737年、no. 492）などウィーンに幾つかの建物を建設している。

フィッシャー・フォン・エアラッハは、自身の様式を展開する上で、さまざまな時代の建築要素を組合せ、古典的な技術とバロックのそれとを総合したのである。

フォスター，ノーマン Norman FOSTER
（1935マンチェスター -）

もっとも注目を集め、数多くの作品を産み出している現代建築家のひとり、ノーマン・フォスターは、新しい技術に躊躇することのない関心を示しているが、形態、光、脈絡、使い勝手、環境への影響についても同じように鋭敏である。しばしばハイテク建築家と呼ばれているが、フォスター自身は、注文主にとってもっとも高い効率で、快適で、胸躍るような環境を創り出すために適当な技術を用いることにのみ関心を持っていると述べている。マンチェスターに生まれたフォスターはイエール大学で建築を学んだ。その後、短い間であるが、最初の妻であるウェンディ・チーズマン（ -1989）、リチャード・ロジャース（1933- ）、その妻スー・ブラムウェルと「チーム4」を結成した。ロジャースと同様、フォスターは初めニュートラルな空間の覆いを創るという考えであったが、まもなく彼の建物は、ロジャースの建物よりも整った姿を現すようになった。

フォスターの出世作は、サフォーク州イプスウィッチに建設したウィリス・フェーバー・アンド・ダマス本社（1971-1975年、no. 717）である。それは、典型的なオフィス・ビルディングをアメーバのように広がるプランで再創造したものである。その透き通ったガラスの外壁は、昼間は周囲の市街を映し、夜はその内部空間を明らかにする。イースト・アングリア大学のセインズベリー視覚芸術センター（1974-1978年、no. 724）は、完全に自由な内部空間を創るためにトラスを用いた巨大な格納庫のような建物である。その外壁の桝目状の外装材は、標準化された建材で、随意に交換することが可能である。有名な香港上海銀行香港本店ビルディング（1983-1985年、no. 170）は、1平方メートル当たりもっとも高価な建物と言われるが、橋梁技術に着想を得た剥き出しのスチール構造を用いている。「コート・ハンガー」トラスから視覚的に吊るされた5つの水平区画は、縦に積まれた共同体として概念化されている。

フォスターは、エネルギー効率と使い勝手が求められる、今日の大規模でもっとも技術的に進んだ建築の多くを手掛け続けている。それらには、フランクフルトのコメルツ銀行本社タワー（1991-1997年、no. 766）、ロンドンのスタンステッド空港ターミナル・ビルディング（1981-1991年）、香港国際空港（チェクラップコク国際空港、1992-1998年、no. 183）、ロンドンのスイス・リ本社ビルディング（30セント・メアリー・アクス、1997-2004年、no. 785）、新ロンドン市庁舎（1998-2002年、no. 767）、ウェンブリー・スタジアムの改修（2002-2007年）、ニューヨークのハースト・タワー（2000-2006年）、北京首都国際空港ターミナル3（2003-2008年）などがある。

フラー，リチャード・バックミンスター Richard Buckminster FULLER
（1895ミルトン-1983ロサンゼルス）

リチャード・バックミンスター・フラーは、専門の建築家というよりも、トーマス・エジソン（1847-1931）のような空想的な技術者としばしば見なされるが、テクノロジーを総合的に組み合わせた彼の手法は、1970年代のいわゆる「ハイテク」建築家たちが誕生する重要な要因となった。フラーは、ハーヴァード大学などでの正規の教育ではほとんど成功しなかったが、さまざまな産業関連の職業に従事した後に、ダイマクション・ハウスとして知られる根本的に新しいタイプの住居（1927年）を提案して批評家たちの関心を集めた。アルミニウムとガラスで造られたその住居は、中心の柱からケーブルで吊り下げられ、必要な設備も備えている。フラーの目的は、自動車や航空機に倣った大量生産のためのプロトタイプを創ることにあったが、実際にはほとんど成功しなかった。次に構造研究に集中したフラーは、ジオデシック・ドームという最小限の資材で最大限の容積を覆うシステムを発明した。この構造による最初の実験は、1940年代後半にノースカロライナ州の有名なブラック・マウンテン大学で行われた。1967年モントリオール万国博覧会のアメリカ館（no. 948）でドラマチックに実現されたものの、ジオデシック・ドームは表象的価値をほとんど持たないため、主として、工場や展示会場、温室や科学実験棟に用いられた。

しかし、1960年代と1970年代には、フラーはカリスマ性のある講演者、社会的先見者、予言的な未来主義者として名声を得て、自分で組み立てるフラーのドームは、学生やヒッピーの間で大きな人気を博した。「宇宙船地球号」上の人類の未来についての広範な問題を扱ったフラーの後の著作は、かつては詩的で解り難いとされたが、その主題はますます今日的なものになっている。

ブラマンテ，ドナート Donato BRAMANTE
（1444モンテ・アズドルアルド-1514ローマ）

ドナート・ブラマンテは1444年にウルビーノ近郊のモンテ・アズドアルド（現在のフェルミニャーノ）で生まれた。彼の若い頃の経歴についてはあまり知られていないが、アンドレア・マンテーニャ（1431-1506）とピエロ・デッラ・フランチェスカ（1415/20-1492）の下で絵を学んでいたらしい。

1477年にベルガモのパラッツォ・デル・ポデスタでファサードのフレスコ画に従事していたことが知られている。その後、1480年代にミラノに移った。ブラマンテはこの時期に幾つかの建物——サンタ・マリア・プレッソ・サン・サティーロ聖堂（1482-1486年）、サンタ・マリア・デッラ・グラツィエ聖堂（1492-1499年）——を手掛けているが、彼の絵画、とりわけトロンプ・ルイユ（騙し絵）技法と荘重な構成の中に描かれた人物像の厳格なモニュメンタルな性格が、ロンバルディア絵画に大きな影響を与えた。1499年にミラノからローマに移り、教皇ユリウス2世（1443-1513）に引き立てられ、宮廷でもっとも重要な建築家となった。1503年11月、ユリウス2世はブラマンテにサン・ピエトロ大聖堂（no. 401）の立て直しを依頼した。交差部の柱の礎石は1506年4月に置かれた。また一方で、ブラマンテはヴァティカーノ宮殿とヴィッラ・ディ・ベルヴェデーレを結ぶ宮殿の増築を手掛けた。大聖堂の工事は彼の死後、ラファエロ・サンティ（1483-1520）やミケランジェロ・ブオナローティ（1475-1564）に引き継がれた。彼の歴史上の重要性は、僅かしか残されていない実際の建物にではなく、後世の建築家たちに与えた影響の大きさにある。

ブルネッレスキ，フィリッポ Filippo BRUNELLESCHI
（1377フィレンツェ -1446フィレンツェ）

フィリッポ・ブルネッレスキは、初め金細工師としての修業を積んだ。1401年にフィレンツェ市は、サン・ジョヴァンニ洗礼堂東扉口の新しいブロンズ製門扉の制作を依頼するために競技会を開いた。応募者は「イサクの犠牲」を題材にした試作パネルの制作を求められた。最終選考に残った内の2点は、現在国立バルジェッロ美術館にあるブルネッレスキとロレンツォ・ギベルティ（1378/81頃-1455）の作品で、ギベルティが優勝した。ブルネッレスキがふたりによる共同制作を辞退したとも伝えられる。

その後、ブルネッレスキはローマで建築を研究し、イタリアのルネサンス建築におけるもっとも重要な建設のひとつ――フィレンツェの未完成のゴシック大聖堂サンタ・マリア・デル・フィオーレ（no. 316）に大ドームを掛けるという事業――を可能にする類稀な能力を身に付けた。大ドームには、横推力の少ないゴシック様式の尖頭型リブ・ヴォールト構造が用いられた。一方、サン・ロレンツォ聖堂（1419-1459年頃、no. 369）やオスペダーレ・デッリ・イノチェンティ（捨て子養育院、1419-1445年、no. 370）といった建物では、古代ローマ建築から着想を得た厳格な幾何学様式が採用されている。後にブルネッレスキは、直線的な幾何学的手法から次第に装飾彫刻が特徴となるリズミカルな様式へと向かった。それはとりわけ、サンタ・マリア・デリ・アンジェリ聖堂（1434年起工）、サンタ・クローチェ聖堂のパッツィ家礼拝堂（1441年起工）、サント・スピリト聖堂（1444年起工、no. 378）などに明らかである。ブルネッレスキは69歳で亡くなり、サンタ・マリア・デル・フィオーレ大聖堂に葬られた。

ブロイヤー，マルセル Marcel BREUER
（1902ペーチ-1981ニューヨーク）

ハンガリー生まれのマルセル・ブロイヤーは、ウィーン美術アカデミーに短期間学んだ後、ヴァイマル・バウハウスの最初の学生のひとりとなった。ヴァルター・グロピウス（1883-1969）の機能主義の考え方をすぐに吸収したブロイヤーは、バウハウスの家具工房で教鞭を執るようになり、そこで、《ワシリー・チェア》（1925年）など、曲げた金属パイプを用いたモダニズムの極めて象徴的な椅子の幾つかをデザインした。1926年にバウハウスがデッサウに移転すると、グロピウスによる新しい建物のすべての家具を作る依頼を受けた。ベルリンでは建築家としてほとんど成功しなかったが、大規模なプロジェクトのコンペティションのために数多くの革新的な設計を行った。また、建築史家ジークフリード・ギーディオン（1888-1968）のために、チューリヒの有名なドルダータル・アパート（1935-1936年）を設計した。

1930年代にブロイヤーはロンドンに移り、後にグロピウスを追って、アメリカのマサチューセッツ州に移住した。ここで彼はグロピウスと建築設計事務所を設立し、ハーヴァード大学大学院で――フィリップ・ジョンソン（1906-2005）、ポール・ルドルフ（1918-1997）、イオ・ミン・ペイ（1917-）など――若い世代のアメリカの建築家たちの指導に当たった。ブロイヤーのアメリカでの建築は多くの革新的な特徴を持つ小規模な住宅が主であったが、1953年に彼はピエール・ルイージ・ネルヴィ（1891-1979）とベルナール・ゼルフュス（1911-1996）と共にパリのユネスコ本部（1953-1958年、no. 694）の設計を依頼された。これは、ミネソタ州セント・ジョーンズ大大修道院聖堂（1954-1958年、no. 921）、南仏ラ・ゴードのIBM研究センター（1960-1969年）、ニューヨークのホイットニー美術館（1963-1966年、no. 942）といった一連の傑出した建物の最初のものとなった。ブロイヤーの近代建築に対する明確な手法は、滑らかで平ら、あるいは透明な壁面に対して、しばしば荒石やコンクリートの粗い表面を用いるような対照の戯れさえも正当化している。彼の鉄筋コンクリートによる建物は、ますます荘重で彫刻的になり、1960年代と1970年代のブルータリズム美学の流行に決定的な役割を果たした。

ペイ，イオ・ミン Ieoh Ming PEI
（貝聿銘、1917広州-）

中国系アメリカ人建築家イオ・ミン・ペイの作品は、モダニズムの抽象と古典的なモニュメンタル性とは上手く両立できるという考えを例証している。ペイは中華民国の広州市に生まれたが、その家系は15世紀まで遡ることができる。香港と上海で学び、17歳の時にアメリカに移住すると、ペンシルヴァニア大学に入学し、まもなくマサチューセッツ工科大学に移って建築を学んだ。戦後、ハーヴァード大学大学院で、ヴァルター・グロピウス（1883-1969）の下に学ぶ。その後、ペイは1955年まで不動産開発業者のウィリアム・ゼッケンドルフ（1905-1976）と組んで、ウェッブ・アンド・ナップ社の企業内建築家として働いた。コロラド州デンヴァーのマイル・ハイ・センター（1954-1959年）やモントリオールのプレース・ヴィル＝マリー（1962年）といった彼の初期の建築は、型通りのモダニズムの造形言語による大規模な商業施設である。

しかし、コロラド州ボールダーのアメリカ大気研究センター（1961-1967年、no. 940）は、コンクリートによる大胆な彫刻的形態を特徴としていて、その大きさと力強さが山中の立地に釣り合っている。ブルータリズムの美学に多くを負っている彼の成熟期の様式は、次第にひとつの壮大な規模の幾何学形に頼るようになった。ダラス市庁舎（1978年竣工）はその典型である。評価の高いワシントンD. C.のナショナル・ギャラリー東館（1974-1978年、no. 955）は、巨大な三角形を用いているにもかかわらず、首都の古い古典主義のモニュメントとの対話を創り出すことに成功している。その効果は、部分的には、この建物に並ぶ歴史的建造物に用いられたのと同じ石切り場から産出した白い石の外装材を利用することで得られている。

けれども、ペイの建築家としての最大の成功は、間違いなく、パリのルーヴル美術館の大規模な改修と増築（no. 741参照）の設計者にフランス大統領フランソワ・ミッテラン（1916-1996）から指名されたことである。ペイの控え目な手法は、新たな構築物のほぼすべてを中央中庭の下に埋め、巨大なミニマリズムのガラスのピラミッドを出入口にしたことである。彼の後期の建築の多くは、ジェームズ・インゴ・フリード（1930-2005）とヘンリー・N. コッブ（1926-）との共働によって創られた。

ベルニーニ，ジャン・ロレンツォ Gian Lorenzo BERNINI
（1598ナポリ-1680ローマ）

枢機卿シピオーネ・ボルゲーゼ（1576-1633）のためにジャン・ロレンツォ・ベルニーニが若い頃に彫った4つの主要な彫刻《アエネアスとアンキセス》（1619年）、《プロセルピナの略奪》（1621-1622年）、《アポロとダフネ》（1622-1625年）、《ダヴィデ》（1623-1624年）は、すでに古典古代を参照している。さらに、彼は遠近法の効果を巧みに用いて、壮大な空間を創る巨匠であった。このことは、4列のドーリア式円柱による列柱廊に囲まれた楕円形のサン・ピエトロ広場（1656-1667年、no. 462）やヴァチカン宮殿スカラ・レジア（1663-1666年、no. 472）に明らかである。ベルニーニはサン・ピエトロ大聖堂のファサードを完成させたのみならず、祭壇の上に有名なブロンズのバルダッキーノ（祭壇天蓋、1624-1633年、no. 454）を造った。ベルニーニはまた、バルベリーニ宮殿（1627-1633年、no. 455）や幾つかの小規模な聖堂の建設によっても高く評価された。この時代の広場のデザインの重要性は、カルロ・ライナルディ（1611-1691）の設計によってベルニーニと弟子のカルロ・フォンターナ（1634/38-1714）が建てたポポロ広場のコルソ通りの入り口に立つふたつの小さな聖堂サンタ・マリア・イン・モンテサント（1662-1675年）とサンタ・マリア・デイ・ミラコーリ（1675-1681年）に見ることができる。

ベルニーニは極めて熟練した彫刻家でもあり、有名な《聖テレサの法悦》（1647-1652年）の他、バルベリーニ広場の《トリトンの噴水》（1642-1643年）とナヴォーナ広場（no. 461）の《四大河の噴水》（1644年）で不朽のモニュメントを創り上げた。

ペレ，オーギュスト Auguste PERRET
（1874イクセル-1954パリ）

オーギュスト・ペレの評価は、一時期その建築設計事務所に勤めていたル・コルビュジエ（1887-1965）の後の名声の陰になっているものの、彼はそれまで建材としては一般的でなかった鉄筋コンクリートを、聖堂や公共建築や住宅に応用したことで今日記憶されている。この点で、彼の技術革新は、概して歴史的な前例に縛られていた彼の建築美学よりも、おそらく注目に値する。

同じく建築家であったふたりの兄弟と共同で、ペレは最初の主要な建物であるフランクリン街25bのアパート（1902-1904年、no. 620）を建設した。その花模様のタイルによるファサードは、コンクリート構造を隠すためのものである。すでに取り壊されたポンテュ街のガレージ（1905年）では、鉄筋コンクリート構造がよりあらわになっている一方で、そのファサードには大きなバラ窓などの装飾要素を含んでいた。ペレはシャンゼリゼ劇場（1913年竣工）にも鉄筋コンクリートを用いたが、その厳格な長方形の形態と装飾的な浮彫りパネルは、保守的な古典的表現形式を想起させる。ノートルダム・デュ・ランシー聖堂（1922-1923年、no. 650）は、ゴシックの伝統をコンクリートによって根本的に解釈し直したものである。壁面を骨組みだけを残して非物質化し、光り輝く色彩の広がりへと変えるこの古いゴシック様式の本質的な傾向を引き出すために、新しい建材の構造上の能力を利用している。

ペレによる戦後のル・アーヴルとアミアンの都市の再建では、鉄筋コンクリートが大規模に使用され、アミアンのトゥール・ペレ（1949-1954年）と高さ106メートルの尖塔を備えたサン・ジョゼ聖堂（1951-1958年）はその中でももっともドラマチックなものである。しかし、彼の表現様式は合理化された新古典主義であった。2005年に、ユネスコはペレが再建したル・アーヴルの街を世界遺産に認定した。

ベーレンス，ペーター Peter BEHRENS

（1868ハンブルク-1940ベルリン）

ペーター・ベーレンスは、19世紀のアーツ・アンド・クラフツ運動と20世紀の機械化時代の美学との間を結ぶ決定的に重要な人物であり、その後者への理解という点で、彼のベルリンの事務所で働いたヴァルター・グロピウス（1883-1969）、ル・コルビュジエ（1887-1965）、ルートヴィヒ・ミース・ファン・デル・ローエ（1886-1969）の良き指導者であった。ベーレンスは、初め画家、グラフィック・デザイナー、装丁家、家具デザイナーとして活動した。彼が手がけた最初の大規模な建物は、ダルムシュタットの芸術村に建てた自邸（1901年）であり、そのための家具、タオル、装飾部材に至るあらゆる細部を自らデザインしている。彼がより産業的な建築やデザインに向かったのは、電球から兵器まであらゆる種類の工業電化製品を生産するベルリンの総合電機メーカーAEG社の建築家兼デザイン顧問として1907年に就任したことがきっかけである。ベーレンスは、ロゴやレターヘッドから全工場の建築デザインに至るすべてを手掛け、この会社のトータルなブランド・イメージを創り上げた。ベーレンスによる工場建築は、歴史的伝統から抜け出し、工業製品と技術に新たな評価を与えた——そのモニュメントにさえなった——最初の建築に数えられる。それにもかかわらず、AEGタービン工場（1909年、no. 634）の丸味を帯びた柱と堂々とした多角形のペディメントによる重厚な——構造とは関係のない——ファサードは、古典主義に相変わらず依拠していることを示している。ベーレンスは公式の依頼、とりわけサンクト・ペテルブルクのドイツ大使館（1911-1912年）では、幾何学的に簡潔であっても印象的な効果を与えるために新古典主義様式を用いた。

第一次大戦後、ヘーヒスト・アム・マイン（現在はフランクフルトの一部）のI. G. ファルベン染色工場（1920-1925年）など、ベーレンスは建物の目的に相応しい多彩色の空想的な同時代の表現主義デザインを採り入れた。ドイツ国外での彼のもっとも有名な建物は、「ニュー・ウェイズ」と呼ばれるノーサンプトンのウェンマン・ジョセフ・バセット＝ローク邸（1926年）であり、それはイギリスにおける国際的なモダニズムによる最初の邸宅と見なされている。

ボッタ，マリオ Mario BOTTA

（1943メンドリジオ-）

過去に対する感傷的な思いよりも、その土地の特質や地勢を対象とする現実的な地方主義で知られるマリオ・ボッタの作品を形成したのは、スイス最南州ティチーノのドラマチックな山岳風景である。単純で大きな幾何学形が特徴であるボッタの建築には、整然とした秩序があり、ほとんどが左右対象で、いかなる規模であろうとも、その建物に厳粛さとモニュメンタルな性格がある。ティチーノ州メンドリジオ生まれのボッタは、ヴェネツィア大学で建築をカルロ・スカルパ（1906-1978）に師事した。この間に、ボッタは短い間ながらル・コルビュジエ（1887-1965）やルイス・カーン（1901-1974）の下で働き、彼らの建築から、ひとつのプロジェクトで与えられた条件は、ある特定の、ある意味で避けられない形態の組み合わせによって結晶化されることを学んだ。

ボッタの最初の主要な建築は、モルビオ・インフェリオーレの高等学校（1972-1977年）で、直線を強調して配置されたコンクリート部材のユニットからなる後期ブルータリズム建築のひとつである。その後、彼は打ち放しのコンクリートと煉瓦による戸建て住宅を手掛けた。リヴァ・サン・ヴィターレの住宅（1971-1973年）は、斜面に立つ角型の塔で、金属製のキャット・ウォークを通って入るようになっている。リゴルネットの住宅（1975-1976年）は、奥に窓のある直線的な開口部を備えた縞模様の直方体である一方、スタビオのカーサ・ロトンダ（丸い家、1981-1982年）は、眺望に配慮して南面と北面に開口部を設けた3階建の円筒形である。幾何学形を繰り返すボッタ独自の手法から、形式主義と見なされることもあるが、実際、彼の動機は「その場所を造る」という考えに基き、建築作品はその中で、居住者に確固とした生活基盤や定位や自然との関係を与えるための風景の中の際立った標識として位置づけられている。彼の建物は、形に強くこだわることによって、その場所に将来いかなる増築があっても秩序を維持する方法を提案しているようである。ボッタの近年の大規模な仕事には、エヴリーの復活大聖堂（1992-1995年、no. 749）、サンフランシスコ近代美術館（1989-1995年、no. 981）、テルアビブ大学のシンバリスタ・シナゴーグとユダヤ文化センター（1997-1998年）がある。

マイヤー，リチャード Richard MEIER

（1934ニューアーク-）

近代後期の建築家の中でも、おそらくリチャード・マイヤーは、抽象的、彫刻的な形態の表現力という点では抜群の指導者である。白をほとんど唯一の色として用いたマイヤーの複雑な建物は、日々の現実から切り離されているような純粋さ示している。けれども、彼の造形言語がしばしば自己言及的と思われるほどに抽象的である一方、それにもかかわらず、建築要素の用い方は、形、構造、場、循環、社会的要素の相互作用について厳格に概念を整理することで決定されている。コーネル大学で建築を学んだ後、パリでル・コルビュジエ（1887-1965）の下で働こうとしたが成功せず、アメリカでスキッドモア・オーウィングズ・アンド・メリル（SOM）とマルセル・ブロイヤー（1902-1981）の下で働いた。1963年に独立したマイヤーの初期の仕事は、コネチカット州ダリエンのスミス邸（1965-1967年）やミシガン州ハーバースプリングのダグラス邸（1973年、no. 964）など、自然に囲まれた立地の戸建て住宅であった。

マイヤーは、1969年にニューヨーク近代美術館で開催されたモダニズムの建築家5人を特集した展覧会に加わり、ニューヨーク・ファイヴとして知られるモダニズム建築家のひとりに数えられるようになった。インディアナ州ニューハーモニーのアテネウム（1976-1979年、no. 967）は、19世紀前半にロバート・オウエン（1771-1858）が共産主義のユートピアを目指した場所のヴィジター・センターとして使われているが、マイヤーは循環について配慮する一方で、スロープ、柱、平面というル・コルビュジエの造形言語を用いている。その白いエナメルを焼き付けた外装材は、自然と人が作った幾何学形との最大限の対照を生み出している。ジョージア州アトランタのハイ美術館（1980-1983年、no. 975）では、巨大な天窓のあるアトリウムを中心に各階を結ぶスロープが、フランク・ロイド・ライト（1867-1959）のソロモン・R. グッゲンハイム美術館（no. 925）とは異なり、展示空間とは厳密に切り離されている。1984年にマイヤーはロサンゼルスのゲッティ・センター（1989-1997年、no. 978）の設計者に選ばれた。それは丘の上のモニュメンタルな複合施設で、展示空間、図書館、研究施設、保存修復研究所を備えている。この豪華で贅沢な複合施設のそれぞれの棟は異なるデザインになっていて、全体がある種のコラージュのようである。

マッキントッシュ，チャールズ・レニー Charles Rennie MACKINTOSH
（1868グラスゴー -1928ロンドン）

19世紀末から20世紀初頭の短い期間に素晴らしい作品を創り出したマッキントッシュは、古いアーツ・アンド・クラフツの伝統と、アール・ヌーヴォーに結び付く独自の近代様式との交差点に立つ建築家、デザイナーであった。彼の形の創造は紛れもなく彼独自のもので、花や植物のモチーフで終わる長く優雅な縦の線が特徴である。雑誌『ステュディオ』に掲載されたアール・ヌーヴォーのデザインから影響を受けたマッキントッシュは、友人のハーバート・マクネア（1868-1955）、後にマッキントッシュの妻となるマーガレット・マクドナルド（1865-1933）、その妹のフランセス・マクドナルド（1873-1921）と共に、グラフィックと家具のデザイナーとして仕事を始めた。ハニーマン＆ケッピー建築設計事務所の図工として働く一方で、マッキントッシュはかつて学んだグラスゴー美術学校の新校舎（1897-1909年、no. 610）のための競技会で優勝した。マッキントッシュの設計は、アール・ヌーヴォー、スコットランドの城のモチーフ、錬鉄の芸術的な利用が独特に混成されたものであった。工場建築の影響を示す、左右対称に配置された大きなアトリエの窓は、後に1920年代の機械化時代の美学の先駆と見なされるようになる。

マッキントッシュの成熟した仕事の多くは、室内装飾の特徴的な美的様式によって知られる。彼が手掛けた邸宅や商業施設の内装は、概して白く軽快で、漆塗りの家具と、選ばれた箇所に素晴らしい花模様の装飾を備えている。マッキントッシュは、グラスゴーのウィロー・ティールームのデザイン（1903年）を手掛けたが、それらの視覚的な純粋さは、アルコールを提供する店に代わる健康的な施設を提供しようという目的を反映している。マッキントッシュによるグラスゴー郊外のふたつの主要な邸宅はウィンドヒル（1899-1901年）とヒル・ハウス（1902-1904年、no. 618）である。

しかし、建築家としての名声が得られなかった彼は、晩年を画家として過ごした。マッキントッシュの仕事は20世紀後半に再評価され、彼の建物は、グラスゴーとその近郊の観光名所となっている。

ミケランジェロ・ブオナローティ Michelangelo BUONARROTI
（1475カプレーゼ-1564ローマ）

ミケランジェロ・ブオナローティは、画家ドメニコ・ギルランダイオ（1449-1494）に弟子入りし、若くしてロレンツォ・デ・メディチ（1449-1492）の庇護を受けた。優れた彫刻家として知られるようになった彼は、1508年に教皇ユリウス2世（1443-1513）からヴァティカーノ宮殿システィーナ礼拝堂の天井画を描く依頼を受けている。今日、ミケランジェロは彫刻と絵画でよく知られているが、建築についても、美的、構造的洗練の点でルネサンスの他の偉大な建築家たちに肩を並べている。

ローマのサン・ピエトロ・イン・ヴィンコリ聖堂にあるユリウス2世墓廟は、ミケランジェロが受けた初期の依頼である。1505年に着手されたこの墓廟は、繰り返し中断され、資金難から縮小されたが、1545年に完成された。これは、ミケランジェロが建築の中に彫刻を力強く用いた印象的な例である。また、彼はフィレンツェのサン・ロレンツォ聖堂の新聖器室（1520年起工、no. 408）とメディチ家礼拝堂を造り、この有名な一族の多くがその地下墓所に埋葬されている。ローマのカンピドーリオの丘に立つコンセルヴァトーリ宮殿（1450-1568年、no. 383）は、ミケランジェロが新しいファサードを設計した時には荒廃した状態であった。その巨大なコリント式円柱と平らな屋根は、彼の建築の特徴のひとつである。ミケランジェロはまた、カンピドーリオ広場（1536-1546年、no. 419）を囲む他の宮殿の改装も行い、その広場の不規則な形を巧妙に補い、調和のとれた美しい空間を創っている。ミケランジェロが設計したフィレンツェのラウレンツィアーナ図書館（1525年起工、no. 407）は、調和と理想的な比率に対する彼のマニエリスム的こだわりを示している。

ミケランジェロ最大のモニュメントは、1546年に設計したサン・ピエトロ大聖堂（no. 401）のドームである。彼は、ドナート・ブラマンテ（1444-1514）とジュリアーノ・ダ・サンガッロ（1445-1516）による設計を見直し、4本の巨大な柱が支えるドームを考案した。ミケランジェロは、ドームが完成する前に、89歳で亡くなった。ミケランジェロが計画したドームは半球であったが、建設を引き継いだドメニコ・フォンターナ（1543-1607）とジャコモ・デッラ・ポルタ（1533-1602）は、尖頭型ドームを採用した。ミケランジェロの遺骸は、後にフィレンツェに運ばれ、サンタ・クローチェ聖堂に葬られた。

ミース・ファン・デル・ローエ，ルートヴィヒ
Ludwig MIES VAN DER ROHE
（1886アーヘン-1969シカゴ）

ルートヴィヒ・ミース・ファン・デル・ローエは「少ないほど豊かである」という有名な言葉で知られるモダニズムを代表する建築家である。ミース・ファン・デル・ローエは、建築を正式に学んだことはない。1906年に建築家ブルーノ・パウル（1874-1968）の事務所、1908年から1912年にはペーター・ベーレンス（1868-1940）の事務所に勤務して建築を学び、1912年に独立した。彼は熟練した職人芸を好む一方で、機械の時代にふさわしい表現手段を探求した。また、カール・フリードリヒ・シンケル（1781-1841）などドイツの新古典主義の伝統にも強い影響を受けた。彼のもっとも妥協の無いモダニズム建築の中にも、精確さ、優雅さ、注意深く考慮された比率、繰り返される区画への単純な楣〔まぐさ〕式構造の利用といった古典的な美を見出すことができる。

同時代の構成主義の影響を受けて、1919年以降、ミース・ファン・デル・ローエの建築は鉄とガラスを用いた自由な形の建築を展開した。1921年にはガラスで覆われた摩天楼の建設案を作る。1927年にはドイツ工作連盟主催のシュトゥットガルト住宅展に参加し、実験的なヴァイセンホーフのジーデルング（集合住宅、1927年、no. 655）を建設した。1929年のバルセロナ万国博覧会で建設されたドイツ館（1986年復元、no. 665）は、鉄とガラスで構成されたモダニズム建築の典型であった。1930年から1933年までバウハウスの校長を務めたが、1937年にアメリカに亡命した。

1938年から1958年まで、イリノイ工科大学建築学科の教授を務める一方で、クラウン・ホール（1950-1956年、no. 922）など同大学の主な建物と全体計画を設計した。イリノイ州プレイノーのファーンズワース邸(1950-1951年、no. 912)といったミース・ファン・デル・ローエの後半の傑作は、多くの建築家たちの想像力をかき立てたが、戦後の住宅設計に影響を及ぼすことはなかった。もっとも、シカゴのレイクショア・ドライヴ・アパートメント(1948-1951年、no. 914)やニューヨークのシーグラム・ビルディング(1954-1958年、no. 916)など、彼が手掛けた摩天楼は続く20年以上にわたって、モダニズム建築の先例となった。

ムーア，チャールズ・ウィラード Charles Willard MOORE
(1925ベントンハーバー -1993オースティン)

多才なチャールズ・ウィラード・ムーアは、色彩、装飾、ユーモア、歴史的形式への鋭敏な意識など、数多くの忘れられた要素を近代建築に回復することに成功した。ムーアは建築をミシガン大学、プリンストン大学で学び、博士課程修了後にルイス・カーン(1901-1974)のティーチング・アシスタントを務めた。1959年からカリフォルニア大学バークレイ校を中心にアメリカ中で活動し、ドンリン・リンドン(1936-)、ウィリアム・ターンブル(1935-1997)、リチャード・ウイッティカー(1929-)など多くのパートナーと共働した。彼らが手掛けたカリフォルニア州ソノマ郡の革新的なシー・ランチ・コンドミニアム(1964年以降)の木材で覆われた幾何学的な建物は、荒涼とした吹き曝しの立地と付近の古い建物に呼応している。ムーアは、1965年から1970年にイエール大学建築学校の学部長を務め、1975年からはカリフォルニア州立大学ロサンゼルス校、1985年からはテキサス大学オースティン校で教鞭を執った。カリフォルニア州オリンダに立つムーアの自邸(1962年)は、入れ子になった神殿風の小さな建物という着想で注目を集めた。カリフォルニア州立大学サンタクルーズ校のクレスギ・カレッジ(1971年)は、空想的なイタリアの高台の町をイメージしている。ムーアの後期の仕事は、さらに舞台の背景画を想い起させる。不釣り合いな建材で再現された古典的要素の集合体であるルイジアナ州ニューオーリンズのピアッツァ・ディタリア(1978年竣工、no. 969)は、アメリカの建築にポストモダンのユーモアと歴史からのパスティーシュ(模倣と寄せ集め)を持ち込んだ。ムーアの最後の建物であるタコマのワシントン州立歴史博物館(1996年竣工)は、巨大な半円ヴォールトを特徴としている。折衷的で色彩豊かなムーアの建築は一見すると表面的であるが、古い建築形式との実りの多い対話と影響力のある書籍によって、彼は20世紀の優れた建築思想家のひとりに数えられる。

メンデルスゾーン，エーリッヒ Erich MENDELSOHN
(1887オルシュテイン-1953サンフランシスコ)

エーリッヒ・メンデルスゾーンの建築は、時には機能的な配慮に欠けることがあったとしても、初期の近代建築に新しい躍動感を持ち込んだ彫刻的な曲線美が特徴である。それは、第一次世界大戦従軍中に塹壕の中で描いた一連の空想的な建物の小さなスケッチに最初に現れた。ドイツ表現主義の画家たちの例に倣って、メンデルスゾーンの目標は、活力に満ちた自発的感覚を伝えることであった。この表現主義的な手法の最初の実現を、ポツダムに建てられた観測所、アインシュタイン塔(1919-1922年、no. 649)に認めることができる。この建物の有機的な曲線は、もともとは鉄筋コンクリートで造られることになっていたが、実際的な問題から、煉瓦の上に漆喰を用いざるを得なかった。1920年代を通して、メンデルスゾーンは極めて多様で想像力に富んだ形態の産業建築を設計した。その一方で、彼が手掛けたシュトゥットガルトのショッケン百貨店(1926-1928年)とケムニッツのショッケン百貨店(1927-1930年)では、ファサードに大きな弧を描く曲線を用いている。

ユダヤ人建築家への風当たりが強くなったと感じたメンデルスゾーンは、1933年にドイツを離れ、ロンドンでサージ・チャマイエフ(1900-1996)と建築設計事務所を構える。彼らのもっとも有名な共同作業は、滑らかな白い表面、広いガラス面、印象的な螺旋階段が特徴となっている優雅なモダニズムの娯楽施設、イースト・サセックス州ベックスヒル=オン=シーのデ・ラ・ワー・パヴィリオン(1935年、no. 675)である。メンデルスゾーンは1930年代後半にパレスチナで活躍し、レホヴォトのハイム・ヴァイツマン邸やエルサレムのスコプス山に立つハダーサ大学メディカル・センターなどを建てた。さらなる仕事を求めて、メンデルスゾーンは1941年にアメリカに移った。サンフランシスコのマイモニデス病院(1946-1950年)は、丸みを帯びたバルコニーと階段の形に、彼の若い頃の表現主義を想起させる要素を含んでいる。メンデルスゾーンの晩年の仕事は、アメリカ中西部に立つ一連のシナゴーグである。

モーガン，ジュリア Julia MORGAN
(1872サンフランシスコ-1957サンフランシスコ)

ジュリア・モーガンの経歴は、女性建築家の短い歴史を代表している。サンフランシスコのベイ・エリアで育ったモーガンは、カリフォルニア州立大学バークレイ校で工学を学び、パリのエコール・デ・ボザールに留学して建築を学んだ。こうして、モーガンは最高の建築教育を受けたのみならず、カリフォルニアでもっとも成功し、数多くの作品を手掛ける建築家のひとりとなった。生前、700から800の住宅、宗教建築、教育施設、商業施設、公共建築を設計し、多くの場合、実際に建設した。彼女の初期の仕事の多くは住宅である。20世紀の最初の10年間に、バークレイやオークランドやサンフランシスコに建てた板葺屋根のアーツ・アンド・クラフツ様式の住宅で有名になったモーガンは、実際には、同時にイギリスのハーフティンバー様式、地中海様式、スペインの植民地様式、古典様式など、さまざまな様式で設計していた。1915年に彼女はYWCA(キリスト教女子青年会)の公式建築家となり、その後の顧客には、多くの女性や女性団体が含まれるようになる。

これらの注文のすべてを凌ぐのは、新聞王ウィリアム・ランドルフ・ハースト(1863-1951)のためにカリフォルニア州サンシメオンの丘の上に建てた宮殿のような大邸宅ハースト・キャッスル(1919-1947年、no. 882)である。その本館のために、モーガンは中世とルネサンスの建築を想起させるカリフォルニア・ミッション様式(初期スペイン伝道団の間で用いられた建築などの様式)などを参照し、組み合わせた。この折衷主義は、ハーストがヨーロッパで購入した歴史建造物の膨大な断片——扉枠、屋根、羽目板、タペストリー、大型の家具——を組み込むために必要であった。それらの多くは今でも倉庫に眠っている。建築事務所を閉めた際、モーガンが多くの青焼きや資料を破棄したため、彼女の草分け的な長い経歴を再構成することは困難である。

ユヴァラ，フィリッポ Filippo JUVARRA
(1678メッシーナ-1736マドリッド)

フィリッポ・ユヴァラはバロックからロココ初期の代表的な建築家のひとりと考えられている。金細工師の家に生まれ、その修業を積んだ後にローマで建築家カルロ・フォンターナ(1634/38-1714)の工房に入った。そこで、古典建築や、ミケランジェロ・ブオナローティ(1475-1564)、ジャン・ロレンツォ・ベルニーニ(1598-1680)、フランチェスコ・ボッロミーニ(1599-1667)、ピエトロ・ダ・コルトーナ(1596-1669)の作品を研究した。

1714年にユヴァラはヴィットーリオ・アメデーオ2世(1666-1732)によってトリノに招かれ、首席宮廷建築家に任命された。トリノでは、バロック建築の傑作とされるスペルガ聖堂(1717-1731年、no. 497)や郊外の王室の狩猟用の別荘であるストゥピニージ宮殿(1729年起工、no. 507)などを手掛けた。

1735年、スペイン王フェリペ5世(1683-1746)は、ユヴァラにマドリッドの新しい王宮の図面を描くように求めた。残念ながら、この注文は、他の数多くの注文と同様に、実現することはなかった。

ライト，フランク・ロイド Frank Lloyd WRIGHT

(1867リッチランドセンター -1959フェニックス)

フランク・ロイド・ライトは20世紀でもっとも有名なアメリカの建築家である。1887年にウィスコンシン大学マディソン校を中退したライトは、シカゴに移り、ジョゼフ・ライマン・シルスビー(1848-1913)の設計事務所の画工となった。まもなく、彼はシカゴでも先進的な設計事務所アドラー＆サリヴァンに移り、数多くの住宅設計に携わると共に、ルイス・サリヴァン(1856-1924)から決定的な影響を受けた。事務所の外で手掛けた設計が元で、ライトは1893年に独立する。この時期にライトは単純な幾何学形を強調したサリヴァン風の装飾と、建物の高さを抑えて水平線を強調した住宅を設計し、それらはプレイリー・スタイルとして知られるようになる。フレデリック・C. ロビー邸(1909-1911年、no. 873)はその典型である。

私生活のスキャンダルとウィスコンシン州スプリンググリーンに建てたタリアセンでの事件後の1913年にライトに依頼されたのが、帝国ホテル新館(1923年竣工、no. 158)であった。ライトは設計のみならず建設や内装の指揮も執ったが、経費の増大と工期の遅れから、建物の完成前に離日を余儀なくされた。

ライトが再び注目されたのは、ウィスコンシン州ラシーンのジョンソン・ワックス本社(1936年、no. 894)とペンシルヴァニア州ファイエット郡のカウフマン邸(落水荘、1936-1937年、no. 896)というふたつの傑作を生み出した1930年代のことである。一方で、ライトはプレイリー・スタイルを発展させて、ハーバート・アンド・キャサリン・ジェイコブズ邸(1937年)など、「ユーソニアン・ハウス」として知られる安価な工業化住宅を数多く設計した。ニューヨークのソロモン・R. グッゲンハイム美術館(1956-1959年、no. 925)やカリフォルニア州サンラファエルのマリン郡市民会館(1960-1962年、no. 932)といった晩年の建築は、極端な形式主義という批判を受けることもあった。

リチャードソン，ヘンリー・ホブソン Henry Hobson RICHARDSON

(1838セントジェームズ郡ブリーストリー・プランテーション-1886ブルックリン)

ヘンリー・ホブソン・リチャードソンは、裕福な家庭に生まれ、1859年にハーヴァード大学を卒業し、1860年にはパリのエコール・デ・ボザールで学んだ。1865年に帰国して、ニューヨークで建築家として仕事を始め、1878年にボストンに移り、そこで余生を過ごした。

47歳で亡くなったリチャードソンの経歴は短く、彼の作品の数も、それらに対する関心とその後の影響を考慮すれば少ない。そのもっとも重要で特徴的な建築のひとつは、ボストンのトリニティ聖堂(1872-1877年、no, 854)である。トリニティ聖堂の折衷的な様式は、イギリスのゴシック・リヴァイヴァル様式から離れ、ヨーロッパのロマネスク様式、とりわけフランスのオーヴェルニュ地方の聖堂に対するリチャードソンの傾倒を示している。この建築によってリチャードソンの名声が確立し、その作風はリチャードソン・ロマネスク様式としてアメリカの公共建築に大きな影響を与えた。

リチャードソンが設計したその後のモニュメントの中でも、ピッツバーグのアレゲニー郡裁判所(1883-1888年、no. 856)とシカゴのジョン・J. グレスナー邸(1885-1887年、no. 857)は注目すべきである。

リベスキンド，ダニエル Daniel LIBESKIND

(1946ウッチ-)

かつて脱構築主義者と見なされていたアメリカの建築家ダニエル・リベスキンドの角張った建物は、あまりにも純理論的で表現主義的であったため、建てることができないと長い間思われてきたが、近年、幾つかの都市でそれらが実現されている。ポーランド生まれのリベスキンドは、ホロコースト生存者の息子で、ニューヨークで育った。彼は建築をクーパー・ユニオンとその後、イギリスのエセックス大学で学んだ。リチャード・マイヤー(1934-)とピーター・アイゼンマン(1932-)の下で短期間働いた後、主として教育と理論の分野で国際的な経験を積むようになった。初めて実現されたリベスキンドの建物は、52歳の時、1998年に竣工したドイツのオスナブリュックに立つフェリックス・ヌスバウム美術館である。

しかし、彼の出世作となった建築は、高く評価されているベルリンのユダヤ博物館(1992-1999年、no. 747)である。その過激に折れ曲がり、引き裂かれたような形は、さまざまな概念を位置づける過程を経て導き出されたもので、苦悩に満ちた記憶に合致した掻き乱された容器としての建物を提供している。今では、ドイツでももっとも来館者の多い博物館である。2003年にリベスキンドはニューヨークの世界貿易センター跡地再建のための競技会で優勝した。「メモリー・ファウンデイション」と題された彼の計画案では、高さ約541メートルの中央の「自由の塔」と、それに並んで立つ結晶体のような形の数棟の高層建築が提案されていた。けれども、当初の計画案には大幅な変更が加えられている。その後も、リベスキンドは、マンチェスターの帝国戦争博物館(1997-2002年)やトロントの王立オンタリオ博物館の増築(2002-2007年)に加え、幾つかの都市にユダヤ博物館を建てている。ロンドンのヴィクトリア・アンド・アルバート美術館増築のための彼の有名な設計は、資金不足から中止された。

ル・ヴォー，ルイ Louis LE VAU

(1612パリ-1670パリ)

ルイ・ル・ヴォーは、新古典主義にバロック的要素を巧みに融合させた最初の建築家で、ルイ14世様式の先駆者である。パリとその近郊に、オテル・ランベール(1640-1644年)など数多くの邸宅や城館を建設した。1654年にはジャック・ルメルシエ(1585頃-1654)を継いで王室首席建築家となった。ル・ヴォーのもっとも有名な建築は、大蔵卿ニコラ・フーケ(1615-1680)の注文によるマンシーのヴォー＝ル＝ヴィコント城(1658-1661年、no. 467)である。

ルイ14世(1638-1715)の庇護の下、ル・ヴォーはパリの再開発に携わった。ヴェルサイユ宮殿(no. 468)の増築工事に加えて、彼はヴァンセンヌ城、テュイルリー宮殿、ルーヴル宮殿(no. 477)、ピティエ＝サルペトリエール病院の装飾を手掛けた。彼はまた、ジュール・マザラン(1602-1661)の求めに応じてコレージュ・デ・キャトル・ナシオン(現フランス学士院、1662-1688年、no. 469)を設計した。この建築物は、新古典主義様式とバロックの巧みな組み合わせの例であると共に、とりわけジャン・ロレンツォ・ベルニーニ(1598-1680)からの影響を示している。

ル・コルビュジエ LE CORBUSIER

(シャルル＝エドゥアール・ジャンヌレ＝グリ、1887ラ・ショー＝ド＝フォン-1965ロクブリュヌ＝カプ＝マルタン)

スイス生まれで、フランス国籍を取得したル・コルビュジエは、もっとも大きな影響力を持った20世紀ヨーロッパの建築家である。彼の名声は、比較的小規模な建築と、議論を呼んだ彼の数々の著作によるものである。大きな影響を与えたル・コルビュジエの『建築をめざして』(1923年出版)は、技術者の合理的な計算を模範とする新しい設計思想を提案し、着想を得るために、建築家たちに工業生産物——航空機、自動車、遠洋旅客船、工場——を見るように促した。彼は住宅建築に関して、家は「住むための機械」と見なすべきだと主張した。同時に、ル・コルビュジエの著作は、プラトンの立体(正多面体)の純粋さと比率の注意深い抑制によって、精神的なものに近い美的衝動を生み出すことができるという考えに基づいた、本質的に神秘的な理想主義を明らかにしている。彼が手掛けたパリとその近郊の初期の住宅は、純白の外壁と独立した原色の内壁を備え、空間の形成、光、循環に大きな革新をもたらし、初期モダニズム・デザインの典型となっている。それらの中でもっとも有名なのがサヴォワ邸(1928-1931年、no. 666)である。

第二次世界大戦後、ル・コルビュジエの建築はまったく異なる傾向を帯び、複雑な曲線、粗い表面、全体的に彫刻的な手法を採用するようになった。その代表的なものが、ロンシャンのノートルダム＝デュ＝オー礼拝堂(1950-1955年、no. 688)であり、ドラマチックに傾いた壁面、採光用の不規則な開口部、有機的な形態は、山中の立地と依頼の精神的な要求に対する主体的な反応として考え出された。ル・コルビュジエの建物の中でもっとも多く模倣されたのは、間違いなくユニテ・ダビタシオン(1945-1952年、no. 685)である。それは、住民に自足的な船で緑の海を航海しているような感覚を与えることを意図した打ち放しのコンクリートによる巨大な集合住宅である。ル・コルビュジエの設計に対する創造的、知的手法は今日でも多くの建築家たちに影響を与え続けている。

レン，クリストファー Christopher WREN
(1632イーストノイル-1723ロンドン)

クリストファー・レンはオックスフォード大学で学び、建築家であると共に、天文学者、幾何学者、数学者として知られていた。彼の科学の仕事は、アイザック・ニュートン(1643-1727)やブレーズ・パスカル(1623-1662)から高く評価されていた。1665年から1666年に建築を研究するためにパリに滞在した。パリから戻ると、老朽化したセント・ポール大聖堂の修復案を作成し、その直後にロンドン大火が起きると、都市の再建計画をチャールズ2世(1630-1685)に提出した。その案は実現しなかったものの、1669年にレンは王室の建築総監督となった。レンは王立協会の創立者のひとりで、1680年から1682年には総長を務めた。

大火で廃墟となった古いセント・ポール大聖堂は取り壊され、ゴシックの要素を取り入れたレンの4回目の設計案で新しいセント・ポール大聖堂(1677-1710年、no. 473)が起工された。しかし、レンは30年以上にわたる建設中に大聖堂の装飾的な要素に変更を加え、完成時の姿は公認の設計から大きく異なり、ローマのサン・ピエトロ大聖堂(1506-1626年、no. 401)を意識したものになっている。

レンが再建に関わった50棟以上のロンドンの聖堂には、セント・マイケル・コーンヒル聖堂(1670-1677年)、セント・ブライズ聖堂(1672-1675年、尖塔は1701-1703年)、セント・メアリー・ル・ボウ聖堂(1671-1673、尖塔は1680年竣工)などがある。ハンプトン・コート宮殿(1689-1702年に改築、no. 480)や王立海軍病院(王立海軍大学、1696-1712年、no. 483)など、レンが設計した世俗建築も数多い。

ロジャース，リチャード Richard ROGERS
(1933フィレンツェ -)

リチャード・ロジャースは、英国建築協会付属建築学校(AAスクール)で学んだ後、1962年にイエール大学大学院を修了した。翌1963年にはノーマン・フォスター(1935-)、その妻となるウェンディ・チーズマン(-1989)、ロジャースの妻スー・ブラムウェルと共に「チーム4」という建築の実験集団を結成した。彼らがウィルトシア州スウィンドンに建てた、筋交いが剥き出しになったリライアンス・コントロールズ社工場(1967年竣工)は、後のロジャースの建築方法——建物の外装、構造、設備が明瞭に区別され、自由で柔軟な内部空間を可能にする方法——の多くを明らかにしている。

この手法は、レンゾ・ピアノと協働したジョルジュ・ポンピドゥー・センター(1971-1977年、no. 716)にモニュメンタルな規模で繰り返されている。その構造の骨組と設備の要素——空調、上下水、電気——は屋外に出され、鮮やかに色分けされている。ロジャースによるロイズ・オヴ・ロンドン(1978-1986年、no. 722)は、中央に吹き抜けがあり、将来の変更についても考慮している。建物の鉄筋コンクリートによる骨組は、高い耐久性が期待できるものの、個々の設備要素——トイレ、キッチン、エレベータ、階段など——は期待できないと推論し、従って、それらはプレハブ・ユニットとして、清掃や交換が可能なように建物外周に嵌め込まれている。外見上、ロイズ・オヴ・ロンドンの顕著な特徴は、ステンレス・スチールで覆われた多くの要素を備えた6本のサーヴァント・タワー(サポートする機能の塔)とクレーンである。ロジャースの他の多くの大規模な建築の中には、ヒースロー空港ターミナル5(1989-2008年)、ロンドンのミレニアム・ドーム(ミレニアム・エクスペリエンス、1996-1999年、no. 770)、ボルドー市裁判所複合施設(1992-1998年)、アントウェルペン最高裁判所(1998-2005年)などがある。都市問題にますます関心を強めているロジャースは、著書『建築——近代的視座』(1991年出版)の中で述べている通り、社会や環境に意識的で技術的に先進的な建築の熱烈な擁護者である。

ロース，アドルフ Adolf LOOS
(1870ブルノ-1933ウィーン)

オーストリアの建築家アドルフ・ロースは、ドレスデンで建築を学んだ後、3年間アメリカで過ごした。そこで、シカゴ派のルイス・サリヴァン(1856-1924)などの建築から大きな影響を受けた。1896年にウィーンに移り、カール・マイレーダー(1856-1935)の下で働き、翌年に独立した。1920年にはウィーン住宅局の主任建築家に指名される。それと同時に、ロースは理論的な探求も深めて、論文に発表している。その最も有名なものは、「装飾と犯罪」(1908年)であり、ル・コルビュジエの定期刊行物『レスプリ・ヌーヴォー』に掲載された。

ロースは、ウィーン分離派運動への反対と、アール・ヌーヴォーの支持者たちによる装飾的な建築に対する厳しい批判で知られている。彼はオットー・ヴァーグナー(1841-1918)が主張した機能主義をさらに進め、装飾を排して、洗練さと機能に基づく様式を主張した。ロースは、ウィーンとパリの幾つかの邸宅を設計した。それらの中で有名なものには、鉄筋コンクリートによるもっとも急進的なシュタイナー邸(1910年、no. 636)、ロースハウス(ミヒャエル広場の建物、1910-1911年、no. 637)、モラー邸(1928年、no. 668)、トリスタン・ツァラ邸(1926年)がある。ロースは、その様式の純粋さから、近代建築の先駆者のひとりとなり、後世の芸術家と20世紀の建築に大きな影響を与えた。

世界史年表

—紀元前2000年以前—

アフリカ	前4500年頃	狩猟採集社会と北アフリカにおけるウシ、ヒツジ、ヤギの飼育
	前3300年頃	文字の登場（エジプト）
	前3100年頃	ナルメルによる上下エジプトの統一、第1王朝の創始
	前2686-2185年頃	エジプト古王国（第3王朝-第6王朝）
	前26世紀頃	エジプト第4王朝、ギザの大ピラミッドの建設
アジア	前14500-1000年頃	縄文時代（日本）
	前5700-5100年頃	中央アジアでウマの飼育の形跡
	前3500-3100年頃	ウルク期、メソポタミアで都市文明の開始
	前3000年-2000年頃	黄河流域で龍山（黒陶）文化（中国）
	前3300-1700年頃	インダス文明のハラッパー遺跡
	前2600-1500年頃	インダス文明モヘンジョ＝ダロ遺跡
ヨーロッパ	前3000-2000年頃	キクラデス文明（ギリシア）
	前27世紀-15世紀	クレタ島のミノア文明（ギリシア）
アメリカ	前5000年頃	アンデスで農耕・牧畜社会の成立

ギザの大ピラミッド（エジプト、no. 4）

ストーンヘンジ（イギリス、no. 191）

— 紀元前2000-1000年 —			
アフリカ	前2040-1782年頃	エジプト中王国（第11王朝-第12王朝）	 ハトシェプスト女王葬祭殿 （エジプト、no. 7）
	前1570-1070年頃	エジプト新王国（第18王朝-第20王朝）	
	前1500年頃	サヘル地帯（サハラ砂漠南縁部）で植物栽培	
アジア	前1500年頃	アーリア人がパンジャーブ地方に移住、身分制度社会を形成（ヴェーダ時代）（インド）	
	前1830-1530年頃	アムル人によるバビロン第1王朝	
	前1792-1750年頃	バビロン第1王朝ハンムラビ王によるメソポタミア統一	
	前17世紀-1046年	殷（商）王朝（中国）	
	前1190年頃	ヒッタイトの滅亡による鉄器の普及	
ヨーロッパ	前1600-1100年頃	ミケーネ文明（ギリシア）	 クノッソス宮殿（ギリシア、no. 192）
	前1400年頃	ミノア文明の崩壊（ギリシア）	
アメリカ	前1500-400年頃	オルメカ文明（メキシコ）	

— 紀元前1000-0年 —

地域	年代	出来事
アフリカ	前820年頃	フェニキア人によるカルタゴ建設
	前332年	アレクサンドロス大王のエジプト遠征
	前331年頃	アレクサンドリア建設
	前149-146年	第三次ポエニ戦争、カルタゴ滅亡
	前30年	プトレマイオス朝滅亡、エジプトのローマ属州化
アジア	前1046-256年	周王朝（中国）
	前10-後3世紀頃	弥生時代（日本）
	前770年	周の遷都（東周）、春秋戦国時代の始まり
	前705-681年	アッシリア王センナケリブの在位
	前625-549年	メディア王国
	前609年	アッシリア帝国の滅亡
	前7-5世紀	マガダ国（インド）
	前586年	新バビロニア王国のネブカドネザル2世によるエルサレム神殿の破壊
	前550-330年	アケメネス朝ペルシア帝国
	前551-479年	孔子の在世（中国）
	前5世紀頃	ゴータマ・シッダールタ（釈迦）の仏教伝道（インド）
	前326-323年	アレクサンドロス大帝のインド遠征
	前320-185年頃	マウリヤ朝（インド）
	前250-125年頃	中央アジアにグレコ・バクトリア王国
	前221年	秦王始皇帝による中国統一（中国）
	前206-後220年	漢王朝（中国）
	前185-73年頃	シュンガ朝（インド）
	前2-後1世紀頃	インド・グリーク朝
	前1世紀頃-後668年	朝鮮半島の三国時代
ヨーロッパ	前8-1世紀	トスカーナ地方にエトルリア文明（イタリア）
	前753年	ローマ建国
	前8-6世紀頃	アルカイク期（ギリシア）
	前6世紀頃まで	ギリシア、地中海沿岸に植民都市を建設
	前667年頃	ビュザンティオンの建設（トルコ）
	前578-535年	ローマ王セルウィウス・トゥリウスの在位
	前561年	ペイシストラトスによるアテナイの僭主政治の開始
	前510年	アテナイの僭主ヒッピアスの追放
	前509-27年	共和制ローマ
	前508年頃	クレイステネスによるアテナイの民主政導入
	前5-4世紀頃	古典期（ギリシア）
	前492年-449年	ペルシア戦争
	前480年	アテナイのアクロポリス陥落、サラミスの海戦
	前450-429年頃	ペリクレスによるアテナイのアクロポリス再建
	前431年-404年	スパルタとアテナイのペロポネソス戦争
	前338年	マケドニア王フィリッポス2世を盟主とするコリントス同盟の成立
	前336-323年	アレクサンドロス大王の在位、ギリシアとペルシアの征服
	前323-30年	ヘレニズム時代
	前264-241年	第一次ポエニ戦争、ローマがカルタゴからシチリア島、その後、サルデーニャ島、コルシカ島を獲得
	前227年頃	カルタゴがイベリア半島にカルタヘナを建設
	前218-201年	第二次ポエニ戦争（ハンニバル戦争）、イベリア半島へのローマの勢力拡大
	前171-168年	第三次マケドニア戦争、ローマがマケドニアに勝利
	前148年	マケドニア王国の滅亡
	前146年	ローマによるコリントス滅亡、ギリシアがローマの属州化
	前149-146年	第三次ポエニ戦争、カルタゴ滅亡
	前52年	ガイウス・ユリウス・カエサルがアレシアの戦いでガリアの部族に勝利
	前44年	カエサル暗殺
	前31年	アクティウムの海戦、マルクス・アントニウスとプトレマイオス朝クレオパトラの敗北
	前27年	オクタウィアヌスにアウグストゥスの尊称を授与、帝政ローマの開始
アメリカ	前1000-後100年頃	アデナ文化（アメリカ）
	前400年以降	マヤ文明の大建造物の建設開始

エル・カズネ（ヨルダン、no. 15）

サーンチー第3塔（インド、no. 86）

ヘラ神殿（ギリシア、no. 199）

太陽のピラミッド（メキシコ、no. 814）

— 0-550年 —

アフリカ	2世紀	北アフリカにキリスト教伝播
	439-534年	北アフリカと地中海にヴァンダル王国
アジア	前230年-後220年頃	中央インドにサータヴァーハナ朝（インド）
	265-420年	晋王朝（中国）
	3-7世紀頃	古墳時代（日本）
	320-550年頃	グプタ朝、ヒンドゥー教の台頭（インド）
	386年-534年	北魏王朝（中国）
	439年-589年	南北朝時代（中国）
	500年頃	インドで十進法の発明
	538年	仏教公伝（日本）
	592年頃-710年	飛鳥時代（日本）
ヨーロッパ	9年	トイトブルク森の戦い、ゲルマン諸部族がローマ帝国に勝利
	64年	ローマの大火とネロ帝によるキリスト教徒の迫害
	70年	ティトゥスによるエルサレム神殿（ヘロデの神殿）の破壊
	79年	ヴェスヴィオ山噴火によるポンペイとヘルクラネウムの埋没
	118-128年	ハドリアヌス帝によるパンテオンの再建
	293年	ディオクレティアヌス帝によるテトラルキア（四分割在位）
	313年	ミラノ勅令によるキリスト教公認
	324年	コンスタンティヌス1世によるローマ帝国の再統一
	330年	ビュザンティオン（コンスタンティノポリス）への遷都
	395年	東ローマ帝国にフン族が侵入
	4-5世紀	ゲルマン民族の大移動
	451年	フン族の王アッティラがガリアに侵入
	455年	ヴァンダル族のローマ占領
	476年	ゲルマン人傭兵隊長オドケアルによる西ローマ皇帝ロムルス・アウグストゥルスの廃位、西ローマ帝国の滅亡
	496年	フランク王国メロヴィング朝クロヴィス1世のカトリックへの改宗
アメリカ	250-900年	マヤ文明古典期、ティカールやカラクムルの繁栄

伊勢神宮（日本、no. 89）

コロッセウム（イタリア、no. 231）

―550-1000年―

アフリカ	7世紀	ウマイヤ朝による北アフリカ征服
	790-1076年頃	ガーナ帝国、岩塩や金などサハラ越えの隊商貿易の中継地点として繁栄
アジア	618-907年	唐王朝（中国）
	606-647年	ヴァルダナ朝、仏教の復興（インド）
	634年	ウマル・イブン・ハッターブ、第2代正統カリフとなる
	676年	新羅による朝鮮半島統一
	689年	飛鳥浄御原令（日本）
	710-794年	奈良時代（日本）
	750-1258年	アッバース朝、交易によるイスラーム教のアフリカ、中央アジア、インド、東南アジアへの伝播
	8-12世紀	ラーシュトラクータ朝、プラティハーラ朝、パーラ朝によるインド半島の覇権争い
	794-1185年	平安時代（日本）
	845-1279年頃	南インドでチョーラ朝（インド）
	907-960年	五代十国時代（中国）
	936年	高麗による朝鮮半島統一
	960-1279年	宋王朝（中国）
ヨーロッパ	481-751年	メロヴィング朝フランク王国
	540年	東ローマ皇帝ユスティニアヌス1世によるラヴェンナ占領
	560年	西ゴート王国のトレド遷都（スペイン）
	568年	ランゴバルド王国建国（イタリア）
	711年	ウマイヤ朝イスラーム帝国による西ゴート王国征服
	716年	ウィーンフリート（聖ボニファティウス）のフリースラント伝道開始
	718年	アストゥリアス王国建国（スペイン）
	730-787年	東ローマ帝国で最初の聖像破壊運動
	732年	フランク王国のカール・マルテル、トゥール・ポワティエの戦いでウマイヤ朝を撃退
	754-755年	カロリング朝フランク王ピピン3世、ランゴバルド王国からラヴェンナ奪取
	756年	コルドバでアブド・アッラフマーン1世によるウマイヤ朝再興（スペイン）
	784年	コルドバでメスキータ着工
	825年	ウェセックス王エグバートによるイングランド統一
	846年	イスラーム勢力によるローマのサン・ピエトロ大聖堂略奪
	848-849年	ローマ教皇レオ4世によるヴァチカンの城壁強化
	862年	ノルマン人リューリク、ノヴゴロド公国建国（ロシア）
	887年	カール3世廃位、フランク王国の分裂
	909年	クリュニー修道院創建
	914年	アストゥリアス王国、レオンに遷都、レオン王国に改名
	919-936年	ザクセン公、東フランク王ハインリヒ1世の在位（ドイツ）
	955年	レヒフェルトの戦い、オットー1世によるマジャール人撃退
	962年	オットー1世の皇帝戴冠、神聖ローマ帝国誕生
	976-1025年	バシレイオス2世の在位、東ローマ帝国の最盛期
	987-996年	カペー朝初代フランス王ユーグ・カペーの在位
	988年	キエフ大公ウラジーミル（ヴォロディーメル）1世、キリスト教を国教として導入
アメリカ	7世紀	テオティワカン衰退
	8世紀	マヤ文明の最盛期

岩のドーム（イスラエル、no. 29）

チャンディ・ボロブドゥール
（インドネシア、no. 104）

ハギア・ソフィア大聖堂
（トルコ、no. 254）

カスティリョのピラミッド
（メキシコ、no. 823）

— 1000-1500年 —

アフリカ	1169-1250年	アイユーブ朝（エジプト）
	1250-1517年	マルムーク朝（エジプト）
アジア	1115-1234年	女真族の金王朝（中国）
	1185-1333年	鎌倉時代（日本）
	1211年	モンゴル帝国チンギス・カン遠征開始
	1258年	アッバース朝滅亡
	1271-1368年	元王朝（中国）
	1299-1923年	オスマン帝国
	1333-1573年	室町時代（日本）
	1336-1649年	ヒンドゥー王朝ヴィジャヤナガル朝（インド）
	1347-1482年	イスラーム王朝バフマニー朝（インド）
	1368-1644年	明王朝（中国）
	1392-1910年	李氏朝鮮
	1402-1424年	永楽帝の在位（中国）
	1453年	オスマン帝国によるコンスタンティノープル陥落
	1467年	応仁の乱
ヨーロッパ	1054年	東西教会分裂（正教会とカトリック教会）
	1066年	ヘイスティングズの戦い、ノルマンディー公ギョーム2世がウィリアム1世として即位
	1096-1099年	第1回十字軍
	1099年	エルサレム攻囲戦
	1138-1152年	ホーエンシュタウフェン朝神聖ローマ皇帝コンラート3世の在位
	1147-1148年	第2回十字軍
	1152-1190年	神聖ローマ皇帝フリードリッヒ1世（赤髭王）の在位
	1157年	ウラジーミル・スーズダリ大公国建国
	1180-1223年	フランス王フィリップ2世（尊厳王）の在位
	1189-1192年	第3回十字軍
	1202-1204年	第4回十字軍によるコンスタンティノープル征服
	1212年	ナバス・デ・トロサの戦い（スペイン）
	1214年	ブーヴィーヌの戦い
	1215年	マグナ・カルタ制定
	1223年	モンゴル帝国のルーシ襲撃
	1226-1270年	フランス王ルイ9世（聖王）の在位
	1232-1492年	イスラーム王朝ナスル朝（スペイン）
	1240年	ネヴァ河畔の戦い
	1271-1275年頃	マルコ・ポーロ、元皇帝フビライ・ハーンに謁見
	1309-1377年	教皇クレメンス5世、アヴィニョンに教皇庁を移転
	1337-1453年	百年戦争
	1378-1417年	教会大分裂（シスマ）
	1385-1433年	アヴィッシュ王朝初代ポルトガル王ジョアン1世の在位
	1429年	ジャンヌ・ダルクのオルレアン解放
	1444年	ポルトガルがヴェルデ岬（アフリカ大陸最西端）に到達
	1455-1485年	薔薇戦争
	1469年	カスティーリャ王国とアラゴン王国の統一（スペイン）
	1480年	モスクワ大公イヴァン3世、ルーシをモンゴル帝国の支配から解放
	1485-1509年	チューダー朝初代イングランド王ヘンリー7世の在位
	1488年	バルトロメウ・ディアスが喜望峰到達
	1492年	ナスル朝の滅亡、レコンキスタの完了（スペイン）
	1493年	ハプスブルク家のマクシミリアン1世が神聖ローマ皇帝に選出
	1498年	ヴァスコ・ダ・ガマのインド航路開拓
アメリカ	1492年	クリストファー・コロンブスがサン・サルバドル島に到達
	1497年	ジョン・カボットがケープ・ブレトン島に到達

大モスク（マリ、no. 43）

アンコールワット（カンボジア、no. 111）

ノートルダム大聖堂（フランス、no. 306）

マチュ・ピチュ遺跡（ペルー、no. 826）

— 1500-1700年 —

アフリカ	1652年	オランダ東インド会社のヤン・ファン・リーベックが喜望峰に東洋航路の中継基地建設
アジア	1526-1858年	イスラーム王朝ムガール帝国（インド）
	1549-1551年	フランシスコ・ザビエルの宣教活動（日本）
	1592-1598年	豊臣秀吉による朝鮮出兵
	1600年	イギリス東インド会社設立
	1602年	オランダ東インド会社設立
	1603-1868年	江戸時代（日本）
	1644-1912年	清王朝（中国）
	1664年	フランス東インド会社設立
ヨーロッパ	1515-1547年	ヴァロア朝フランス王フランソワ1世の在位
	1517年	マルティン・ルターが『95ヵ条の論題』を掲示
	1519-1556年	神聖ローマ皇帝カール5世の在位
	1520年	フェルナン・デ・マガリャンイス（フェルディナンド・マゼラン）がマゼラン海峡通過
	1521-1527年	ポルトガル王ジョアン3世の在位
	1523-1560年	ヴァーサ朝初代スウェーデン王グスタフ1世の在位
	1526年	モハーチの戦い
	1527年	神聖ローマ皇帝カール5世のドイツ人傭兵によるローマ略奪
	1529年	オスマン帝国軍による第一次ウィーン包囲
	1532年	アレッサンドロ・デ・メディチがフィレンツェ公となりフィレンツェ共和国終焉
	1534年	イングランドで国王至上法の公布（イギリス）
	1538年	ヘンリー8世の破門
	1545-1563年	トリエント公会議、対抗宗教改革
	1547-1574年、1576-1584年	モスクワ・ロシア初代ツァーリ、イヴァン4世（雷帝）の在位（ロシア）
	1553-1558年	イングランド女王メアリー1世の在位とカトリック復帰（イギリス）
	1556-1564年	神聖ローマ皇帝フェルディナンド1世の在位
	1558-1603年	イングランド女王、アイルランド女王エリザベス1世の在位
	1559年	イングランド国教会がカトリックから分離
	1562-1598年	ユグノー戦争（フランス）
	1568-1648年	八十年戦争
	1571年	レパントの海戦
	1572年	サン・バルテルミの虐殺（フランス）
	1579年	ユトレヒト同盟、ネーデルラント連邦共和国の成立
	1588年	アルマダの海戦
	1598年	ナントの勅令発布
	1598-1621年	スペイン王フェリペ3世の在位
	1610-1643年	ブルボン朝フランス王ルイ13世の在位
	1613-1645年	ロマノフ朝初代モスクワ・ロシアのツァーリ、ミハイル・ロマノフの在位（ロシア）
	1618-1648年	三十年戦争
	1619-1637年	神聖ローマ皇帝フェルディナント2世の在位
	1621-1665年	スペイン王、ナポリ・シチリア王フェリペ4世の在位
	1638-1660年	ピューリタン革命（イギリス）
	1643-1715年	ブルボン朝フランス王ルイ14世（太陽王）の在位
	1653年	オリヴァー・クロムウェルがイングランド共和国初代護国卿に就任
	1660-1685年	スチュアート朝イングランド王、スコットランド王、アイルランドの王チャールズ2世の在位
	1666年	ロンドン大火
	1667-1679年	ネーデルランド継承戦争
	1665-1700年	ハプスブルク家最後のスペイン王、ナポリ・シチリア王カルロス2世の在位
	1683年	オスマン帝国による第二次ウィーン包囲
	1685年	ナントの勅令廃止（フランス）
	1688-1697年	大同盟戦争（アウグスブルク同盟戦争）
	1697-1718年	スウェーデン王カール12世の在位
アメリカ	1500年	ポルトガル人ペドロ・アルヴァレス・カブラルのブラジル到達
	1513年	スペイン人バスコ・ヌーニュス・バルボーアの太平洋到達
	1521年	スペインのコンキスタドール、エルナン・コルテスによるテノチティトラン陥落、アステカ王国滅亡（メキシコ）
	1533年	スペインのコンキスタドール、フランシスコ・ピサロによるインカ帝国征服
	1608年	フランスの探検家サミュエル・ド・シャンプランによるケベック植民地建設
	1613年	オランダ人によるマンハッタン島入植
	1682年	クエーカー教徒ウィリアム・ペンによるフィラデルフィア建設

イマーム・モスク
（イラン、no. 66）

タージ・マハル
（インド、no. 147）

サン・ピエトロ大聖堂
（ヴァチカン市国、no. 401）

独立記念館（アメリカ合衆国、no. 833）

— 1700-1800年 —

アフリカ	1798-1801年	ナポレオン・ボナパルトのエジプト遠征
アジア	1727年	キャフタ条約
	1735-1795年	清王朝乾隆帝の在位（中国）
	1757年	プラッシーの戦い、イギリス東インド会社の支配確立（インド）
	1788年	流刑植民地としてイギリス人のオーストラリアへの入植開始
ヨーロッパ	1700-1746年	ブルボン王朝初代スペイン王フェリペ5世の在位
	1701-1714年	スペイン継承戦争
	1703年	モスクワ・ロシアのツァーリ、ピョートル1世によるサンクト・ペテルブルク建設
	1710年頃	トーマス・ニューコメンが蒸気機関を改良
	1714-1727年	ハノーヴァー朝グレートブリテン王国、アイルランド王国の王ジョージ1世の在位
	1721-1725年	ロマノフ朝初代ロシア皇帝ピョートル1世の在位（ロシア）
	1733-1735年	ポーランド継承戦争
	1738年	ヘラクラネウム発見
	1740-1786年	プロイセン国王フリードリヒ2世の在位
	1740-1748年	オーストリア継承戦争
	1748年	ポンペイ発見
	1756-1763年	七年戦争
	1759-1788年	スペイン王カルロス3世の在位
	1760-1830年代	産業革命（イギリス）
	1762-1796年	ロマノフ朝ロシア女帝エカチェリーナ2世の在位
	1764-1795年	ポーランド国王スタニスワフ・アウグスト・ポニャトフスキの在位
	1765-1790年	神聖ローマ皇帝ヨーゼフ2世の在位
	1768年	ロイヤル・アカデミーの創立（イギリス）
	1768-1779年	ジェームス・クックの太平洋航海
	1769年	ニコラ=ジョゼフ・キュニョーによる蒸気三輪自動車（フランス）
	1774-1792年	ブルボン朝フランス王ルイ16世の在位
	1783年	モンゴルフィエ兄弟による熱気球の有人飛行（フランス）
	1789年	アントワーヌ・ラボーアジェ『化学原論』（フランス）
	1789-1794年	フランス革命
	1792-1804年	フランス第一共和政
	1793年	ブルボン朝フランス王ルイ16世の処刑、ルーヴル美術館開館
	1794年	フランス第一共和制による奴隷制廃止決議
	1796-1797年	ナポレオンの第1次イタリア遠征
	1798-1801年	ナポレオンのエジプト遠征
アメリカ	1775-1783年	アメリカ独立戦争
	1776年	アメリカ独立宣言
	1789年	ジョージ・ワシントンの大統領就任

頤和園（中国、no. 151）

トレヴィの泉（イタリア、no. 513）

ホワイトハウス（アメリカ合衆国、no. 844）

— 1800-1900年 —

アフリカ	1802年	ナポレオンによる奴隷制度の再導入
	1833年	イギリス領植民地での奴隷制度廃止
	1848年	フランス第二共和制による奴隷制度廃止
	1859-1869年	スエズ運河建設
	1880-1881年	第一次ボーア戦争
	1880-1912年	ヨーロッパ帝国主義列強によるアフリカ分割
	1884-1885年	ベルリン会議でのアフリカ分割の原則確認
	1899-1902年	第二次ボーア戦争
アジア	1839-1842年	第一次阿片戦争（中国）
	1856-1860年	アロー戦争（第二次阿片戦争）
	1857-1858年	シパーヒー（セポイ）の乱（第一次インド独立戦争）
	1868-1912年	明治時代
	1877年	ハノーヴァー朝イギリス女王ヴィクトリアがインド皇帝に即位
	1885年	第1回インド国民会議
	1887年	フランス領インドシナの成立
	1894-1895年	日清戦争
ヨーロッパ	1801年	ロマノフ朝ロシア皇帝パーヴェル1世暗殺とアレクサンドル1世即位
	1802年	アミアンの和約（フランス革命戦争の講和条約）
	1803-1815年	ナポレオン戦争
	1804-1814年、1815年	フランス皇帝ナポレオン1世の在位
	1805年	トラファルガーの海戦、アウステルリッツの会戦
	1806年	神聖ローマ帝国の解体
	1812年	ナポレオン1世のロシア遠征
	1814年	イギリス、ロシア、オーストリアの対仏同盟軍の勝利とナポレオン1世の廃位
	1814-1815年	ウィーン会議
	1814-1815年、1815-1824年	ブルボン朝ルイ18世の在位
	1815年	ワーテルローの戦い
	1825-1855年	ロマノフ朝ロシア皇帝ニコライ1世の在位
	1830年	ベルギー独立宣言
	1832年	ギリシア王国がオスマン帝国から独立
	1837-1901年	ハノーヴァー朝イギリス女王ヴィクトリア1世の在位
	1848年	フランス、イタリア、ドイツ、オーストリア、ハンガリーで革命
	1848-1852年	フランス第二共和政大統領ナポレオン3世の在位
	1853-1856年	クリミア戦争
	1855-1881年	ロマノフ王朝ロシア皇帝アレクサンドル2世の在位
	1861年	農奴解放令（ロシア）
	1865-1900年	第二次産業革命
	1860-1870年代	ナロードニキ運動（ロシア）
	1861-1878年	イタリア国王ヴィットーリオ・エマヌエーレ2世の在位
	1862-1890年	プロイセン王国宰相オットー・フォン・ビスマルクの在任
	1866年	普墺戦争
	1870-1871年	普仏戦争
	1871年	パリ・コミューン
	1871-1918年	ドイツ帝政
	1875-1940年	フランス第三共和政
	1888-1918年	プロイセン国王、ドイツ皇帝ヴィルヘルム2世の在位
アメリカ	1803年	トーマス・ジェファソン、ナポレオンからルイジアナを買収
	1810-1821年	メキシコ独立戦争
	1812-1814年	米英戦争（第二独立戦争）
	1846-1848年	アメリカ・メキシコ戦争
	1848年以降	カリフォルニア州でゴールドラッシュ（アメリカ合衆国）
	1857-1861年	レフォルマ戦争（メキシコ）
	1861-1865年	アメリカ合衆国大統領エイブラハム・リンカーンの在任
	1861-1865年	南北戦争
	1862年	奴隷解放宣言（アメリカ合衆国）
	1898年	米西戦争

エッフェル塔（フランス、no. 602）

ブルックリン橋（アメリカ合衆国、no. 855）

— 1900-2010年 —

アフリカ	1918年まで	第一次世界大戦敗北によるドイツ領植民地の消滅
	1948年	アパルトヘイトの法制化（南アフリカ）
	1951年	リビア王国の独立
	1956年	モロッコ、チュニジアの独立
	1962年	アルジェリアの独立
	1973年	第四次中東戦争
	1975年	アンゴラ、モザンビークの独立
	1994年	ルワンダ虐殺
	1994年	アパルトヘイト撤廃（南アフリカ）

ブルジュ・アル・アラブ
（アラブ首長国連邦、no. 82）

アジア	1904-1905年	日露戦争
	1910年	韓国併合
	1914-1918年	第一次世界大戦
	1920-1922年	モハンダス・カラムチャンド・ガンディー（マハトマ・ガンディー）指導の不服従運動
	1939-1945年	第二次世界大戦
	1941-1945年	太平洋戦争
	1945年	広島と長崎へ原子爆弾投下、太平洋戦争終結
	1946-1954年	第一次インドシナ戦争
	1947年	インド独立
	1948年	大韓民国、朝鮮民主主義人民共和国の樹立
	1949年	中華人民共和国の樹立
	1950-1953年	朝鮮戦争
	1951年	サンフランシスコ講和条約調印
	1955-1973年	高度経済成長（日本）
	1965-1975年	ヴェトナム戦争
	1960年代後半-1970年代	文化大革命（中国）
	1980-1988年	イラン・イラク戦争

ペトロナス・ツインタワー
（マレーシア、no. 184）

ヨーロッパ	1905年	ロシア第一革命
	1914-1918年	第一次世界大戦
	1917年	十月革命（ロシア）
	1919年	ヴェルサイユ条約
	1919-1933年	ヴァイマル共和制（ドイツ）
	1922-1953年	ソヴィエト連邦共産党中央委員会書記長ヨシフ・スターリンの在任
	1922年	ベニート・ムッソリーニのローマ進軍（イタリア）
	1922-1943年	イタリア王国首相ムッソリーニの在任
	1931-1939年	スペイン第二共和制
	1933年	アドルフ・ヒトラーがドイツ首相に就任
	1936-1939年	スペイン内戦
	1938年	ドイツによるオーストリア併合
	1939-1945年	第二次世界大戦
	1942-1949年	ギリシア内戦
	1945年	ヤルタ会談
	1945年	ポツダム宣言
	1947年	欧州復興計画（マーシャル・プラン）発表
	1949年	北大西洋条約機構設立
	1949年	ドイツ連邦共和国（西ドイツ）とドイツ民主共和国（東ドイツ）に分裂
	1956年	ニキータ・フルシチョフによるスターリン批判
	1957年	スプートニク1号打ち上げ
	1958年	フランス第五共和政が成立
	1961年	ベルリンの壁建設
	1968年	プラハの春（チェコスロヴァキア）、五月革命（フランス）
	1973-1974年	第一次オイルショック
	1985年	シェンゲン協定調印
	1989年	ベルリンの壁崩壊
	1992年	マーストリヒト条約調印
	2002年	欧州連合でユーロの導入

スイス・リ本社ビルディング
（30セント・メアリー・アクス）
（イギリス、no. 785）

アメリカ	1914年	パナマ運河開通
	1929年	世界恐慌
	1939-1945年	第二次世界大戦
	1941-1945年	太平洋戦争
	1951年	サンフランシスコ講和条約調印
	1953-1959年	キューバ革命
	1963年	マルティン・ルーサー・キング・ジュニアによるワシントン大行進
	1965-1975年	ヴェトナム戦争
	1969年	ニール・アームストロングとエドウィン・オルドリンの月面着陸
	1972年	第一次戦略兵器制限条約調印
	1973-1974年	第一次オイルショック
	1981年	スペースシャトルの打ち上げ
	2001年	アメリカ同時多発テロ事件

クライスラー・ビルディング
（アメリカ合衆国、no. 886）

用語解説

アーキトレーヴ　古典建築で、列柱の上に架け渡され、その上にフリーズを載せる水平の梁部。

アーケード　列柱上にアーチが連続的したもの。

アプス　古代ローマの世俗建築で奥の部分、あるいはキリスト教聖堂で内陣部が半円形に外に張り出したもの。

イーワーン　イラン系の建築に多くみられる三方を閉じ前方にのみ開放された広間。

ヴォールト　アーチを水平方向に連続した構造。

オーダー　ギリシア建築の様式で、ドーリス式、イオニア式、コリント式の3つのオーダーがある。
ドーリス式オーダーは、3オーダーの中で最古のもの。柱は床面の上に直接立ち、16から20本のフルーティング（縦方向に刻まれた溝）の付いた柱身は、膨らみを持ちながら上に向かって細くなる。柱頭は単純な構成で、アクバスとエキーヌスからなる。円柱上部のエンタブラチュアはアーキトレーヴとフリーズからなり、後者はトリグリフとメトープに分けられる。
イオニア式オーダーは、柱にベース（礎盤）があり、普通24本のフルーティングの付いた柱身はドーリス式より細く、柱頭はヴォリュートと呼ばれる渦巻型を形作り、その上部のアーキトレーヴは、通常3つの水平帯に分けられるが、その上のフリーズは一続きの面となっている。
コリント式オーダーは、イオニア式オーダーの変形で、アカンサスの葉をモチーフにした柱頭を特徴とする。

伽藍〔がらん〕　仏を祀り僧が集居して仏道を修行する施設。

ギュムナシオン　古代ギリシアの体育場。教育的な機能も兼ね備える。

玄室〔げんしつ〕　古墳内部にある棺を納める空間。

交差ヴォールト　ふたつのヴォールトが直角に交差してできるもの。

交差リブ・ヴォールト　内側に突出する稜線にアーチ形、半アーチ形のリブを付けた交差ヴォールト

ゴシック　建築では尖頭アーチ、リブ・ヴォールト、フライング・バットレスといった要素を総合して、石造の聖堂の開口部を大きくしつつ構造的に安定させた様式。

サナトリウム　療養所。清浄な空気と日光とを利用して慢性疾患を治療する施設。

ジッグラト　古代バビロニアやアッシリアの階段式のピラミッド型の塔。

シナゴーグ　ユダヤ教の礼拝所兼学校。普通、内部の正面は一段と高く造られ、経書の奉安所が設けられる。

新古典主義　18世紀後半から19世紀初頭にかけて、ヨーロッパ、アメリカで流行した様式。考古学的正確さへの関心と合理主義的美学に支えられて、古典古代（古代ギリシア・ローマ）の復活を目指し、古代的モチーフを多用し、冷たく完成された表現を特徴とする。

スキンチ　方形の空間の隅の部分で、上部の荷重を支えるために壁から壁に架け渡される部材。

ストゥーパ　インドにおいて遺骨を埋蔵した塚形式の火葬墓。その基本形は円形の石造基壇の上に半球形の覆鉢〔ふくばち〕を盛り、その頂上に箱型の平頭（ハミルカ）と相輪（傘竿）を立て、周囲に石造の欄楯〔らんじゅん〕を巡らし、塔門（トラーナ）を立てる。

迫り石〔せりいし〕　アーチを構成する楔形の石。

尖頭アーチ　スパンの長さに等しい半径を持つふたつの円弧を組合せて尖頭形にしたアーチ。

洗礼堂　キリスト教聖堂に付属して設けられる洗礼を授けるための建物。11世紀以前は成人に対する浸水洗礼であったため、洗礼堂は大きな洗礼槽を備えた、しばしば聖堂から独立した建物であった。

羨道〔せんどう〕　玄室と外部を繋ぐ墓道のこと。

組積造〔そせきぞう〕　石や煉瓦など単体の材料を組み合せて積むこと。

チュリゲレスコ（チュリゲーラ様式）	ホセ・ベニート・チュリゲーラ（1665-1725）によって始められ、1700年から1760年頃のスペイン建築で流行した装飾過剰のバロック様式。
トラバーチン	多孔質の無機質石灰岩。
トリグリフ	ドーリス式オーダーのフリーズにおいて、縦に溝のある部分。
トロス	古代ミュケナイのドーム型墳墓、古代ギリシアの円形建築、あるいは古代ギリシア・ローマの周柱式円形堂を指す。
ネオ・パッラーディオ様式（パッラーディオ主義）	アンドレア・パッラーディオ（1508-1580）の古典主義様式を模範とする18世紀のイギリスで流行した建築様式。
バシリカ	もともとは古代ローマ時代に裁判や商業取引などに用いられた公共建築物、またはその形式を用いたキリスト教聖堂。普通は細長い長方形プランの建物で、内部は列柱によって3つの廊下状の空間に分けられる。奥の半円形に張り出した部分をアプスという。
バットレス	壁に加わる横推力に耐えて、その倒壊を防ぐために壁から突き出して設けられる補強用の壁。
ハーフティンバー	木造骨組みを外に露出させ、その間を煉瓦や石やモルタルなどで埋める様式。
プエブロ	アメリカ先住民の伝統的な共同体、集落、あるいは集合住宅のこと。
フォーラム	古代ローマ都市の公共広場。商業取引場、集会場として使われ、その周囲に多くの公共建築が建てられた。
仏塔	インドのストゥーパを源流とする仏教建築の塔。
フライング・バットレス（飛梁）	建物の外壁の上部から、その屋外側に設けられたバットレスに向かって架け渡されたアーチ状の構造物。
文飾式（華飾式、デコレイテッド・スタイル）	イギリスのゴシック建築の中期（14世紀頃）の様式。ヴォールトや窓などに装飾的手法を多く用いる。
ペンデンティヴ	正方形プランの上にドームを掛ける場合、四隅に生じる球面三角形の部分。
ポストモダニズム	モダニズムの原理を批判的に解釈し、否定的緊張関係をとる立場の総称。建築では、歴史的形態の導入などに象徴される。
楣〔まぐさ〕式構造	開口部の上部に水平材を渡す構造。
摩天楼	高層建築のこと。
マドラサ	イスラームの高等教育施設。中庭をめぐってしばしばイーワーンと呼ばれるホールを持つ回廊が配置される。
メソアメリカ	中央アメリカで、高度な農耕文化によるアステカ、マヤ、テオティワカンなどの古代文明が築かれた地域。
モスク、マスジド	イスラーム教徒の礼拝所。キブラ（マッカのカアバ神殿のある方角）を主軸とし、これを示すミフラーブ（礼拝の方向を示すアーチ形の壁龕）が必ず設けられる他、ミンバル（説教壇）、ミナレット（祈りの時間を告げるための塔）、泉亭などを持つものが多い。
持出し積み	石積みや煉瓦積みで、上方にいくに従って少しずつ外側に出すような積み方。
モールディング	帯状に突き出した装飾。
欄楯〔らんじゅん〕	インドでストゥーパなど聖域の周りを結界して囲んだ石製の柵。
ルネサンス	15世紀から16世紀のヨーロッパ、特にイタリア美術史上の様式。古代ギリシア・ローマの「復活」を意味する。
レコンキスタ	771年から1492年にキリスト教徒がイベリア半島からイスラーム教徒を駆逐するために行った運動。

地名索引

注1　原則として名称はカタカナ、漢字の順に並べている。
注2　太字の図版番号は世界遺産またはその範囲に含まれるものを示す。

世界《せかい》の建築《けんちく》　1000の偉業《いぎょう》

2011年 6月10日　初版発行

著　者　クリストファー・E. M. ピアソン（Christopher E. M. Pearson）

日本語版監修・翻訳　籾山昌夫（もみやま・まさお）

発行者　渡邊隆男
発行所　株式会社二玄社
東京都文京区本駒込6-2-1　〒113-0021
電話03(5395)0511　FAX03(5395)0515
URL http://nigensha.co.jp
日本語組版　有限会社ダイワコムズ

ISBN: 978-4-544-20023-2